Guides pratiques
FORMER & SE FORMER

• ENSEIGNANTS
• FORMATEURS

Comment concevoir un enseignement ?

Manuel MUSIAL
Fabienne PRADÈRE
André TRICOT

W0401938

de boeck

Pour toute information sur notre fonds et les nouveautés dans votre domaine de spécialisation, consultez notre site web : **www.deboeck.com**

© Groupe De Boeck s.a., 2012
Rue des Minimes 39, B-1000 Bruxelles

1re édition

Tous droits réservés pour tous pays.
Il est interdit, sauf accord préalable et écrit de l'éditeur, de reproduire (notamment par photocopie) partiellement ou totalement le présent ouvrage, de le stocker dans une banque de données ou de le communiquer au public, sous quelque forme et de quelque manière que ce soit.

Imprimé en Belgique

Dépôt légal :
Bibliothèque nationale, Paris : mars 2012
Bibliothèque royale de Belgique, Bruxelles : 2012/0074/104

ISBN 978-2-8041-6936-7

Sommaire

Remerciements

À Eric Bruillard, Nathalie Spanghero-Gaillard, Claudette Mariné, Nathalie Huet, Hélène Veyrac, Laurent Talbot, Fabienne Plégat-Soutjis et Franck Amadieu qui ont lu notre manuscrit et nous ont permis de grandement l'améliorer.

À la School of Education, University of New South Walles — Sydney, pour son soutien logistique précieux pendant la dernière phase de rédaction de cet ouvrage.

Introduction

Ce guide pratique trouve sa source dans notre expérience de formateurs d'enseignants « sur le terrain », c'est-à-dire dans les établissements scolaires et universitaires. Au cours de ces formations, nous rencontrons des équipes d'enseignants expérimentés. Pourtant, ces enseignants éprouvent parfois des difficultés, qui sont d'ailleurs le plus souvent la source de leur demande de formation. À force de nous confronter à ces difficultés d'experts, et après nous être rendus compte que les enseignants débutants partageaient ces difficultés, nous avons commencé à concevoir nos formations comme des réponses à ces collègues.

Par exemple, lors d'un stage consacré aux élèves en difficulté, un enseignant de mathématiques exposait la situation suivante : il avait enseigné le Théorème de Pythagore, réalisé une évaluation en fin de séquence, les élèves avaient obtenu de bons résultats en général ; trois semaines plus tard, il avait proposé une évaluation surprise à ses élèves, à propos de Pythagore. Les résultats furent catastrophiques : tous les élèves, sauf trois, ne réussirent quasiment aucun des exercices proposés. *A priori*, nous ne comprenions pas comment des élèves peuvent oublier en trois semaines un théorème qu'ils ont compris et qu'ils savent mettre en œuvre. Après un long échange, nous avons enfin fini par trouver. En effet, quand la question « Mais êtes-vous certain que vos élèves avaient vraiment bien compris le Théorème de Pythagore ? » lui a été posée, l'enseignant a répondu : « Mais vous ne croyez pas qu'avec le programme que j'ai à faire dans l'année, j'ai le temps de faire comprendre le Théorème de Pythagore à mes élèves ! ». Ce très bon enseignant avait en réalité à faire face à un nouveau programme de mathématiques. Ce dernier était plus « chargé » que les années précédentes. L'enseignant avait donc décidé de changer sa façon d'enseigner le Théorème de Pythagore. Il aurait, à partir de cette année, une approche beaucoup plus simple et économe : montrer la procédure de résolution, donner des exercices de mise en œuvre, et enfin, une fois que les exercices sont réussis par tous, proposer une évaluation qui comporte des exercices analogues à ceux traités lors de l'apprentissage. Puis, l'enseignant est passé à autre chose, à un autre point de son programme surchargé. Or les humains ne peuvent pas réaliser une acquisition pérenne de cette façon. Il est beaucoup plus efficace de comprendre un théorème, et cela peut se faire en quelques minutes, que de ne pas le comprendre ; beaucoup plus efficace de répartir sur un temps long la mise en œuvre d'un théorème que d'interrompre l'apprentissage pendant 3 semaines. Au cours de ce stage, nous avons pris conscience qu'un enseignant pouvait être en difficulté parce qu'il ne connaissait pas bien la façon dont l'apprentissage des élèves se réalise.

Quelques années plus tard, l'ouvrage « Apprendre à l'école » (Bastien & Bastien-Toniazzo, 2004) paraissait et il s'intéressait aux mêmes problèmes d'apprentissage. Plus encore, une des études rapportait que certains élèves au sein d'une même classe connaissent la définition du Théorème de Pythagore sans savoir le mettre en œuvre dans certaines situations, tandis que d'autres savent le mettre en œuvre, tout en étant incapables d'en donner une définition « correcte ». L'idée directrice était née. Elle vient de la confrontation de notre expérience de formateurs avec les résultats de recherche. Elle consiste simplement à dire que pour un même *savoir* (le Théorème de Pythagore) des élèves peuvent construire des *connaissances* différentes : connaître la définition par cœur, comprendre le théorème, savoir mettre en œuvre le théorème dans des situations analogues, etc. Comme nous étions convaincus que l'on enseigne pour que les élèves apprennent, il fallait que nous soyons capables, lors de nos formations, de montrer comment les élèves apprennent différemment des connaissances différentes.

Par ailleurs, cet exemple illustre bien pour nous le fait que le métier d'enseignant est un métier où l'on *conçoit* des situations d'enseignement en fonction d'objectifs et de contraintes. On peut être un très bon enseignant et pourtant faire des erreurs de conception, notamment par la façon dont on gère les contraintes.

Un autre exemple vient de notre collaboration avec des enseignants d'une faculté de médecine. Depuis quelques années, ces enseignants sont incités à développer des ressources pédagogiques en ligne. Une équipe voulait développer une ressource pour l'enseignement du diagnostic dans un domaine de spécialité. Le scénario pédagogique de la ressource était fondé sur la complémentarité avec un enseignement en présentiel. Après une phase centrée sur la compréhension du diagnostic dans ce domaine de spécialité, les enseignants envisageaient une série d'exercices d'entraînement. Ces exercices consistent généralement à répéter à l'identique la mise en œuvre de la même procédure dans le même contexte pour réaliser la même tâche. Or, ce type d'exercices permet d'acquérir des automatismes. Comme nous connaissons assez bien la littérature sur les erreurs de diagnostic médical (nombreuses viennent de l'utilisation d'automatismes), nous avons demandé à l'équipe s'ils voulaient effectivement enseigner des automatismes. Non ! C'était tout le contraire. Ils voulaient en réalité enseigner une démarche, qui devait pouvoir s'adapter à des cas différents, qui devait rester réfléchie et rigoureuse. Pour ce type d'objectif, la littérature empirique sur les apprentissages montre que le scénario pédagogique doit plutôt utiliser des problèmes, allant du transfert proche au transfert lointain, que des exercices d'entraînement. Dans ce cas encore, d'excellents enseignants, qui dans leur pratique habituelle ne font pas du tout ce genre d'erreur de conception d'une situation d'enseignement, sont partis dans une direction erronée suite à la définition d'un nouvel objectif, d'une nouvelle contrainte. Et cette erreur concerne encore le type de connaissance que les étudiants vont apprendre.

Dans ce guide pratique, vous trouverez donc une démarche de conception de situations d'enseignement, qui permet, étant donnés des objectifs et des contraintes, de mieux spécifier les apprentissages visés et de concevoir des tâches qui permettent de mettre en œuvre ces apprentissages visés. Les tâches qui sont proposées ici ne viennent pas de nous : nous sommes allés les chercher dans la littérature empirique. La majorité d'entre elles correspond même à des résultats maintes fois répliqués. Ce guide s'inscrit dans le courant de la pédagogie fondée sur des preuves.

Un dernier exemple vient de nos collègues Pierre Largy, Michel Fayol et Patrick Lemaire. Tous les trois sont d'anciens instituteurs devenus d'excellents chercheurs dans le domaine des apprentissages. Ils ont conduit ensemble, en 1996, une série d'expériences où ils demandaient à des étudiants d'écrire sous la dictée des phrases avec un pluriel muet, comme « Le chien des voisins arrive ». Les étudiants réussissent très majoritairement ce genre d'épreuve. Mais, si on demande en plus aux étudiants de réaliser une tâche interférente (retenir une liste de mots) pendant la dictée, certains font une erreur orthographique : ils écrivent « Le chien des voisins arrivent ». Les étudiants connaissent tous la règle d'accord. Pourtant certains l'ont automatisée, d'autres non. En condition normale, comme la tâche n'est pas très difficile, tous réussissent à mobiliser la règle. En condition de surcharge cognitive, ceux qui ont automatisé la règle parviennent à la mobiliser, car mobiliser un automatisme ne représente pas de coût cognitif. Les autres, qui connaissent la règle mais qui ont besoin d'y faire attention, ne parviennent pas à la mobiliser car leurs ressources attentionnelles sont mobilisées par la tâche interférente. Ce résultat montre que, non seulement nous construisons des connaissances différentes à propos d'un même savoir, mais qu'une connaissance peut nous permettre de réaliser une tâche dans la condition A tandis qu'elle ne nous permet pas de réaliser la même tâche dans la condition B. Réussir dans la condition A ne requiert pas la même connaissance que réussir dans la condition B ; alors que c'est le même savoir qui est requis. Ce troisième exemple permet de comprendre pourquoi un même élève peut avoir un niveau en orthographe très différent selon que la tâche est une dictée ou une rédaction. Il sert à justifier l'intérêt qu'il faut porter, selon nous, aux questions de charge cognitive, d'effort et de maîtrise de la tâche. Nous y reviendrons tout au long des pages.

Ce guide est organisé en 15 chapitres, chacun répondant aux grandes questions que l'on se pose lorsque l'on doit préparer un cours, puis lorsqu'on est en classe, avec les élèves pour guider les apprentissages : Qu'est-ce qu'enseigner ? Qu'est-ce qu'apprendre ? Qu'est-ce qu'une situation d'enseignement-apprentissage ? Comment concevoir rationnellement ? Comment définir les contenus à enseigner ? Comment favoriser les apprentissages ? Quelles tâches faire faire aux élèves ? Comment motiver les élèves ? Comment aider les élèves à apprendre ? Comment évaluer les apprentissages ? Comment élaborer un plan d'action ? Existe-t-il des plans d'action déjà prêts ? Quelles traces écrites élaborer pour les élèves ? Quels supports d'enseignement utiliser ? Comment réguler la conduite d'un enseignement ?

Cet ouvrage est centré sur la phase de conception d'un enseignement, il ne traite ni de gestion de classe, ni d'autorité, ni d'autres aspects tout aussi importants dans l'exercice de ce métier.

Vous trouverez aussi dans cet ouvrage des « points de repère », situés en introduction de chacune des parties, qui sont là pour vous aider à voir de haut le contenu des chapitres qui suivent. Nous vous invitons à consulter ces points de repère avant la lecture, mais surtout pendant et après la lecture des chapitres correspondants. De 15 chapitres vous passerez ainsi à six points de repères qui, pour nous, constituent les six piliers de l'activité de conception d'un enseignement.

Vous pouvez lire ce guide pratique à partir de n'importe quelle question et trouver ainsi des réponses ponctuelles à vos interrogations. Cependant dans notre esprit il y a bien une suite logique entre ces 15 questions, c'est pourquoi nous mentionnons au cours du texte les renvois importants d'une partie vers une autre.

Comme un clin d'œil aux exemples qui ont guidé notre réflexion depuis une dizaine d'années, nous prendrons comme fils rouges de cet ouvrage le Théorème de Pythagore et les règles d'accord en français.

Partie 1

Enseigner pour que les élèves apprennent

Point de repère n° 1

Les 4 premiers chapitres sont consacrés aux préalables qui ont constitué les axes de notre réflexion. Ils répondent à quatre questions très simples à poser, mais dont les réponses sont souvent difficiles à trouver, derrières des apparences trompeuses :

- Qu'est-ce qu'enseigner ?
- Qu'est-ce qu'apprendre ?
- Qu'est-ce qu'une situation d'enseignement-apprentissage ?
- Comment concevoir rationnellement ?

Ces quatre premiers chapitres sont en quelque sorte un résumé du guide pratique que vous tenez entre les mains. Nous y exposons les principes qui sont repris et détaillés tout au long des pages. Il est donc possible de ne lire ces quatre chapitres qu'à la fin... Mais, en les lisant dès maintenant vous prendrez peut-être conscience d'aspects centraux du métier d'enseignant, que vous n'aviez pas nécessairement envisagés.

Nous abordons maintenant les conditions de réalisation d'un métier tourné vers autrui : d'un métier où l'on enseigne pour que les élèves apprennent.

Chapitre 1

Qu'est-ce qu'enseigner ?

Quelle fonction remplit l'enseignement ? Qu'est-ce qu'il implique, à quelles activités correspond-il ? L'objectif de ce premier chapitre est de faire prendre conscience au lecteur de l'importance de ces questions et de leur apporter quelques éléments de réponse.

1.1 À quoi ça sert ?

L'enseignement sert essentiellement à pallier les insuffisances de la capacité d'adaptation des humains pour vivre de façon libre et responsable dans nos sociétés, pour s'y épanouir et y exercer un métier.

Les apprentissages adaptatifs sont en effet très limités : ils ne permettent d'apprendre que ce qui est directement utile et très ancien dans l'espèce humaine (par exemple : savoir parler, savoir vivre dans un groupe, reconnaître les visages). La plupart des sociétés fondées sur l'ouverture culturelle, la découverte scientifique et l'innovation technologique sont donc obligées de créer des écoles pour que leurs enfants n'apprennent pas uniquement ce qui leur est utile quotidiennement et que savent déjà leurs parents, mais ce qui leur sera utile pour devenir des citoyens, des professionnels, des savants. À leur tour ils généreront de nouvelles connaissances qui rendront encore plus nécessaire l'école à la prochaine génération.

Enseigner consiste donc à mettre en œuvre des apprentissages qui, par définition, ne sont pas adaptatifs. Apprendre à l'école implique la mise en œuvre d'apprentissages coûteux, qui nécessitent des efforts, du travail, du temps, de la motivation, alors que ces apprentissages n'ont pas souvent d'utilité immédiate (ils peuvent donc être perçus comme peu motivants).

Chaque société dotée d'une école, au cours de son histoire, définit les connaissances qui vont contribuer à la formation du futur adulte, membre de cette société. Quand une connaissance est ainsi reconnue comme utile et devant être enseignée, elle prend le statut de savoir scolaire. La définition des savoirs scolaires au sein d'une société est l'objet de tensions, d'oppositions, voire parfois, de débats démocratiques publics. Pour alimenter ou au contraire confisquer ces débats, chaque société produit des institutions dont la fonction est de légitimer telle ou telle connaissance pour qu'elle soit enseignée, pour lui donner le statut de savoir scolaire. Le principal débat oppose généralement ceux qui fondent la légitimité du savoir sur l'histoire de celui-ci (quitte à ne jamais évoluer), sur sa scientificité ou validité interne (quitte à enseigner des connaissances tout à fait inutiles ou très difficiles à apprendre) et ceux pour qui la légitimité correspond plus directement à l'utilité pour le futur citoyen ou professionnel (quitte à changer d'avis tous les ans).

À l'école, les apprentissages sont mis en œuvre au cours de la réalisation de tâches pour permettre l'élaboration des connaissances visées. Le génie des enseignants réside dans la recherche de cette rationalité : concevoir les tâches pertinentes et faisables pour que les élèves mettent en œuvre les apprentissages qui leur permettront d'élaborer les connaissances visées.

L'enseignement existe donc pour que les enfants d'une société acquièrent des connaissances reconnues comme légitimes par cette société et appelées savoirs scolaires.

De façon très étrange, la plupart de nos sociétés savent reconnaître une sportive de haut niveau, un bon joueur d'échec, une avocate efficace, un médecin en qui on peut avoir confiance... mais elles ne savent pas reconnaître un bon enseignant, ni même une excellente enseignante (Ericsson, 2010). Peut-être est-ce parce que les enseignants exercent une profession où leur expertise est surtout visible sur les élèves : un bon enseignant n'est-il pas celui qui réussit à faire progresser ses élèves dans le domaine des savoirs scolaires ? Comment se fait-il que la qualité de leur travail soit manifestement peu visible sur eux-mêmes, sur leur activité ? Nous allons tenter de répondre maintenant à cette question.

1.2 En quoi ça consiste ?

Le métier d'enseignant existant depuis plusieurs millénaires et dans des régions très diverses du globe, il correspond à différentes réalités. Quand on essaie d'identifier les conceptions actuelles des enseignants dans nos pays francophones (disons occidentaux et riches), on peut les décrire par des métaphores (voir par exemple Bourdoncle, 1993 ; Altet, 2011) :

- Selon la première métaphore, l'enseignant serait un « artiste », un « magister ». Enseigner ne s'apprend pas explicitement. L'acte d'enseigner reposerait sur des connaissances considérées comme des « allants de soi », relevant de procédures et de notions implicites voire innées. Il est difficile voire impossible de former des enseignants.
- Selon la deuxième métaphore, l'enseignant serait un « artisan », un « technicien », un « bricoleur ». Enseigner s'acquerrait par « compagnonnage », par imitation et accumulation d'expériences, au contact d'enseignants expérimentés. La compétence de l'enseignant reposerait essentiellement sur des savoir-faire.
- La dernière métaphore est celle de l'« ingénieur », du « professionnel », pour laquelle enseigner relèverait de la mise en œuvre d'une planification conçue rationnellement. Cette dernière prend appui sur un apprentissage alternant théorie et pratique.

Ces métaphores montrent bien que, malgré le fait que des référentiels définissent la profession dans de nombreux pays, on ne sait pas forcément très bien en quoi consiste le métier d'enseignant (et on n'est pas tous d'accord sur la nature de ce métier). Dans cet ouvrage, nous nous retrouvons plus franchement dans la troisième métaphore que dans les deux premières. Mais nous voudrions insister sur la nécessité d'appréhender le véritable enjeu de l'acte d'enseigner : conduire les élèves à apprendre des connaissances scolaires.

Selon nous, enseigner consisterait à concevoir et à mettre en œuvre des situations et des tâches au cours desquelles les élèves vont mettre en œuvre des apprentissages qui leur permettront d'élaborer des connaissances scolaires. Nous qualifions ces situations de situation d'enseignement-apprentissage.

Dans ce guide, nous aborderons donc les principaux aspects de la conception de situations d'enseignement-apprentissage, à savoir :

- concevoir des situations et des tâches, pertinentes et à la portée des élèves ;
- mettre en œuvre et réguler des situations et des tâches ;
  - pour que les élèves mettent en œuvre des apprentissages ;
  - pour que les élèves élaborent des connaissances scolaires ;
- donc évaluer si les élèves ont effectivement élaboré ces connaissances ;
- ce qui implique d'avoir préalablement analysé les savoirs scolaires correspondants.

SYNTHÈSE : ENSEIGNER POUR QUE LES ÉLÈVES APPRENNENT

Selon nous, concevoir un enseignement repose sur une activité d'ingénierie qui prend en compte les connaissances sur les apprentissages et le retour d'expérience. La conduite de cet enseignement correspond à la mise en œuvre d'un plan d'action élaboré rationnellement et sur une régulation de la situation d'enseignement en fonction des imprévus et des perturbations. Dit autrement, enseigner c'est planifier avec rigueur et réguler avec opportunisme (Crahay, 2000).

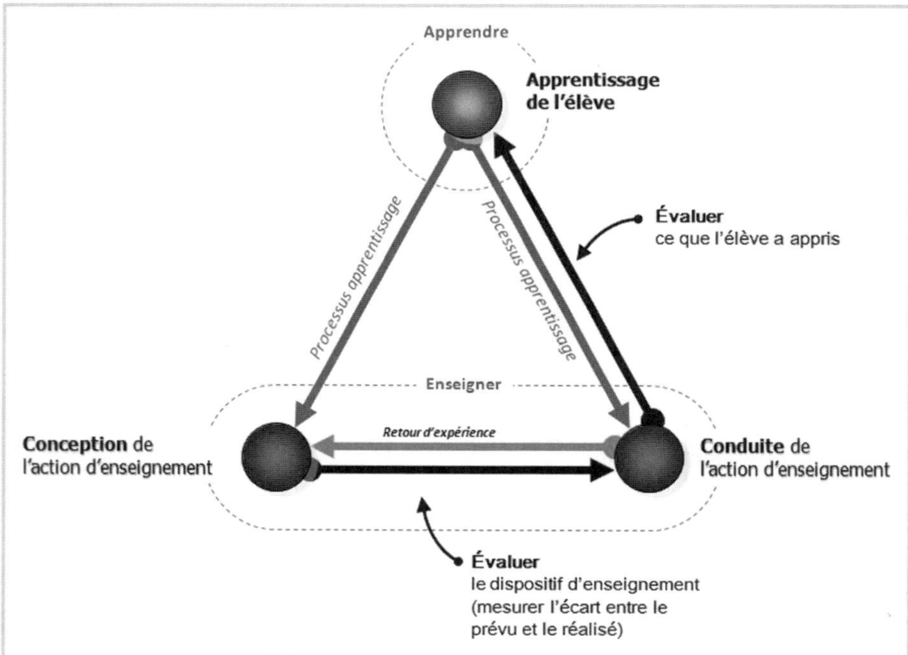

Figure 1
Une représentation de l'activité d'enseignement

L'efficacité de l'acte d'enseigner s'appuie sur l'évaluation : de ce que l'élève apprend et comment il apprend ; du dispositif d'enseignement, en mesurant l'écart entre le prévu et le réalisé.

POUR ALLER PLUS LOIN

Bourdoncle, R. (1993). La professionnalisation des enseignants : les limites du mythe. *Revue Française de Pédagogie*, 105, 83-119.

Chapelle, G., & Dupriez, V. (Éds), (2007). *Enseigner*. Paris : PUF.

Crahay, M. (2000). *L'école peut-elle être juste et efficace ? De l'égalité des chances à l'égalité des acquis*. Bruxelles : De Boeck.

Dessus, P. (2008). Qu'est-ce que l'enseignement ? Quelques conditions nécessaires et suffisantes de cette activité. *Revue Française de Pédagogie*, 164, 139–158.

Paquay, L., Altet, M., Charlier E., & Perrenoud P. (Éds), (2011). *Former des enseignants professionnels. Quelles stratégies ? Quelles compétences ?* Bruxelles : De Boeck, 4e édition.

Chapitre 2

Qu'est-ce qu'apprendre ?

2.1 À quoi ça sert ?

Apprendre, dans un sens général, correspond pour la plupart des espèces animales à l'adaptation des individus à leur environnement. Apprendre, c'est changer au cours de sa vie pour s'adapter à son environnement. L'enfance est la période principale de cette adaptation, et les individus s'adaptent aux changements de leur environnement tout au long de leur vie. Pour les humains, l'environnement est essentiellement physique, vivant, social (ou culturel), affectif et technologique. Ce qui est élaboré par l'individu au cours de cette adaptation relève soit des connaissances, soit des souvenirs. Dans cet ouvrage, nous ne traiterons que des connaissances.

Mais cette fonction adaptative des apprentissages est bien limitée. Les apprentissages adaptifs ont les avantages et les inconvénients de l'adaptation :

- Ils sont systématiques, non coûteux, ne nécessitent ni motivation, ni effort, ni enseignement. Ils se déroulent donc aussi bien dans les sociétés avec école que sans école.
- Ils ne permettent d'apprendre que ce qui est adaptatif, c'est-à-dire ce qui est fréquemment présent dans l'environnement, ce qui permet d'agir et de comprendre dans ses activités quotidiennes.

Ainsi, à cause de ces limites, les apprentissages doivent remplir une autre fonction que l'adaptation. Ils permettent essentiellement de s'ouvrir à des connaissances qui ne sont pas directement utiles dans notre environnement et surtout de nous préparer à vivre dans un environnement futur, celui des adultes, un environnement social (culturel), professionnel, technologique, etc.

2.2 Comment ça marche, hors de l'école et à l'école ?

Les apprentissages implicites

Le processus d'apprentissage qui correspond à la fonction adaptative, souvent désigné par le terme d'apprentissage implicite, consiste en la détection inconsciente et involontaire de régularités dans notre environnement. Ce processus peut être passif (on apprend sans rien faire) ou actif (on apprend en faisant quelque chose). Chez les humains, et nous partageons en partie cela avec certains animaux sociaux, le processus actif est principalement mis en œuvre à travers les activités d'exploration de l'environnement, de relations sociales (notamment d'imitation) et, à l'intersection des deux précédentes, des activités de jeux.

Dans le domaine culturel par exemple, nous apprenons de façon passive certaines caractéristiques phonologiques de notre langue maternelle, comme l'accent de mot (e.g. les bébés sont capables, dès 7 mois, de distinguer un mot de leur langue maternelle avec un accent correctement placé, d'un mot avec un accent incorrectement placé, avant même de parler ; Curtin *et al.*, 2005) ou la construction des mots (cf. l'exemple détaillé à propos des préfixes). Nous apprenons de façon active la politesse, par exemple (*i.e.* nous nous trompons, nous recevons des retours négatifs, nous essayons encore).

Exemple : l'apprentissage des préfixes, un apprentissage adaptatif et implicite ?

L'expérience de Gombert (2002) illustre bien le mécanisme des apprentissages adaptatifs et leur caractère non coûteux. Elle a en outre l'avantage de concerner un apprentissage en situation naturelle (et non en laboratoire). Ce chercheur a présenté à des élèves de la grande section de maternelle jusqu'au cours élémentaire 2e année (âgés de 5 à 9 ans), douze paires de pseudo-mots.

Chaque paire est composée d'un pseudo-mot dont la première syllabe correspond à un préfixe dans la langue française (e.g., déquotir) tandis que l'autre pseudo-mot contient les mêmes lettres, le même nombre de syllabes, mais ne possède pas un préfixe comme première syllabe (doquétir). Ces mots sont présentés oralement. Il est demandé à chaque enfant de désigner lequel ressemble le plus à un vrai mot. Les résultats sont très surprenants : dès la grande section de maternelle, les élèves désignent plus fréquemment les pseudo-mots préfixés que non préfixés et cette différence est significativement différente du hasard. Pourtant, ces enfants n'ont jamais reçu d'enseignement concernant les préfixes, ils n'ont pas la moindre connaissance explicite à ce propos. Cependant, ils possèdent bien cette connaissance, sous une forme implicite, qui est l'explication la plus plausible de leur performance.

S'ils ont acquis cette connaissance sans qu'elle leur soit enseignée, c'est donc par le mécanisme d'apprentissage implicite décrit par, par exemple, Perruchet et Nicolas (1998). Ce type d'apprentissage est d'ailleurs également obtenu en laboratoire, dans des situations plus contrôlées, avec des matériels plus neutres (comme les grammaires artificielles) (cf. la synthèse de Berry, 1997).

Les connaissances que nous élaborons de manière implicite sont très diverses, elles peuvent être des concepts, des faits, des mots, des règles, des savoir-faire, des stratégies ou des automatismes.

Les apprentissages adaptatifs peuvent aussi ne pas être implicites. Par exemple, le fait que dans le domaine professionnel nous nous adaptions à nos conditions de travail, que nous devenions plus efficaces après quelques années d'expérience relève de l'apprentissage. Ces apprentissages adaptatifs sont alors coûteux : ils nécessitent du temps et une pratique très régulière. Dans le domaine des loisirs, il en est de même. Par exemple, pour devenir très performant avec sa console de jeux, il est nécessaire d'y jouer de façon vraiment assidue. Ces apprentissages adaptatifs sont bien explicites : on est conscient de progresser, de changer, on décide sciemment d'investir du temps et des efforts pour s'entraîner et progresser. Mais ces apprentissages adaptatifs ne sont pas forcément réinvestis à l'école, car les tâches scolaires et les apprentissages scolaires ont des caractéristiques précises, que nous allons présenter maintenant, et qui peuvent être incompatibles avec ces apprentissages adaptatifs. Nous ne disons rien d'autre que ce que le lecteur sait déjà : les connaissances acquises à l'extérieur de l'école peuvent être des précurseurs (i.e. des facilitateurs, voire des bases nécessaires) mais aussi des obstacles, aux apprentissages scolaires.

Les apprentissages par instruction

Les apprentissages par instruction correspondent aux conditions où l'apprentissage est essentiellement institué et explicite : par exemple un élève apprend le Théorème de Pythagore. Les situations d'apprentissage par instruction sont largement mises en œuvre pour pallier les lacunes des apprentissages implicites. Comme ces derniers ne permettent pas d'apprendre à lire, à résoudre des équations du second degré, à comprendre la Révolution Française, à devenir électricien, il faut bien mettre en œuvre des situations d'apprentissage par instruction. Cette catégorie de conditions comprend les situations d'enseignement et de formation.

Pour l'essentiel, l'enseignement vise à fournir de nouvelles connaissances aux individus qui les utiliseront pour répondre aux contraintes de leur environnement futur. Les apprentissages par enseignement, par définition non adaptatifs, sont souvent coûteux et difficiles. Ils requièrent en effet des efforts, du temps, de la motivation... à la fois de la part de l'élève et de l'enseignant.

Les apprentissages impliquent que les connaissances préalables soient mobilisées et que les connaissances nouvelles soient réutilisées, fréquemment, dans des situations diverses. Pour être motivantes, les situations doivent avoir du sens pour les élèves, présenter un degré de défi ni trop important ni trop faible. Les apprentissages aboutissent parfois à des échecs.

Synthèse

Il existe deux types d'apprentissages, les apprentissages implicites — qui ne représentent pas de coût cognitif particulier — et les apprentissages par instruction, qui sont coûteux.

Le terme « apprentissage par instruction » est préféré ici à celui d'apprentissage explicite pour deux raisons. La première est qu'il existe des apprentissages explicites qui ne relèvent pas de l'instruction (l'imitation par exemple). La seconde est que la distinction entre connaissances implicites et explicites en mémoire ne correspond pas à la distinction entre apprentissages implicites et explicites. Certains automatismes peuvent être largement considérés comme des connaissances implicites alors qu'ils ont été appris de façon tout à fait explicite. C'est le cas, entre autres, de la lecture, qui a été apprise de façon explicite par la plupart des enfants, et qui, une fois qu'ils sont devenus adultes, devient un automatisme largement implicite.

2.3 Quels sont les différents types de connaissances humaines ?

Geary (2008) et Sweller (2008) ont insisté sur le fait que les apprentissages adaptatifs non coûteux concernent ce qu'ils appellent les connaissances primaires, c'est-à-dire les connaissances présentes chez les hominidés depuis au moins l'apparition de *homo sapiens* il y a 200 000 ans : le langage oral, les relations sociales, la reconnaissance des visages, la connaissance naïve du monde physique et vivant, la fabrication d'outils, la croyance, la pratique du dessin et très probablement de la musique, etc. Selon eux, notre cerveau aurait évolué pour que nous soyons capables, par un simple processus d'adaptation, de développer ces connaissances. C'est bien un processus strictement adaptatif : nous apprenons non pas le langage oral en général mais la langue orale que l'on parle autour de nous, la politesse pratiquée au sein de notre groupe social, les visages qui nous sont familiers, etc. Si nos parents ne sont ni musiciens ni mélomanes, il est peu probable que nous apprenions la musique par adaptation. Geary et Sweller opposent ces connaissances aux connaissances secondaires (i.e. apparues récemment chez l'espèce humaine, comme la langue écrite, les mathématiques, la philosophie), pour lesquelles notre cerveau n'aurait pas évolué pour permettre la mise en œuvre d'un processus d'adaptation – imprégnation.

D'un point de vue biologique, la connaissance primaire (naïve) est la connaissance pour laquelle nous, êtres humains, avons évolué afin de l'assimiler, alors que la connaissance secondaire correspond à la connaissance qui peut être assimilée, même si nous n'avons pas eu affaire à elle au cours de notre évolution.

De manière universelle, la connaissance primaire s'acquiert facilement, et le plus souvent, inconsciemment, sans enseignement ou entraînement spécifique. Par exemple, nous avons appris facilement notre langue maternelle, à communiquer avec d'autres personnes ou à reconnaître des objets de notre environnement. Son mode d'apprentissage est implicite (par adaptation, par maturation).

À l'opposé des connaissances primaires, l'acquisition de connaissances secondaires est consciente et, par là, nécessite des efforts. Les connaissances scolaires sont des connaissances secondaires. Acquérir des connaissances secondaires est difficile et nécessite des situations d'apprentissage explicite. L'enseignement est une de ces situations. Si nos parents ne sont ni musiciens ni mélomanes, nous sommes tout à fait capables d'apprendre la musique dans une école de musique.

Tableau 1

Principales caractéristiques des connaissances primaires et secondaires

	Connaissance primaire	Connaissance secondaire
Utilité	Adaptation à l'environnement social, biologique et physique présent	Préparation à la vie sociale et professionnelle future
Apprentissage	Inconscient, sans effort, rapide, fondé sur l'immersion, les relations sociales, l'exploration, le jeu	Conscient, avec effort, lent, fondé sur l'instruction ou sur une pratique délibérée, longue et intensive
Motivation	Pas de motivation requise	Motivation requise, souvent extrinsèque
Exemples	Reconnaissance des visages, langage oral	Lecture, mathématiques

Les connaissances humaines ont une autre caractéristique importante : elles peuvent être partagées, voire instituées. Cette caractéristique concerne les connaissances primaires comme les connaissances secondaires. Les humains fabriquent en effet des consensus à propos de leurs connaissances : ils définissent le sens des mots, établissent des concepts, des lois, des règles. Cette entreprise de fabrication d'un consensus est collective, souvent très longue. Elle parvient à établir des ensembles de connaissances qui « dépassent » les individus : par exemple, nous parlons et lisons le Français, mais aucun de nous ne connaît la définition de tous les mots du dictionnaire. On appelle « savoir » cette connaissance instituée. On trouve les savoirs dans les dictionnaires, les encyclopédies, l'histoire des sciences, etc. et bien sûr dans les manuels scolaires.

Il est très intéressant de noter que les sociétés humaines, en se développant, en devenant grandes, éprouvent le besoin de définir des savoirs à propos des connaissances primaires.

Exemple : différence entre connaissances et savoirs à propos des règles d'accord

La grammaire française est un savoir, élaboré sous une forme à peu près complète depuis quatre siècles environ, à partir de la langue orale et de sa syntaxe (soit une connaissance primaire), ainsi qu'à partir de sa forme écrite. Par exemple la règle d'accord du participe passé des verbes pronominaux ne vient pas de l'oral mais de l'écrit (c'est Malherbe qui l'a inventée) tandis qu'avant elle la règle d'accord avec l'auxiliaire avoir vient plutôt de l'oral... en italien (c'est Clément Marot qui nous l'a léguée), ces deux écrivains répondant probablement à l'ordonnance de François 1er qui en 1539 demandait que les documents officiels ne fussent plus écrits en latin mais en français. Le premier manifeste pour l'institutionnalisation de la langue française est écrit par Du Bellay 10 ans plus tard, en 1549.

Autrement dit, les humains qui parlent le français utilisent leur connaissance primaire de la syntaxe pour former des énoncés. Cette connaissance est implicite, inconsciente et automatisée. Elle évolue. Elle peut présenter des particularités locales. Les linguistes élaborent des connaissances secondaires et explicites sur cette langue orale, ils tentent de la décrire, de comprendre sa structure, son fonctionnement, son usage. Les grammairiens produisent des normes à propos de ce que la langue doit être ; ils élaborent des savoirs qui peuvent devenir scolaires. Les enseignants, eux tentent de conduire les élèves à acquérir certaines de ces connaissances à propos de ces savoirs scolaires. Pour autant, dans ce domaine comme dans d'autres, les connaissances apprises à l'école ne viennent pas remplacer les connaissances primaires. Au mieux, elles les complètent. Par exemple, il n'existe à notre connaissance aucune étude empirique au monde qui attesterait d'un apprentissage où les connaissances grammaticales apprises par enseignement viendraient remplacer les compétences syntaxiques orales. Une question importante est aussi de décider si l'on enseigne le savoir issu des travaux des linguistes (i.e. savoir scientifique) ou de celui des grammairiens (i.e. savoir normalisé).

Un des problèmes centraux du métier d'enseignant est donc de savoir si l'on enseigne une discipline où les connaissances primaires sont nombreuses, fournissant des précurseurs et des obstacles souvent implicites, et où l'enseignement donnera une place importante à la prise de conscience (ex. le français, la biologie, la physique, la musique) ou si l'on enseigne une discipline où les connaissances primaires ont peu d'importance (ex. l'histoire, la philosophie, les mathématiques, la technologie).

Pour résumer, l'humanité produit des savoirs, chaque être humain n'a que des connaissances. Parmi les savoirs certains sont scolaires. Les élèves acquièrent des connaissances à propos de ces savoirs (pas ces savoirs eux-mêmes).

Synthèse

Apprendre, c'est élaborer une connaissance nouvelle ou transformer une connaissance ancienne.

Le développement de l'enfant correspond à l'élaboration de connaissances primaires (naïves) dont l'utilité peut être appréhendée d'un point de vue adaptatif (est utile une connaissance qui maximise l'adaptation de l'individu à son environne-

ment) ; l'apprentissage est ici un processus d'adaptation – maturation, largement implicite et non coûteux.

Le développement du professionnel est un apprentissage adaptatif mais il est coûteux (en temps, en activités) et concerne dans la grande majorité des cas, des connaissances secondaires.

L'enseignement vise l'élaboration de connaissances secondaires, dont l'utilité peut être appréhendée d'un point de vue culturel et social (est utile une connaissance dont la société décide qu'elle est nécessaire à ses enfants et futurs citoyens) ; l'apprentissage est ici un processus largement explicite et coûteux ; le déficit d'utilité perçue de certaines connaissances secondaires se traduit par un déficit de motivation.

L'école tente de trouver les moyens qui permettent d'élaborer des connaissances secondaires, notamment en articulant apprentissages implicites et explicites, et en distinguant les efforts utiles et inutiles à l'apprentissage.

2.4 Quelles sont les différentes connaissances apprises à l'école ?

Catégorisation générale

De façon classique (voir aussi Anderson *et al.*, 2001), on peut opposer les connaissances déclaratives aux connaissances procédurales (cependant, il existe bien un continuum entre ces deux catégories).

Les premières concernent des états du monde et des relations. Elles sont le plus souvent verbalisables. Les concepts, le sens des mots, les faits sont des exemples de connaissances déclaratives.

Les secondes concernent les actions sur le monde. Elles ne sont pas nécessairement verbalisables. Les savoir-faire, les gestes techniques, les automatismes sont des exemples de connaissances procédurales. Une connaissance peut être déclarative et procédurale : elle peut posséder deux formats. Par exemple, le Théorème de Pythagore peut être à la fois compris par un élève et mis en œuvre par lui.

On peut aussi opposer les connaissances générales et les connaissances particulières (ou contingentes). Une connaissance générale est mobilisable dans de nombreuses situations, tandis qu'une connaissance particulière ou contingente n'est valable que dans une situation, pour réaliser la même tâche. Par exemple, le Théorème de Pythagore est applicable à n'importe quel triangle rectangle.

Là encore, il y a un continuum entre les connaissances générales et les connaissances particulières.

Ainsi, une connaissance, selon qu'elle soit déclarative ou procédurale, particulière ou générale, peut renvoyer à différents formats.

Une **compétence** ne correspond pas à un format spécifique de connaissance. C'est une façon de spécifier, non pas une connaissance, mais la réalisation d'une tâche. Une compétence caractérise la capacité pour un individu de réaliser une tâche dans un certain contexte avec un certain niveau de performance. Une même connaissance peut-être mobilisée dans la mise en œuvre de différentes compétences. Et une compétence peut être analysée comme mettant en œuvre différentes connaissances de différents formats.

Nous voulons attirer ici l'attention sur deux caractéristiques de la connaissance.

Quel que soit son format, une connaissance peut avoir différents états : être explicite ou implicite. D'une connaissance implicite, nous pouvons dire que « *je sais ce que c'est* » ou « *je sais le faire* » mais nous ne savons pas la décrire. Une connaissance explicite peut être formalisée (représentée) selon une ou plusieurs formes (linguistique, algébrique, schématique, etc.). Par exemple nous pouvons représenter le Théorème de Pythagore par une phrase, par une équation ou par une figure géométrique.

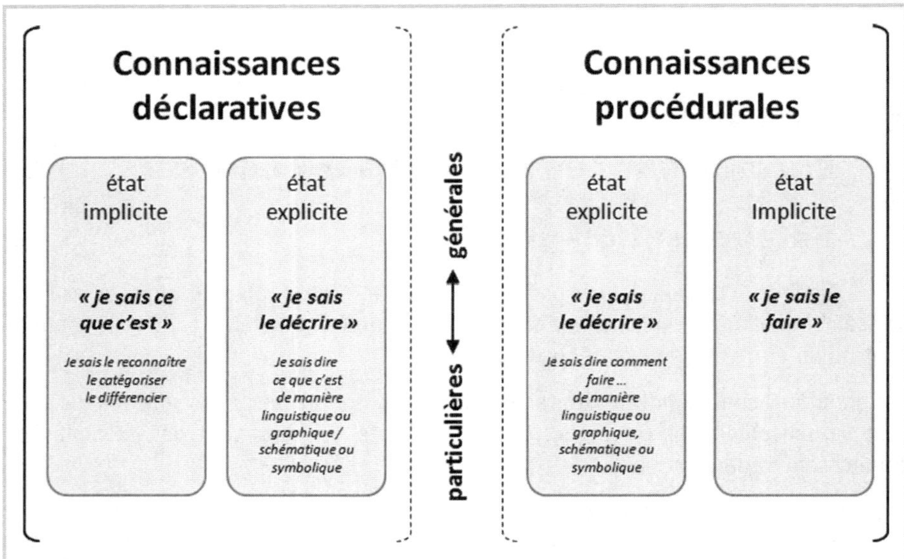

Figure 2

Catégories générales des connaissances

Chaque connaissance peut être caractérisée par ses conditions d'utilisation, c'est-à-dire l'ensemble des critères à remplir pour que cette connaissance soit utilisée de façon pertinente. Par exemple un élève peut savoir que, avec l'auxiliaire avoir, le participe passé ne s'accorde pas sauf si le complément d'objet direct est placé avant le verbe ; auquel cas il s'accorde avec le complément d'objet direct. Les adultes savent cela aussi, notamment les adultes lettrés. Pourtant, il suffit de lire les courriers électroniques que nous recevons chaque jour pour nous rendre compte que, avec les verbes du premier groupe, beaucoup d'entre nous ne maîtrisent pas parfaitement les conditions d'utilisation de cette règle d'accord. En particulier, nous oublions d'accorder avec le complément d'objet direct. Alors que les accords avec les verbes des deux autres groupes, dont le pluriel et le féminin ne sont pas muets ne nous posent pas de difficultés, il n'en est pas de même avec les pluriels et les féminins muets du premier groupe. Pourtant nous connaissons tous cette règle ! Mais nous ne la connaissons pas bien si nous ne maîtrisons pas ses conditions d'utilisation. Une des caractéristiques des automatismes, dont nous allons parler ci-dessous, réside dans le fait qu'ils sont souvent accompagnés d'une parfaite maîtrise de leurs conditions d'utilisation.

> **Synthèse**
> *Enseigner, c'est favoriser l'apprentissage de trois composantes d'une connaissance : son contenu, ses conditions d'utilisation et sa formalisation. L'état implicite pourra, quant à lui, servir de point d'appui à l'apprentissage des états explicites d'une connaissance.*

Catégorisation détaillée

Pour les connaissances déclaratives, nous proposons d'appeler « concept » la connaissance générale et « connaissance spécifique » la connaissance particulière. Une « trace littérale » est une connaissance en mémoire qui correspond exactement à celle qui était présente dans la source (« apprise par cœur »). En quelque sorte, du côté des connaissances déclaratives particulières, la connaissance spécifique correspond au fond (ce que l'on comprend), la trace littérale correspond à la forme (ce que l'on sait par cœur).

Pour les connaissances procédurales, nous proposons d'appeler « méthode » la connaissance générale et « savoir-faire » la connaissance particulière. Enfin, nous opposons les connaissances procédurales contrôlées et les connaissances automatiques. Ainsi, on obtient un cadre de référence comportant six formats de connaissances (Figure 3).

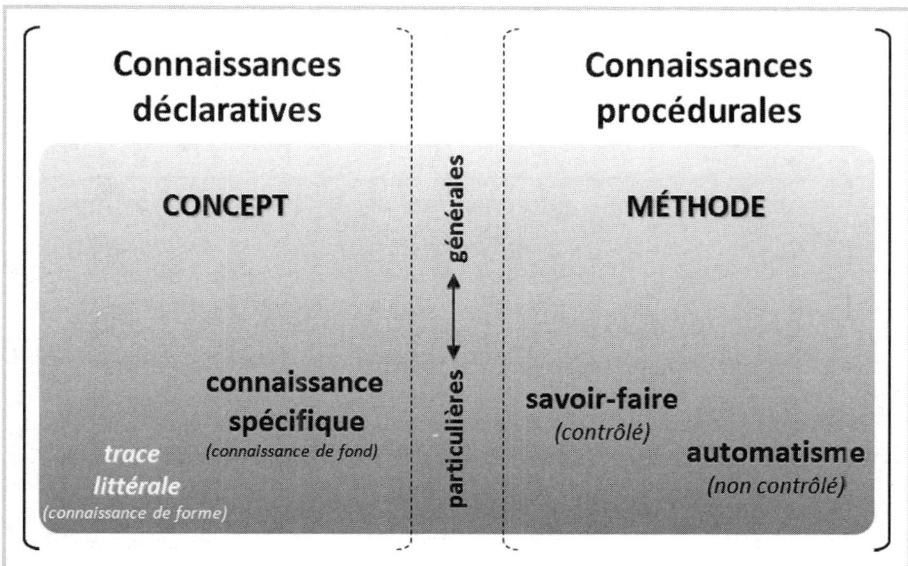

Figure 3
Six formats de connaissance

Les oppositions entre les différents formats de connaissances ne sont pas de véritables dichotomies mais plutôt des continuums, dont l'évolution est un véritable objectif de l'apprentissage. Un même savoir scolaire peut correspondre à différents formats de connaissances chez les individus. Un élève peut savoir énoncer le Théorème de Pythagore et/ou savoir le mettre en œuvre. Il s'agit bien de connaissances différentes, qui vont être utilisées de façons différentes, avec une validité différente (cf. Tableau 2).

Un **concept** est une connaissance déclarative générale : loi, principe, théorème (Barsalou, 1987). Un concept est relié à d'autres concepts. Par exemple, le concept d'équilibre en mécanique est relié au concept de force, d'absence de mouvement et de repère. Un élève n'aura pas véritablement élaboré le concept d'équilibre tant qu'il n'aura pas acquis ces trois concepts ainsi que leurs interrelations.

Une connaissance spécifique (de situation) est une connaissance déclarative particulière d'un fait, d'une situation, d'un état ponctuel du monde, etc. (Kintsch, 1998 ; Zwaan, 2004). Une telle connaissance peut exister sans véritable lien avec d'autres connaissances spécifiques. Cette connaissance est parfois désignée par les termes de « modèle de situation » ou « représentation mentale » dans la littérature. Par exemple, un élève peut savoir que $g = 9{,}81 m/s^2$ sans relier cette connaissance à d'autres. L'enjeu pour l'enseignant est bien souvent de savoir si ses élèves doivent élaborer une représentation du « fait » $g = 9{,}81 m/s^2$, ou s'ils doivent conceptualiser la notion d'accélération ou encore simplement mémoriser la suite de lettres et de chiffres.

Une **trace littérale** est une connaissance déclarative que l'on peut recouvrer par rappel ou par reconnaissance et qui correspond exactement, littéralement, à la connaissance apprise (Schacter, 1999). C'est en quelque sorte la « formalisation » de la connaissance, par opposition à son « contenu ». C'est une forme assez rudimentaire de connaissance : elle ne permet pas de comprendre, ni d'agir dans une situation. Elle peut être utilisée comme un moyen transitoire de recouvrer une représentation, un concept, une méthode : on se souvient de la suite de lettres et de chiffres $g = 9{,}81 m/s^2$ (ou même de la suite de phonèmes correspondante) puis on l'utilise pour réaliser un calcul, comprendre une situation.

Exemple : différence entre trace littérale et connaissance spécifique

Chase et Simon (1973) ont comparé des novices, des joueurs avancés et des experts au jeu d'échecs, dans une tâche de rappel qui concerne 25 pièces sur l'échiquier, soit correspondant à une partie réelle, soit disposées de façon aléatoire. Les experts ont des performances très importantes (ils peuvent replacer correctement jusqu'à 16 pièces) si et seulement si la disposition des pièces sur l'échiquier correspond à une partie en cours. Ces performances sont meilleures que celles des joueurs avancés (10 pièces correctement replacées en moyenne) et que les novices (4 pièces correctement replacées). Quand les pièces sont disposées de façon aléatoire, tous les joueurs replacent correctement 4 pièces en moyenne. Autrement dit, la tâche où les pièces sont disposées aléatoirement est aussi difficile, quel que soit le niveau des participants, alors que la tâche où les pièces correspondent à une partie en cours est d'autant plus difficile que les joueurs sont peu experts. Les auteurs interprètent ces résultats en proposant que les experts ne développeraient pas une capacité à mémoriser les pièces, mais plutôt à encoder une configuration : en d'autres mots, ils mobilisent leurs connaissances des échecs pour comprendre la partie en cours. Quand les pièces sont disposées au hasard, il n'y a rien à comprendre. Tout juste peuvent-ils comme les autres essayer de mémoriser littéralement.

Tableau 2

Exemples de formats de connaissance

Connaissances déclaratives			Connaissances procédurales		
Concept	**Connaissance spécifique**	**Trace littérale**	**Méthode**	**Savoir-faire**	**Automatisme**
Avoir compris la démonstration du Théorème de Pythogore et reconnaître les situations où on peut l'utiliser	• Le triangle 3-4-5 est un triangle rectangle, car 9 + 16 = 25 • $\sin^2\alpha + \cos^2\alpha = 1$	Connaître par cœur la définition du théorème	Savoir calculer la longueur du côté d'un triangle rectangle	Savoir utiliser une corde à noeuds du jardinier (ou du maçon) pour trouver une perpendiculaire	? ? ? ? ?
• Équilibre • Principe fondamental de la statistique • Polygone de sustentation	• Il faut un grand bras de levier pour soulever une grosse charge • Une chaise à quatre pieds est plus stable qu'un tabouret à trois pieds	Connaître par coeur la définition du principe	• Résoudre un problème de statique • Déterminer un paramètre (force, couple ou distance) conditionnant l'équilibre	Équilibrer une balance romaine	Trouver son équilibre : - sur nos deux pieds ; - la gymnaste sur une poutre - le funambule sur son fil.
Conversion de l'énergie électrique en énergie mécanique	Reconnaître un moteur asynchrone	Connaître par coeur la formule $P = \sqrt{3}UI\cos\varphi$	Définir une technologie de moteur en fonction des contraintes énergétiques et mécaniques (statiques et dynamiques)	Configurer les paramètres principaux d'un variateur de vitesse à l'aide du logiciel « POWERSUITE »	Tourner le bouton vers la droite pour que le moteur électrique « tourne plus vite »

Une **méthode** est une procédure générale : suite d'actions physiques et/ou d'opérations mentales valable (transférable) dans des contextes différents d'un domaine de connaissances. Ces méthodes peuvent avoir comme objectif la compréhension (d'un système, d'une situation) et pas seulement l'action sur eux. Dans ce cas, la littérature insiste souvent sur le fait que ces méthodes sont des stratégies métacognitives (des connaissances qui permettent d'organiser l'activité de l'individu). Cependant, il semble raisonnable de penser que les méthodes très générales, qu'un individu pourrait utiliser quel que soit le domaine, sont rares. Par exemple, une méthode pour résoudre des problèmes est peut-être valable pour résoudre une catégorie de problèmes mathématiques, voire même une catégorie de problèmes non-homogènes au plan mathématique (par ex. Kramarski, 2004). Elle ne permet pas à l'individu qui la possède de résoudre ses problèmes de couple, ses problèmes financiers, ses problèmes au travail, etc.

Un **savoir-faire** est une procédure particulière : séquence d'actions physiques et/ou d'opérations mentales que l'on est capable de mettre en œuvre de manière contrôlée, dans un contexte particulier. Un savoir-faire n'est pas transférable. Par exemple, savoir jouer aux échecs permet de jouer aux échecs, mais ne permet pas de faire grand chose d'autre (Chase & Simon, 1973). La différence entre savoir-faire et automatisme réside dans le fait que le premier est contrôlé tandis que le second ne l'est pas.

Un **automatisme** est une procédure particulière dont le déclenchement est irrépressible et ne peut être interrompu. La mise en œuvre d'un automatisme ne nécessite pas d'attention (par ex. Chanquoy *et al.*, 2007). Par exemple, la lecture (au sens du décodage du sens d'un mot) est devenue, chez la plupart des adultes, un automatisme. Cet automatisme ne permet pas de décoder autre chose que des mots. Cependant, un automatisme, de par ses caractéristiques, peut être dangereux : par définition non contrôlé, le déclenchement et la mise en œuvre d'un automatisme peuvent être non pertinents et conduire à des erreurs.

Exemple : différence entre automatisme et méthode

Besnard et Bastien-Toniazzo (1999) ont proposé une tâche de diagnostic de panne d'un dispositif d'alarme électronique à des électroniciens experts (professionnels, 20 ans d'expérience) et novices (étudiants, 2e année universitaire). La panne avait été introduite artificiellement : il s'agissait d'un court-circuit sur un condensateur placé sous le dispositif, donc invisible. Or une panne extrêmement fréquente avec ce type d'alarme électronique met en cause un circuit intégré. Les résultats montrent que les experts testent en moyenne 18 fois le circuit intégré qui n'est pas défaillant ; les novices 2 fois seulement. Les experts éprouvent beaucoup plus de difficultés que les novices pour trouver la panne, parce qu'ils n'arrivent pas à prendre conscience que leur connaissance de la panne fréquente n'est pas la bonne.

Raufaste, Eyrolle et Mariné (1998) se sont intéressés à une tâche de diagnostic radiologique très difficile. Celle-ci consiste à examiner une radio qui présente des lésions habituellement caractéristiques d'une pathologie fréquente. Or, ce n'est pas cette pathologie qui est en cause dans ce cas précis. Les chercheurs comparent des internes en début ou en fin d'internat, des radiologues expérimentés (au moins 6 ans d'expérience professionnelle après l'internat) et des radiologues experts, universitaires, reconnus par leurs pairs comme étant les plus compétents. Le résultat obtenu est tout à fait impressionnant puisque les performances chutent entre les médecins en fin d'internat et les radiologues expérimentés pour ce diagnostic « piégeant ». De plus, un taux de précision a été calculé, correspondant au rapport entre le nombre de diagnostics corrects et le nombre de diagnostics envisagés, autrement dit le nombre d'hypothèses envisagées par les radiologues. Contrairement aux experts, les radiologues expérimentés, face à ce type de cas, font des erreurs parce qu'ils n'envisagent pas d'hypothèse alternative. Ils vont directement au diagnostic le plus évident et n'envisagent pas que cela puisse être autre chose. Ce qui fait l'expertise, c'est peut-être la capacité d'étudier plusieurs hypothèses, y compris les moins évidentes, avant de faire le diagnostic. Autrement dit, les experts exerceraient une sorte de contrôle sur leur propre activité de diagnostic qui les conduirait à envisager des alternatives avant de poser le diagnostic.

Dans les deux cas, il nous semble qu'il y a, pour la même tâche, des individus qui mobilisent un automatisme (inefficace, voire dangereux dans ces exemples, qu'ils ont acquis par la pratique) et des individus (étudiants ou experts) qui mobilisent des méthodes générales, contrôlées (qui sont acquises par enseignement pour les premiers, par la pratique pour les seconds).

Caractérisation de deux formats de connaissance

On se limitera ici à la caractérisation des formats de connaissance « concept » et « méthode ».

Caractérisation d'un concept

Un concept est une pure abstraction, une représentation d'objets concrets ou abstraits, naturels ou artificiels. C'est aussi un support de communication sociale dans la mesure où il est intrinsèquement lié au langage. La conceptualisation repose sur la perception de propriétés communes et différentielles. Donc, l'étude des concepts sera l'étude de leurs propriétés.

Un concept se caractérise par des relations internes entre des éléments constitutifs (structure interne) et des relations externes qui le lient à d'autres concepts limitrophes.

La structure interne. Barth (1987), différencie trois dimensions à un concept :

- une **dénomination**, qui désigne la pensée abstraite et qui permet de l'« étiqueter » (appelée étiquette) ;
- une **définition en extension**, à partir d'exemples (appelée aussi référent) ;
- une **définition en compréhension** (appelée aussi signifié), par l'identification des attributs qui sont communs aux exemples. Cette définition peut être fonctionnelle et/ou structurelle.

Les attributs (ou signifiés) sont des caractères ou propriétés qui définissent intrinsèquement le concept. On distingue deux types de propriétés :

- les propriétés « définitoires » : ces propriétés constituent un invariant par leur combinaison qui fondent le concept : avoir des ailes et être ovipare sont des propriétés définitoires d'oiseau ;
- les propriétés « caractéristiques » : ces propriétés présentent un caractère spécifique, qui vient s'ajouter au faisceau d'attributs définitoires : voler est une propriété caractéristique car tous les oiseaux ne volent pas.

Les attributs sont exprimés par des modes de représentations (appelés signifiants) verbaux, écrits ou graphiques. On distingue plusieurs formes : les mots, les symboles, les codes (numériques, alphanumériques, codes de couleurs,...), les pictogrammes, les dessins, diagrammes et autres représentations graphiques (incluant les icônes), les transcriptions (phonétique ou graphique).

Les attributs forment un ensemble structuré et organisé.

- Les structures peuvent être de type linéaire, en étoile, en « parapluie », en réseau et convoquer des relations de nature conjonctive (type « ET »), disjonctive (type « SOIT ») ou relative.
- L'organisation peut convoquer des relations de nature hiérarchique, d'antériorité, chronologique, conditionnelle,...

Les référents sont donc des exemples qui possèdent toutes les propriétés définitoires du concept et auxquelles s'ajoutent des propriétés caractéristiques. Sur le plan de la compréhension, certains exemples sont plus didactiques que d'autres : c'est ce que l'on appelle la typicalité. Par exemple, pour le concept de chien un berger allemand est un meilleur exemple qu'un basset.

Un concept possède aussi trois autres aspects particulièrement importants sur le plan pédagogique :

- Le niveau de complexité : il dépend du nombre d'attributs et du nombre de valeurs qui précise chaque attribut. Le caractère observable ou pas d'un attribut pose une difficulté supplémentaire ; il dépend aussi du nombre et de la nature des relations entre ces attributs.

- Le niveau d'abstraction : il définit le niveau de généralité du concept. Par exemple : médor, chien, mammifère, animal, être vivant. Plus le niveau d'abstraction est élevé, plus le nombre d'actualisations possibles est élevé et plus le champ d'application est étendu.
- Le niveau de validité : il s'agit du niveau de consensus d'une définition donnée, son caractère indiscutable ou pas. On utilise les qualificatifs de scientifique, flou, empirique ou subjectif.

La figure 4 résume les caractéristiques intrinsèques d'un concept.

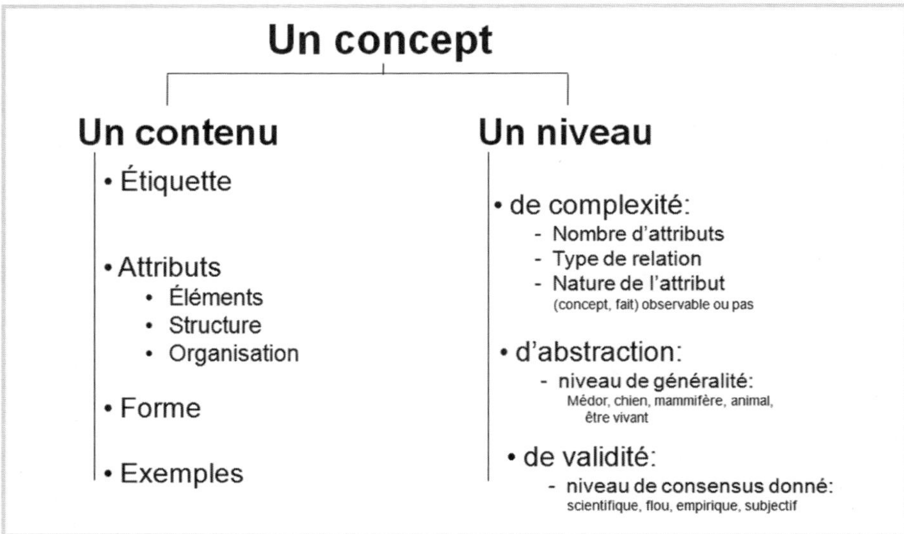

Figure 4
Principales caractéristiques intrinsèques d'un concept

Les relations externes. Un concept fonctionne toujours en relation avec d'autres concepts. Il est un nœud dans un réseau de relations, cohérent et organisé, et non un élément disposé à côté d'autres par simple juxtaposition (Astolfi *et al.*, 2008). Par exemple, un oiseau est un animal tétrapode appartenant à l'embranchement des vertébrés.

Un concept possède une histoire et est susceptible d'évoluer.

Caractérisation d'une méthode

Une méthode est une procédure de suite d'actions physiques et/ou d'opérations mentales. On peut distinguer des démarches à dominante mentale et des démarches à dominante physique.

Elle peut-être définie comme une combinaison de buts (résultats à obtenir) qui renvoient à une manière de les atteindre. Cette manière se caractérise par une combinaison d'actions et de moyens.

Une méthode peut se caractériser par trois composantes :

- une dénomination, qui renvoie à un but à atteindre (appelée aussi « étiquette ») ;
- une architecture, définissant des buts intermédiaires atteints à l'aide de moyens convoqués dans des actions à réaliser. Les combinaisons des buts forment un ensemble structuré et organisé (cf. structuration et organisation des attributs d'un concept). Cet ensemble peut être exprimé par des modes de représentations verbaux, écrits et graphiques ;
- un domaine d'utilisation.

Une méthode possède aussi d'autres aspects particulièrement importants sur le plan pédagogique :

- Le niveau de complexité : il dépend du nombre de buts, actions et moyens et du nombre et de la nature des relations entre ces derniers.
- Le niveau de difficulté : ce niveau renvoie principalement aux caractéristiques de l'action (vitesse, précision, intensité,...) ou leur niveau de coordination et d'automatisation.
- Le niveau d'explicitation : c'est la capacité à décrire avec des mots le volet déclaratif de la méthode.
- Le niveau d'efficacité : cet aspect permet de qualifier la méthode par rapport à une autre, au travers des conditions d'obtention du résultat final.

La figure 5 résume les caractéristiques d'une méthode :

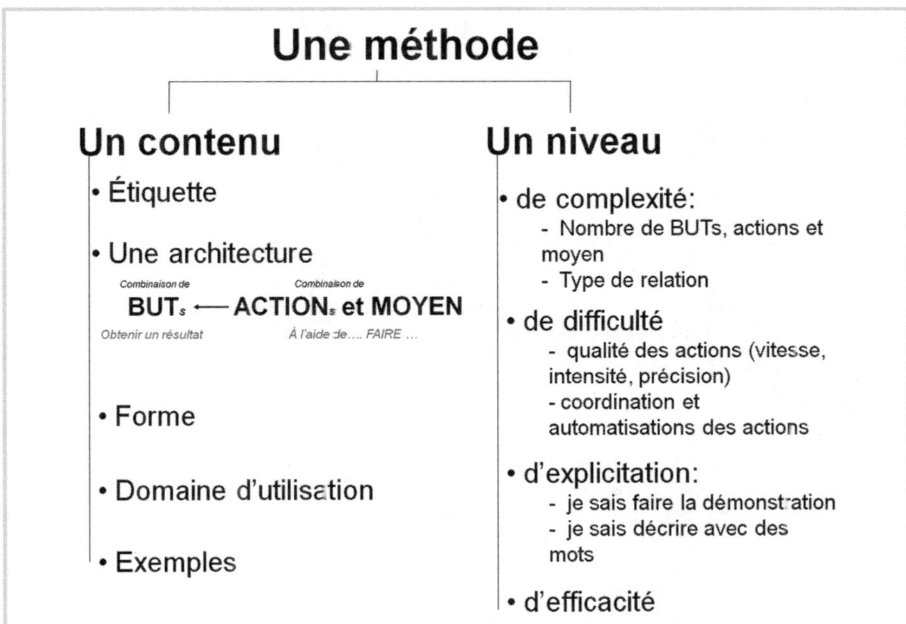

Figure 5
Principales caractéristiques intrinsèques d'une méthode

Exemple de méthode : Réaliser un dessin d'observation en Sciences

Un dessin d'observation est une représentation fidèle de la réalité qui traduit les détails et respecte les formes et les proportions. Le dessin d'observation n'est pas une copie servile de ce que l'on regarde, mais une explication. Il est accompagné de légendes et d'un titre explicite.

On peut observer un objet réel ou une photo, à l'œil nu ou à l'aide d'un appareillage (loupe, microscope, télescope...).

Explicitation de la méthode

BUT 1 — Préparation du travail d'observation et d'écriture

Sous but 1.1 : Préparation du matériel

- Se munir de l'objet à observer.
- Se munir d'un crayon à papier bien taillé, d'une gomme propre, d'une règle graduée et d'une feuille blanche.
- Se munir d'un appareillage d'observation, si besoin.

Sous but 1.2 : Définition des zones d'informations sur la feuille blanche

Librement, ou en respectant les conventions,

- Positionner et tracer les contours de la zone pour dessiner.
- Positionner et tracer les contours de la zone pour annoter les éléments du dessin.
- Positionner et tracer les contours de la zone pour noter la légende.
- Positionner et tracer les contours de la zone pour noter le titre.
- Positionner et tracer les contours de la zone pour noter le nom et la classe de l'élève.

BUT 2 — Réalisation du dessin

Sous but 2.1 : Sélection de la zone à observer

À partir de l'objet à observer,

- Se demander ce que le dessin doit montrer.
- Sélectionner l'endroit qui permet d'apporter ces renseignements.

Sous but 2.2 : Distinction de ce qu'il faut dessiner

- Repérer les parties essentielles (contour, forme générale...).
- Repérer les positions entre ces éléments.
- Prévoir l'ordre dans lequel on dessinera les parties de l'objet.

Sous but 2.3 : Dessin de ce qui est observé

- Calibrer la zone de tracé
  - Estimer la taille que le dessin va occuper sur la zone de dessin, l'agrandir si nécessaire.
  - Centrer et orienter la zone de dessin.
- Élaborer une esquisse

  Pour chaque partie de l'objet à dessiner,
  - Positionner le futur tracé.
  - Tracer le contour général, sans appuyer le crayon, en respectant les formes et les proportions.
  - Effectuer des allers et retours entre ce que l'on observe et ce que l'on représente pour valider le tracé.
- Élaborer le tracé définitif
  - Effacer les traits d'esquisse inutiles.
  - Repasser tous les contours en laissant un trait net sans raccords.
  - Ajouter quelques détails.

BUT 3 — Annotation du dessin

Sous but 3.1 : Annotation des éléments du dessin

- Tracer des flèches horizontales à la règle, qui ne se croisent pas et qui s'arrêtent toutes au même niveau dans la zone d'annotation. Chaque flèche s'arrête sur l'objet à nommer.
- Écrire les mots sans article en regard de chaque flèche. L'ensemble forme une colonne.

Sous but 3.2 : Élaboration de la légende

- Tracer les symboles en les organisant.
- Écrire les mots sans article en regard de chaque symbole.

Sous but 3.3 : Indication d'un titre

- Élaborer le titre en respectant la syntaxe suivante :
  Dessin de « nom de l'objet observé », mode d'observation.
- Écrire le titre souligné en le centrant dans la zone du titre.

Sous but 3.4 : Indication de l'échelle

- Rechercher le rapport entre la taille du dessin et la taille réelle de façon qualitative (plus grand, plus petit, grossissement, réduction...) et quantitative.
- Écrire l'information dans la zone de l'échelle en respectant la syntaxe adaptée à chaque cas.

BUT 4 — Validation du dessin

Sous but 4.1 : Vérification de la validité du dessin

En me posant les questions suivantes,

Le dessin répond-il à la demande ?

Les informations sont-elles suffisantes et justes ?

Ai-je respecté les règles de mise en forme ?

Sous but 4.2 : Mise en conformité

2.5 Comment utilisons-nous les connaissances ?

Les connaissances peuvent être mobilisées de différentes façons par les humains. Il nous semble important de distinguer les traitements correspondant à différents types de tâches.

Différence entre mobilisation et utilisation de connaissances

Dans le contexte scolaire comme dans notre vie quotidienne, nous utilisons nos connaissances pour comprendre le monde qui nous entoure et pour agir. Nous sommes souvent peu attentifs au fait que pour utiliser une connaissance, il faut d'abord penser à l'utiliser. Nous donnerons de nombreux exemples, notamment dans la partie sur l'évaluation, pour illustrer le fait que les humains, aussi bien les élèves que nous, sont tout à fait capables de posséder une connaissance nécessaire à la compréhension ou à l'action dans une situation donnée et de ne pas mobiliser cette connaissance ! Cette découverte fondamentale date des années 1960 et nous la devons essentiellement au psychologue anglais Peter Wason, même si de nombreux chercheurs en avaient eu l'intuition avant lui.

Pour l'instant, nous allons vous soumettre un simple exemple, auquel nous vous proposons de réfléchir.

Exemple : différence entre mobiliser et utiliser une connaissance

Voici un problème à résoudre, qui nous a été fourni par notre collège Roland Pouget : « Soient deux points distants de 200 mètres l'un de l'autre. À chacun de ces deux points, on fixe une corde. Une fois fixée, la corde fait 200,04 mètres ; de sorte qu'elle est trop grande de 4 centimètres, elle flotte un peu. Maintenant, on va au milieu des deux points, à 100 mètres de chacun donc, et on soulève la corde pour qu'elle soit bien tendue. De combien peut-on soulever la corde ? à peu près 2 cm ? à peu près 20 cm ? à peu près 2 m ? ».

Quelle est votre réponse ? Si vous le pouvez, prenez quelques instants pour y réfléchir. La réponse se trouve dans une note de bas de page [1].

Vous aviez trouvé ? Comment avez-vous trouvé la réponse ?

Maintenant, nous vous conseillons de rechercher la solution en utilisant le Théorème de Pythagore. Ça va mieux ? Vous aviez beau connaître le Théorème de Pythagore, si vous n'avez pas pensé à l'utiliser, vous ne l'avez pas utilisé. Et le fait que vous n'ayez pas pensé à l'utiliser n'a pas grand chose à voir avec le fait que vous connaissiez bien ou mal le théorème. C'est une simple question de logique : nous ne sommes pas capables d'utiliser les connaissances que nous n'avons pas. Mais la réciproque n'est pas vraie. Nous sommes donc capables de ne pas utiliser une connaissance que nous avons, même quand nous en avons besoin.

Mobiliser une connaissance c'est penser à l'utiliser. C'est une condition nécessaire à son utilisation.

Tâches d'utilisation de connaissances

Parmi ces dernières, on distingue habituellement les tâches de mémoire, les tâches d'exécution et les tâches de résolution de problème.

Les tâches de mémoire, comme le rappel et la reconnaissance, correspondent aux cas où l'on demande à un individu s'il se rappelle de quelque chose (une définition, un poème) ou s'il reconnaît quelque chose (un état d'un système, une valeur). Nous proposons de considérer que les connaissances mobilisées dans les tâches de mémoire où l'on demande à un élève de rappeler exactement quelque chose sont des « traces littérales ».

Pour les tâches d'exécution, il y a un but à atteindre dans une situation donnée et l'individu l'atteint spontanément en utilisant telles quelles des connaissances antérieures.

Pour les tâches de résolution de problème, il y a un but à atteindre dans une situation mais l'individu ne dispose pas des connaissances lui permettant d'atteindre spontanément ce but ; il va alors tâtonner, essayer, faire des hypothèses, etc. Pour tenter d'atteindre le but, au cours de cette activité, il va mobiliser des connaissances antérieures en les adaptant à la situation, en les transformant (et par là même, il peut élaborer une connaissance nouvelle).

1. La réponse correcte est 2 m approximativement et 2,0001 m plus précisément.

Tâches d'apprentissage

Apprendre, c'est élaborer une connaissance nouvelle ou transformer une connaissance ancienne. Les apprentissages impliquent que les connaissances préalables soient mobilisées (profondeur de traitement) et que les connaissances nouvelles soient réutilisées, fréquemment, dans des situations diverses (fréquence d'utilisation). Enseigner consiste notamment à créer de telles conditions.

La transformation de connaissances n'est pas l'unique façon d'apprendre. Il est très fréquent d'apprendre par élaboration de connaissances nouvelles. Par exemple, quand un élève apprend le Théorème de Pythagore, cela consiste pour lui à élaborer une connaissance nouvelle et bien peu à transformer des connaissances anciennes. Bien entendu il va mobiliser des connaissances anciennes. Il va peut-être transformer sa connaissance du triangle rectangle (*i.e.* l'enrichir) mais peut-être pas. Si la notion d'obstacle épistémologique est fondamentale, elle n'est pas omniprésente dans les situations d'apprentissage.

2.6 Comment apprend-on à l'école ?

Un processus d'apprentissage est ce qui permet d'élaborer ou de transformer une connaissance (Bransford *et al.*, 1999). Autrement dit, il permet de passer d'un format de connaissance à un autre. Nous proposons de distinguer :

- d'une part, et par opposition, des processus de généralisation et de particularisation qui mettent en lien les connaissances générales et particulières ;
- d'autre part, nous qualifions de processus de procéduralisation, de conceptualisation ou de compréhension, les passages entre les connaissances déclaratives et procédurales.

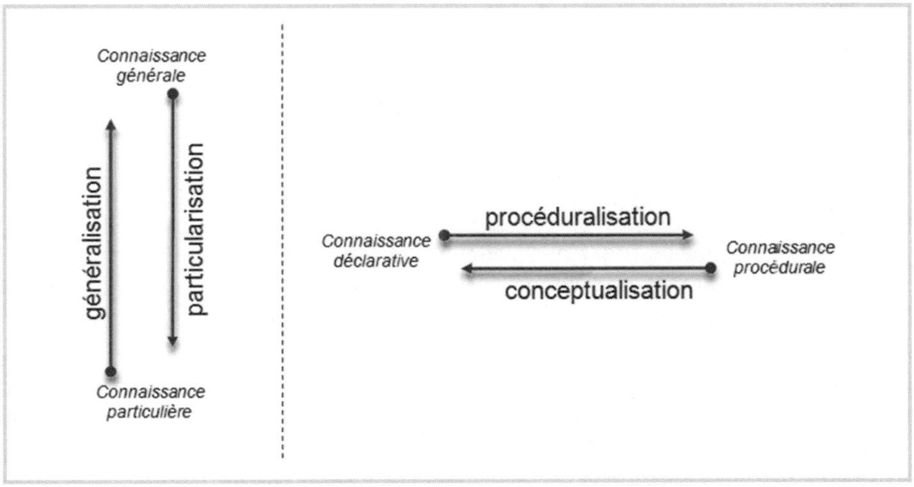

Figure 6

Typologie générale des processus d'apprentissage

La **particularisation** ou mise en application désigne le processus d'élaboration d'une connaissance déclarative spécifique à partir d'un concept général, ou d'un savoir-faire à partir d'une méthode générale. C'est un processus que les êtres humains utilisent constamment, et qui les conduit parfois à faire des erreurs. En effet, son déclenchement peut être intempestif, ou au contraire ne pas se produire alors qu'il eût été pertinent qu'il advînt. Attention, une fois que le processus est enclenché, nous avons tendance à « manipuler » les cas particuliers pour qu'ils correspondent à la connaissance générale que nous lui appliquons. En particulier, nous gommons des aspects de la situation particulière qui viendraient contredire la connaissance générale que nous appliquons. En Sciences et Technologie, parce que l'approche se veut concrète, ce phénomène de « manipulation » constitue un véritable risque. L'utilisation des modèles et des lois nécessite une interrogation explicite et permanente sur la validité et les conditions de leur mise en œuvre.

La **généralisation** est un processus d'apprentissage inverse à la particularisation. Il consiste à élaborer une connaissance générale à partir de connaissances particulières, que cette dernière soit déclarative (par exemple, on généralise à partir d'un cas) ou procédurale (par exemple, on étend le domaine de validité d'une règle pour en faire une véritable méthode). Le processus de généralisation est sans doute le moteur le plus puissant des apprentissages, il est le fondement de l'abstraction. Cependant, ce processus peut générer des erreurs très graves : généraliser à partir d'un cas est le plus souvent faux. Généraliser une règle c'est le plus souvent produire des erreurs. Si bien que la capacité d'abstraction et de généralisation semble être aussi bien celle des imbéciles (être raciste n'est-il pas fondé sur la généralisation et l'abstraction ?) que des grands savants. Pourtant, nous autres les enseignants, sommes constamment confrontés à ce piège de la généralisation, pour aller plus vite, parce qu'on a trouvé un bon exemple, parce qu'on n'a pas le temps de traiter de nombreux cas, etc.

Le **transfert** correspond à l'adaptation d'une connaissance à une situation nouvelle c'est-à-dire l'accroissement du domaine de validité d'un contenu : cette transformation ne concerne donc pas un changement de format (ni de contenu) mais de domaine d'application de la connaissance.

Parmi tous les processus d'apprentissage existants, nous avons choisi d'en décrire plus particulièrement six. Ce choix est au service de la conception de situations d'enseignement-apprentissage

La compréhension

La compréhension concerne l'élaboration d'une connaissance déclarative spécifique. Selon que le format de connaissance soit transformé ou mobilisé, le processus de compréhension relève d'une prise de conscience, d'une mise en application d'un concept, ou encore de l'interprétation (vraie ou fausse) par quelqu'un de quelque chose, à un moment donné, en fonction de ses connaissances antérieures. Cette activité mentale est extrêmement aisée à mettre en œuvre, elle est même irrépressible : on ne peut pas s'empêcher d'interpréter la situation que l'on a sous les yeux. Mais rien ne garantit que cette compréhension soit correcte.

En Sciences et Technologie, la compréhension est le processus clé d'une activité de travaux pratiques qu'elle soit de découverte ou d'application. La verbalisation écrite de ce qui a été compris par l'élève de la situation étudiée, favorisera le processus de compréhension par interprétation confère figure 7.

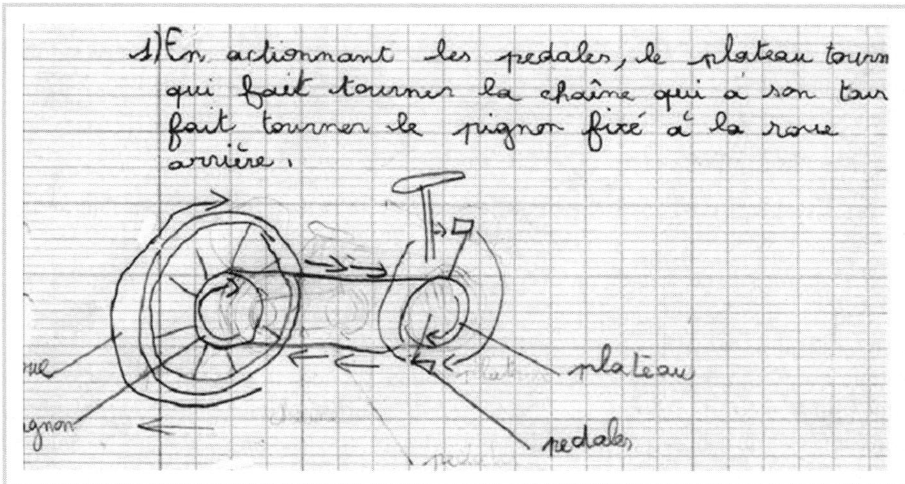

Figure 7
Explication, par des élèves de 6e, du dispositif de transmission d'un vélo

La conceptualisation

Elle peut être définie comme le processus d'élaboration d'un concept, c'est-à-dire de la connaissance relativement stable d'un aspect du monde. Par exemple un élève élabore le concept de force. Il s'agit fondamentalement d'un processus très proche de la compréhension, mais alors que la compréhension est conjoncturelle et attachée à une situation, la conceptualisation est plus pérenne et générale, c'est-à-dire mobilisable dans différentes situations. La conceptualisation serait fondée sur un triple processus :

- le repérage de traits communs, qui correspond à la construction de la catégorie (les objets qui partagent une caractéristique que les autres objets n'ont pas, forment une catégorie) ;
- l'élaboration d'une étiquette de la catégorie (les objets de cette catégorie se nomment x ;
- l'établissement de relations avec d'autres concepts (par exemple, le concept x est une sous-catégorie du concept y).

Consécutivement, pour savoir si un objet donné relève du concept x, les individus procéderaient soit à un test d'hypothèse à partir des règles qui définissent le concept (pour être considéré comme un x, l'objet doit posséder les caractéristiques qui ont permis de former la catégorie x), soit à une comparaison avec l'étiquette x (pour être considéré comme un x, l'objet doit ressembler à x).

La conceptualisation est généralement considérée comme un processus d'apprentissage non coûteux (en efforts mentaux), mais il peut prendre du temps (plusieurs semaines ou plusieurs mois). Cependant, un type particulier de conceptualisation, particulièrement coûteux cognitivement, a lieu dans le cadre de l'enseignement : le changement conceptuel. Il s'agit du processus selon lequel un individu change de concept à propos d'un aspect du monde sous l'effet d'un enseignement. Ainsi, pour qu'un enfant conceptualise que la terre tourne autour du soleil, il faut qu'il change sa conception initiale selon laquelle le soleil tourne autour de la terre. Ce processus d'apprentissage essentiel représente souvent des difficultés importantes et il a fait l'objet de nombreux travaux.

La mémorisation littérale

L'élaboration d'une trace littérale en mémoire correspondrait à un double processus.

Tout d'abord, l'élaboration d'une trace en mémoire de travail est un processus automatique sur lequel les humains ont peu de contrôle : ce qui est encodé, c'est-à-dire perçu et traité, constitue une trace. Cette trace est extrêmement labile : elle est altérée au bout de quelques secondes. Par exemple, quand une personne nous communique un numéro de téléphone, 4 ou 5 secondes suffisent pour rendre impossible la simple tâche qui consiste à noter le numéro, sauf si l'on a procédé à un traitement de cette trace (auto-répétition, association) pendant ces quelques secondes.

L'élaboration d'une trace littérale peut aussi être réalisée en mémoire à long terme (on peut connaître par cœur un numéro de téléphone). Une telle élaboration dépend d'abord de la fréquence d'utilisation de la trace : plus la trace est utilisée fréquemment, plus la probabilité pour qu'elle soit élaborée dans une forme exacte est élevée. Elle dépend aussi de l'importance de la trace, notamment de l'importance accordée au moment de l'encodage, de l'absence de concurrence avec une autre trace et du degré d'élaboration de l'encodage de la trace. L'élaboration d'une trace littérale serait avant tout fonctionnelle : nous élaborons des traces littérales des connaissances qui nous sont fréquemment utiles sous cette forme littérale. Ce qui est fréquemment utile nous est important. Nous accordons de l'importance à son encodage, sur lequel nous faisons un travail d'élaboration. Nous apprenons aussi par cœur ce qui est cher à notre cœur, par exemple le numéro de téléphone d'une personne aimée. Cependant, les mécanismes de détérioration de la trace littérale sont nombreux, et quelques jours sans mobilisation de ce que l'on a appris par cœur suffisent parfois à effacer cette trace littérale pour en faire une trace approximative.

La procéduralisation

C'est le processus d'élaboration ou de transformation des connaissances procédurales, c'est-à-dire de méthodes et de savoir-faire. La procéduralisation, dont nous restreindrons le champ à ce qu'Anderson (1990) appelle la phase associative de l'apprentissage : elle consiste essentiellement à associer un but, une situation et une procédure. C'est un processus d'apprentissage lent et coûteux cognitivement : il requiert des efforts de la part de l'individu et représente donc une charge cognitive élevée. C'est le processus de transformation de quelque chose que l'on comprend ou parvient à réaliser par tâtonnement en quelque chose que l'on sait faire de façon explicite et contrôlée : une méthode. Une méthode est donc une suite d'actions que l'on est capable de décrire et de mettre en œuvre pas à pas, en contrôlant à chaque pas que l'on ne fait pas d'erreur.

Le processus de procéduralisation passerait par trois étapes :

1. L'élève apprend à reconnaître dans une situation problème les connaissances qui vont être utiles à sa résolution. Il s'agit donc de l'établissement d'une association situation — connaissance.

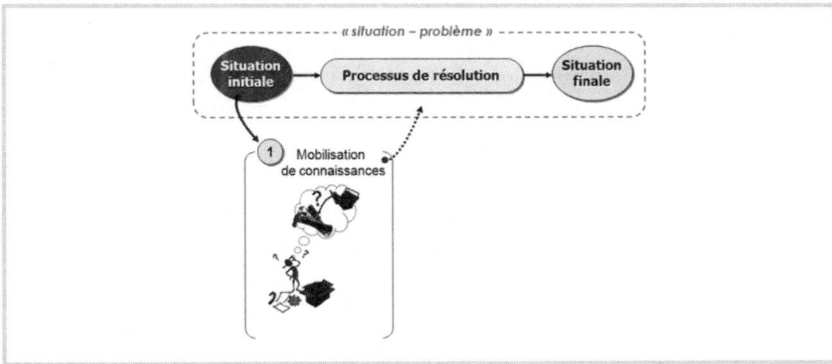

2. L'élève apprend à associer à la situation non plus la résolution du problème mais plus directement la solution.

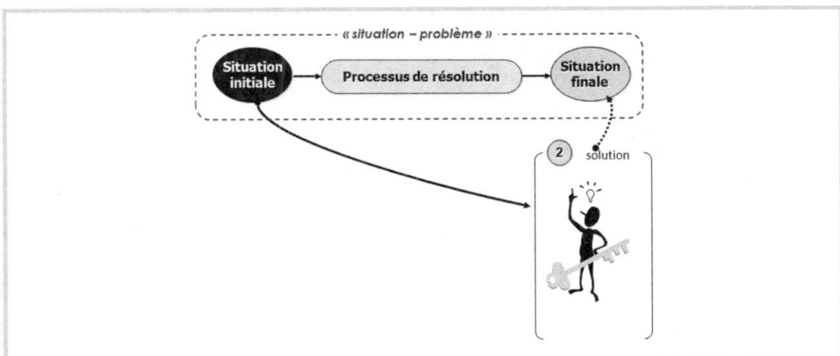

3. L'élève apprend à créer des règles qui consistent en l'appariement entre une condition et une action :

   « SI ... alors FAIRE ». Cet appariement pourra devenir un automatisme s'il est utilisé très fréquemment et longtemps (par exemple, la lecture).

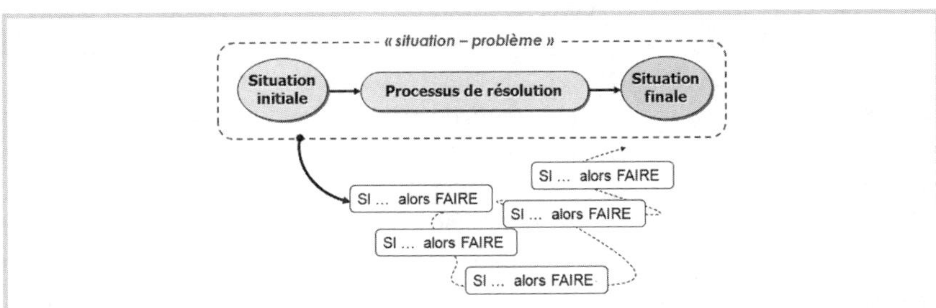

Ce processus est celui que met en place un adulte lorsqu'il monte un meuble en « kit » ou un enfant lorsqu'il assemble un « MECANO » ou un « LEGO » à l'aide d'une notice de montage. Cependant, il est aussi possible d'apprendre certaines procédures par imitation, c'est-à-dire par reproduction à l'identique d'une procédure observée : « le maître montre ; l'élève tente de faire à l'identique ».

Nous proposons de distinguer deux catégories de processus de procéduralisation permettant de transformer une connaissance procédurale.

Les processus de généralisation :

- Processus de compilation : il s'agit d'enrichir la procédure par assemblage de procédures plus élémentaires. Par exemple, apprendre à réaliser une recette de cuisine, à réaliser un dosage, à rédiger une dissertation en philosophie.
- Extension du domaine de validité : on agit sur le domaine d'application. On modifie les conditions dans lesquelles on peut l'utiliser. Par exemple, apprendre à contrôler le bon fonctionnement de différents objets.

Un processus de particularisation :

- L'adaptation : le savoir-faire est modifié pour permettre son adaptation à une situation différente mais présentant une analogie avec la situation habituelle d'utilisation de la connaissance. Par exemple, apprendre à utiliser un nouveau logiciel de traitement de texte alors que l'on connaît bien un ancien.

L'automatisation

C'est un processus de procéduralisation dans lequel une méthode (ou un savoir-faire) se transforme en un automatisme. Un automatisme (par exemple, savoir multiplier « par cœur », sauter une haie, savoir visser et dévisser, marteler une forme pour un chaudronnier), à l'opposé d'une méthode, est irrépressible, rapide et non-contrôlé. Une connaissance automatisée est quasiment non coûteuse cognitivement. Ce processus consiste en l'élaboration d'une connaissance que l'individu va pouvoir mobiliser aisément, puis mettre en œuvre sans effort cognitif et en exerçant un faible contrôle sur cette mobilisation et cette mise en œuvre. Ce processus d'apprentissage est surtout la conséquence de la fréquence : une connaissance devient un automatisme quand elle est fréquemment utilisée et régulièrement rencontrée.

La prise de conscience

La prise de conscience désigne, ici, le processus d'élaboration d'une connaissance déclarative à propos de quelque chose que l'on sait faire, par exemple un automatisme. C'est plus simplement, se mettre à comprendre ce que l'on savait faire « sans réfléchir ». La prise de conscience est un processus essentiel des apprentissages langagiers à l'école élémentaire ainsi que des apprentissages en éducation physique et sportive tout au long de la scolarité. Par exemple, quand un enfant apprend à lire, il apprend à analyser les phonèmes (les sons) qui composent un mot, alors qu'il sait très bien assembler ces sons pour prononcer ce mot. De même, quand il découvre la grammaire, il prend conscience qu'il sait former des phrases avec un sujet, un verbe et un complément, alors qu'il n'avait aucune idée de ces notions.

Plus précisément, la prise de conscience est soutenue par deux processus distincts :

- L'analyse de l'action : prendre conscience de ce que l'on fait, c'est être capable de découper une action en étapes successives, distinguer les actions élémentaires les unes des autres, les catégoriser. En langage courant, c'est simplement « réfléchir à ce que l'on fait », mais pas uniquement à « pourquoi on le fait », c'est surtout répondre à la question « comment on le fait ? ».
- L'explicitation : prendre conscience, c'est nommer ce que l'on fait, donner un nom à chaque action, c'est comme Monsieur Jourdain, apprendre que l'on fait de la « prose » quand on ne fait pas de la poésie.

La prise de conscience peut être :

- particulière, concerner une action limitée, et correspondre donc au processus de compréhension de l'action pour former une connaissance particulière.
- générale, concerner un ensemble d'actions, une méthode, et correspondre donc au processus de conceptualisation pour former un concept (par exemple le concept de verbe, de sujet ou de complément).

En retour, la connaissance déclarative construite par prise de conscience de l'action pourra être ensuite utilisée pour planifier l'action de façon consciente et réfléchie, pour contrôler ou évaluer la mise en œuvre de l'action (confère chapitre 12).

Synthèse

Les processus d'apprentissage peuvent être mis en œuvre pour élaborer des connaissances nouvelles ou pour transformer des connaissances préalables.

Les processus d'apprentissage associés aux connaissances pour comprendre le monde sont essentiellement la compréhension et la conceptualisation.

Les traces littérales sont élaborées par un processus que nous appelons mémorisation, et qu'il faut prendre ici dans un sens particulier (proche de « apprendre par cœur ») et non pas dans un sens général (élaborer un élément de mémoire).

Les processus qui permettent d'élaborer ou de transformer des connaissances pour agir sur le monde sont essentiellement la procéduralisation et l'automatisation.

2.7 Qu'est-ce qu'une difficulté d'apprentissage ?

Nous venons de décrire l'apprentissage en général. Comme si tout se passait bien et de la même manière pour tous les élèves. Il est donc temps d'aborder maintenant les cas où les apprentissages se font avec difficulté.

Quelles sont les principales difficultés d'apprentissage ?

On distingue actuellement plusieurs grandes catégories de difficultés :

Les troubles spécifiques de l'apprentissage, qui sont d'origine pathologique. Cette première catégorie contient les dyslexies – dysorthographies, les dysphasies, les dyscalculies, les dyspraxies – dysgraphies, et les autres dysharmonies cognitives. Ces troubles se caractérisent par :

- leur apparition précoce,
- le fait qu'ils n'affectent qu'un nombre très limité de traitements cognitifs chacun (par exemple, la dyslexie n'affecte que le processus de reconnaissance des mots écrits),
- le fait qu'ils ont des conséquences sur d'autres registres (par exemple, des élèves dyslexiques peuvent éprouver une difficulté à comprendre un texte qu'ils sont en train de lire alors que la dyslexie n'affecte pas le processus de compréhension),
- le fait que leur origine ne concerne vraisemblablement pas le niveau des connaissances secondaires mais celui des connaissances primaires (par exemple, la difficulté de reconnaissance des mots écrits serait liée à des déficits dans la discrimination des phonèmes),
- le fait qu'ils sont sensibles à une prise en charge rééducative.

Les troubles généraux, qui sont d'ailleurs le plus souvent des troubles associés, par exemple, à différentes formes d'autisme ou de syndrome de Down. Cependant, le lien entre ces troubles généraux et les apprentissages est extrêmement élastique : il y a une immense hétérogénéité des difficultés d'apprentissage à l'intérieur de la population des enfants autistes, une hétérogénéité comparable à celle qui se trouve dans la population des enfants ayant un syndrome de Down ou à celle dans la population des autres enfants. D'ailleurs on désigne aujourd'hui les enfants autistes comme porteurs de troubles envahissants du développement (TED), et non pas de l'apprentissage. La seule chose que l'on peut dire donc, c'est que les enfants porteurs de TED ont des difficultés spécifiques dans l'apprentissage de connaissances primaires de la communication et des relations sociales (Baron-Cohen, 1995).

Les difficultés à proprement parler, qui ne relèvent pas du pathologique et que certains élèves éprouvent lors de l'apprentissage de connaissances secondaires. Cette population d'élèves est probablement la plus importante parmi les élèves en difficulté. Nous y revenons dans la partie suivante.

Par ailleurs, on ne distingue plus aujourd'hui la population des enfants déficients intellectuels en dehors des cas où la déficience intellectuelle est un trouble associé à telle ou telle pathologie.

Enfin, certains enfants sont en difficulté à l'école pour des raisons qui n'ont pas de lien avec l'apprentissage, mais avec les émotions, les affects, la maltraitance, etc. Ces cas sont nombreux et leur impact peut être absolument dramatique pour l'avenir de l'enfant et de sa scolarité.

Pourquoi certains élèves sont en difficulté à l'école ?

En dehors des populations où la difficulté est liée à une pathologie ou une situation familiale, sociale, affective difficiles, et dont nous ne parlerons plus dans ce guide, il y a une population d'enfants pour qui « tout va bien » au plan de la santé et des conditions de vie, et qui pourtant ont des difficultés. Les causes de ces difficultés sont :

Les lacunes des élèves en termes de connaissances : moins un élève a de connaissances et plus il lui est difficile (a) de réaliser la tâche demandée (b) d'élaborer la connaissance nouvelle. L'essentiel des difficultés scolaires est donc autoalimenté. Cette simple raison, extrêmement évidente et connue depuis longtemps (par ex. la synthèse de Fayol & Monteil, 1994) reste cependant difficile à comprendre et à accepter.

Le manque de motivation des élèves pour l'école, les apprentissages et les tâches proposés à l'école (voir le chapitre 3.4 à ce propos). Ce manque de motivation est :

- d'une part, une conséquence des lacunes que nous venons d'évoquer : moins on réussit de tâches d'apprentissage et moins on croit qu'on est capable d'apprendre ; ou alors, pour se protéger, on attribue moins de valeur à ces apprentissages scolaires ;
- d'autre part, liée aux malentendus entre le sens que nous, les enseignants, donnons à l'école et aux apprentissages qui y sont réalisés et ce qu'en attendent les enfants et les adolescents, parfois même leurs parents (Bautier & Rayou, 2009).

Le manque de connaissances des élèves à propos des tâches à réaliser à l'école (voir le chapitre 3.5 à ce propos). Dans de nombreux cas, ce n'est pas tant l'apprentissage lui-même qui est difficile mais la tâche, c'est-à-dire le moyen que nous avons conçu pour que les élèves apprennent. Les élèves en difficulté (Lerch, 2004) :

- ne traitent pas l'information pertinente dans l'énoncé,
- ne prennent pas assez de temps pour comprendre le but,
- utilisent une stratégie qui n'est pas adaptée mais qu'ils pensent maîtriser, fonctionnent plus par analogie avec une situation connue que par analyse des exigences de la tâche à réaliser,
- persistent dans une stratégie inefficace,
- décident rapidement d'arrêter la tâche,
- ne vérifient pas s'ils vont dans le bon sens, ni si leur résultat obtenu est correct.

Que faire avec les élèves en difficulté à l'école ?

Comme l'a montré Crahay (2000) dans sa magnifique synthèse « L'école peut-elle être juste et efficace ? », les approches les plus efficaces de l'aide aux élèves en difficulté sont, en l'état de nos connaissances, non spécifiques. La plus grande chance d'un élève en difficulté (nous parlons bien ici des difficultés ordinaires, pas des troubles) ce n'est pas d'être dans une classe spéciale, une école spéciale ou avec un curriculum spécial, ce n'est même pas d'être pris en charge individuellement dans sa classe. Sa plus grande chance c'est d'avoir un(e) enseignant(e) qui enseigne bien à tous les élèves. Ce résultat très surprenant est à regarder de près, et nous renvoyons le lecteur à l'ouvrage de Crahay. Ce n'est pas que tous les dispositifs de prise en charge individuelle des élèves en difficulté soient inefficaces, c'est même loin d'être le cas. En réalité, les résultats montrent que : dans certains cas ils sont très efficaces, dans d'autres ils sont inefficaces, et enfin ils peuvent même être délétères. En moyenne, ils sont inefficaces. Pour que les dispositifs de prise en charge individuelle soient efficaces il faudrait qu'ils soient notamment :

- ponctuels : peu d'heures par semaine, durée limitée à quelques semaines, avec des objectifs précis et limités ;
- fondés sur une évaluation approfondie des besoins avant la prise en charge et des progrès à la fin de la prise en charge ;
- fondés sur une approche différente de celle qui n'a pas fonctionné en classe : des tâches différentes, des situations différentes, des explications différentes, etc.
- voulus par l'élève et non vécus comme une stigmatisation.

Nous pensons donc que, si ce guide pratique ne traite pas du tout de manière spécifique de la prise en charge des élèves en difficulté, ce que nous proposons peut être pertinent pour toute approche non spécifique de la prise en charge des élèves en difficulté. Les trois piliers de notre approche, l'apprentissage, la motivation et la métacognition, correspondent d'ailleurs exactement aux trois sources principales des difficultés ordinaires.

2.8 Bilan des chapitres 1 et 2

Nous proposons ici un cadre de référence didactique qui permette d'utiliser des connaissances sur les apprentissages des élèves comme ressources pour l'ingénierie didactique. Ce cadre se veut opérationnel en proposant une identification claire des processus d'apprentissage mis en œuvre entre les formats de connaissance. Nous rappelons qu'une connaissance se caractérise par trois composantes : son contenu, ses conditions d'utilisation et sa formalisation. La connaissance peut-être à l'état implicite ou explicite.

De même, certains processus d'apprentissage que nous avons explicités peuvent tout à fait être réalisés de façon implicite. C'est le cas, entre autres, de la conceptualisation. Quand nous parlons de conceptualisation ici, c'est en tant que processus d'apprentissage explicite, présent dans des situations d'enseignement. De même, certains formats de connaissance comme les automatismes, peuvent correspondre à un processus d'apprentissage différent selon qu'il est explicite ou implicite (Perruchet, Vinter & Pacton, 2007).

Enfin le caractère général ou particulier du contexte est dépendant de l'individu (celui qui sait). Par exemple, des connaissances générales d'un technicien peuvent être perçues comme des connaissances particulières par un ingénieur.

SYNTHÈSE

UN CADRE DE RÉFÉRENCE

Principes

1 Toute situation d'enseignement a pour enjeu l'enseignement d'une connaissance et l'apprentissage d'une connaissance.

2 Toute connaissance peut être décrite selon son ou ses formats. Il existe six formats de connaissances (concept, représentation, trace littérale, méthode, savoir-faire, automatisme).

3 Tout apprentissage peut être décrit comme l'élaboration ou la transformation d'une connaissance.

4 Tout format de connaissance implique des processus d'apprentissage spécifiques (i.e. conceptualisation, compréhension, mémorisation, procéduralisation, automatisation, prise de conscience).

5 Il existe des conditions spécifiques de mise en œuvre de chacun de ces processus.

6 On peut concevoir et mettre en œuvre des situations d'enseignement tant qu'elles respectent les conditions spécifiques de mise en œuvre des processus d'apprentissage.

Afin de faciliter l'utilisation de ce cadre, nous proposons ce schéma :

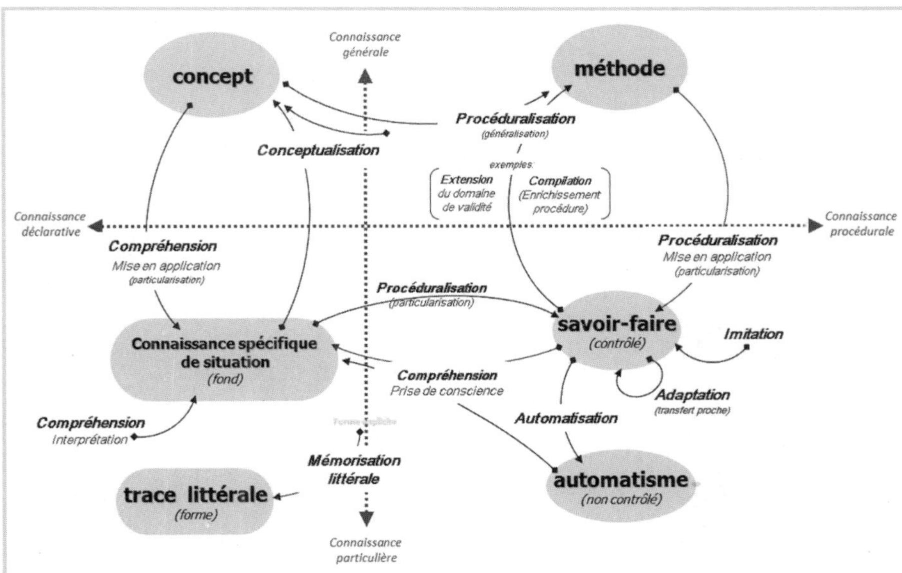

Figure 8

Formats et processus d'apprentissage : cadre de référence didactique

POUR ALLER PLUS LOIN

Bastien, C., & Bastien-Toniazzo, M. (2004). *Apprendre à l'école*. Paris : Armand Colin.

Bautier, E., & Rayou, P. (2009). *Les inégalités d'apprentissage. Programmes, pratiques et malentendus scolaires*. Paris : PUF.

Bourgeois, E., & Chapelle, G. (Éds), (2007). *Apprendre et faire apprendre*. Paris : PUF.

Fayol, M., & Monteil, J.-M. (1994). Stratégies d'apprentissage/apprentissage de stratégies. *Revue Française de Pédagogie*, 106, 91-110.

Kail, M., & Fayol, M. (Éds), (2003). *Les sciences cognitives et l'école*. Paris : PUF.

Chapitre 3

Qu'est-ce qu'une situation d'enseignement-apprentissage ?

Enseigner pour que les élèves apprennent nécessite de planifier son enseignement. Planifier, c'est prévoir ce qu'on va faire. Dans notre métier, planifier consiste à définir ce que l'on va enseigner, c'est-à-dire le but : la connaissance à acquérir par les élèves. Ensuite on définit le moyen d'atteindre ce but, principalement la tâche d'apprentissage. Cette tâche et ce but vont s'inscrire dans un contexte, une situation, c'est-à-dire un temps, un lieu, une organisation et des supports. Mais tout cela ne sert à rien si les élèves ne veulent pas acquérir cette connaissance, pensent qu'ils n'en sont pas capables, ne sont pas intéressés par la situation ou ne savent pas comment réaliser la tâche. C'est la raison pour laquelle la planification concerne aussi la motivation, c'est-à-dire la réponse à la question « pourquoi apprendre ? » et la métacognition, c'est-à-dire la réponse à la question « comment apprendre ? ». Enfin, planifier, c'est aussi définir la façon dont on va évaluer, c'est-à-dire vérifier si les élèves ont effectivement appris ce qu'ils devaient apprendre.

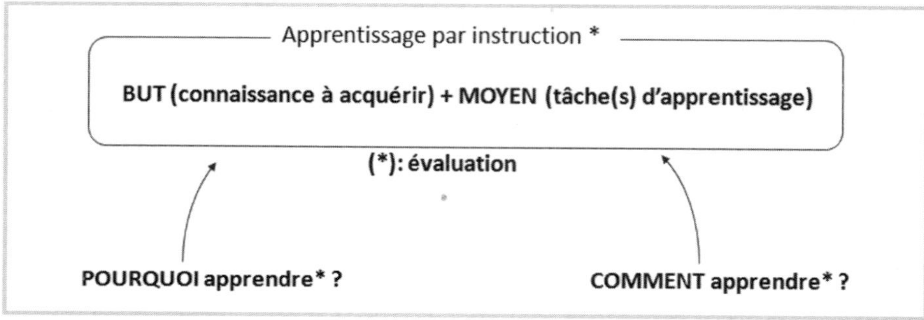

Figure 9
Principaux déterminants d'une situation d'enseignement/apprentissage

Dans ce chapitre, nous répondrons donc aux questions suivantes :

- Qu'est-ce qu'un but d'apprentissage ?
- Qu'est-ce qu'une tâche d'apprentissage ?
- Qu'est-ce qu'une situation d'enseignement ?
- Qu'est-ce que la motivation ?
- Qu'est ce que la métacognition ?
- Qu'est-ce que l'évaluation ?

3.1 Qu'est-ce qu'un but d'apprentissage ?

C'est la connaissance que les élèves auront acquise quand mon enseignement sera fini. Un but d'apprentissage consiste donc à décrire un contenu à partir d'un savoir scolaire et correspond aussi à un format de connaissance : c'est ce que nous avons défini au chapitre 2 et que nous aborderons en détail au chapitre 5. On peut vouloir atteindre plusieurs buts au sein d'une même séance d'enseignement... mais c'est souvent un pari très risqué, non seulement pour nous-mêmes (la situation devient plus difficile à réguler) mais aussi pour les élèves. D'innombrables travaux montrent clairement que poursuivre plusieurs buts d'apprentissage au cours d'une même séance implique nécessairement la réalisation de plusieurs tâches, souvent complexes, et débouche le plus souvent sur une réussite réservée aux élèves les plus en facilité. On peut aussi, et c'est même ce que l'on fait le plus souvent, définir plusieurs niveaux de buts d'apprentissage. Un but général pour plusieurs semaines, découpé en sous-buts pour plusieurs heures, découpés eux-mêmes en sous-buts pour une heure chacun, parfois moins encore.

Exemples de buts d'apprentissage

- Conceptualiser la règle d'accord du participe passé avec l'auxiliaire avoir ; c'est-à-dire la règle, les objets grammaticaux sur lesquels elle porte et les relations qu'ils entretiennent, l'effet qu'elle a sur eux, et l'ensemble des situations dans lesquelles elle s'applique.
- Connaître par cœur la règle d'accord du participe passé avec l'auxiliaire avoir.
- Savoir mettre en œuvre la règle d'accord du participe passé avec l'auxiliaire avoir dans des exercices sur des phrases isolées où le complément d'objet direct est placé tantôt avant, tantôt après le verbe.
- Savoir mettre en œuvre et penser à mettre en œuvre la règle d'accord du participe passé avec l'auxiliaire avoir quelle que soit la situation de production écrite (ce dernier objectif nous semble à peu près inatteignable).

Le second grand enjeu de la définition du but d'apprentissage est qu'il soit atteignable par les élèves. Dit autrement, définir un but, c'est surtout définir une « distance à parcourir » par les élèves, entre l'état de leur connaissance avant que l'enseignement ne commence et la fin de l'enseignement, où la connaissance aura été élaborée. Savoir évaluer cette distance est sans doute un des aspects les plus cruciaux et les plus difficiles du métier. Et il n'existe malheureusement pas de méthode infaillible pour réaliser cette tâche. On pourrait dire, en première approximation, qu'il est nécessaire d'accorder autant d'attention à la définition du but à atteindre qu'à l'évaluation des connaissances préalables des élèves. Une fois que cela est fait, la démarche consiste à définir les étapes par lesquelles la connaissance va passer pour se transformer de son état initial en son état but.

Le cadre que nous avons proposé au chapitre 2 devrait permettre en outre de caractériser cette distance à parcourir comme un passage par plusieurs formats de connaissances. On peut décider que le but est d'abord d'élaborer une connaissance spécifique d'une situation, par exemple comprendre un cas ou plusieurs cas, pour ensuite élaborer un concept. On peut aussi décider de faire l'inverse, aller du concept général à l'étude d'un cas particulier.

Synthèse

Planifier un enseignement commence quand on définit le ou les buts d'apprentissage, en termes de contenu et de format, et que l'on ordonne les sous-buts entre eux. Quand ceci est clair, on peut commencer à se poser la question des tâches d'apprentissage (cf. chapitre 11).

3.2 Qu'est-ce qu'une tâche d'apprentissage ?

C'est un moyen d'atteindre le but avec des actions physiques et des opérations mentales, au sein d'une situation qui fournit des ressources et impose des contraintes. Plus simplement, c'est ce que l'on va faire faire aux élèves. Les principales tâches scolaires sont les tâches d'études (écouter un cours, lire un texte, traiter un document multi média, étudier un cas) ; les tâches de résolution de problèmes (qui peuvent être ordinaires, mal définis ou ouverts, des exercices et les problèmes résolus voire les tâches de diagnostic ou de détection d'erreurs) ; les tâches de recherche d'information et enfin les tâches de dialogue. Nous consacrons le chapitre 7 à expliciter chacune de ces tâches.

La première qualité d'une tâche est sa pertinence, c'est-à-dire être au service de l'apprentissage visé, être au service de l'élaboration de la connaissance qui a été définie. Le cadre que nous avons proposé dans le chapitre 2 devrait vous aider à définir ainsi la tâche. En effet, une tâche pertinente est une tâche qui, non seulement, correspond directement au contenu de la connaissance visée, mais permet de mettre en œuvre les processus d'apprentissage correspondants au format de connaissance visé. Ainsi, quand on souhaite que les élèves élaborent une méthode générale concernant l'accord du participe passé avec l'auxiliaire avoir, on va devoir concevoir des tâches qui favorisent la compréhension de la règle (une ou plusieurs explications, des exemples, des études de cas pour apparier la règle avec des situations diverses, une généralisation) ainsi que des tâches qui favorisent la mise en œuvre de la règle (exercices de difficulté croissante, sans doute en commençant par des exercices résolus, puis problèmes, puis transfert vers des tâches très différentes entre elles). On sait que cet apprentissage sera sans doute très long. On s'attend à ce qu'il soit particulièrement difficile car les élèves ont des connaissances primaires très importantes à ce sujet, *i.e.* la façon dont ils accordent à l'oral, qui ne correspond malheureusement pas toujours à ce que Clément Marot a imaginé, il y a 450 ans, pour le français écrit.

La deuxième qualité d'une tâche est d'être à la portée des élèves. Si la tâche a été conçue pour que les élèves apprennent telle connaissance, c'est bien parce qu'ils n'ont pas été préalablement capables d'acquérir cette connaissance sans réaliser de tâches scolaires. Donc, logiquement, s'ils ne parviennent pas à réaliser la tâche, ils n'apprendront pas la connaissance visée. Nous venons d'écrire un truisme, nous en avons bien conscience. Pourtant c'est sans doute ici que se trouve un des plus grands obstacles à l'apprentissage des élèves : nous concevons pour eux des tâches trop difficiles, car nous avons du mal à nous rendre compte de la difficulté d'une tâche… qui est si facile pour nous. Ce n'est pas que cette tâche soit trop difficile pour tous les élèves, c'est juste qu'elle est trop difficile pour certains, qui se retrouvent « mécaniquement » en difficulté (voir par exemple Murillo, 2009 à propos de l'apprentissage de la lecture).

Plus encore, plusieurs centaines de résultats obtenus dans des conditions expérimentales contrôlées (voir les synthèses de Chanquoy, Tricot & Sweller, 2007 ; Sweller, Ayres & Kalyuga, 2011) montrent que la tâche ne doit pas uniquement être à la portée des élèves : **elle doit être peu coûteuse au plan cognitif.** Elle doit demander d'autant moins d'effort, que l'apprentissage lui-même en demandera. Les situations d'apprentissage par enseignement ont ceci de particulier qu'elles impliquent la réalisation de tâches au service d'un apprentissage, soit la mise en œuvre d'un moyen au service d'un but, mais que les deux représentent un coût. Les deux coûts s'additionnent pendant l'apprentissage. Si bien que parfois nos élèves investissent tous leurs efforts dans la réalisation de la tâche, réussissent tant bien que mal à la mener à son terme, et l'on se rend compte lors de l'évaluation... qu'ils n'ont rien appris.

Synthèse

Une tâche d'apprentissage a comme principale caractéristique d'être pertinente en termes de contenu et de format pour permettre l'apprentissage visé, mais aussi d'être à la portée des élèves. Elle doit être d'autant plus facile à réaliser que l'apprentissage visé est difficile.

3.3 Qu'est-ce qu'une situation d'enseignement ?

Une situation d'enseignement est le contexte dans lequel la tâche d'apprentissage va être mise en œuvre. C'est ce dont nous parlerons essentiellement dans les chapitres 11 et 15. Le contexte de la tâche d'apprentissage n'est pas défini librement par l'enseignant. La plupart du temps, nous concevons une situation d'enseignement en fonction des contraintes qui pèsent sur nous. Autrement dit, concevoir une situation d'enseignement, c'est aménager un contexte pour la tâche en composant avec les contraintes.

Une situation d'enseignement, c'est d'abord un temps. Planifier le temps, c'est essentiellement définir le temps total nécessaire et le séquençage. Si je consacre trois heures à l'enseignement de telle connaissance, je peux décider de faire trois heures d'affilée, trois heures avec une pause au milieu, trois fois une heure étalées sur une semaine, ou neuf fois vingt minutes, etc. C'est l'ensemble des décisions de conception que j'ai prises auparavant qui va me permettre de planifier le temps, en particulier ma définition de l'apprentissage visé et la tâche que j'ai conçue. Cependant, comme on le sait tous, le temps est sans doute la composante de l'activité de l'enseignant la plus contrainte. La plupart d'entre nous ne décidons ni du volume de notre enseignement, ni de notre emploi du temps. Nous composons avec le temps. Plusieurs études montrent même que nous sommes nombreux à subir le temps, à prendre de mauvaises décisions de conception parce que nous ne parvenons pas à gérer sereinement cette contrainte.

Une situation d'enseignement, c'est ensuite un lieu. Planifier le lieu, c'est décider d'enseigner en classe, dans un atelier, dehors, etc. C'est décider que telle notion de géographie sera bien mieux apprise lors d'une sortie scolaire qu'entre les murs de la classe ; que découvrir telle notion en histoire de l'art sera probablement plus réussi dans un musée. Mais planifier le lieu, c'est le plus souvent prévoir la façon dont nous allons plus simplement gérer l'espace de la classe, la place de chaque élève, de chaque groupe d'élèves, notre propre place, les déplacements de chacun. Cette définition se fait en relation étroite avec celle de l'organisation.

Une situation d'enseignement, c'est ensuite une organisation. Planifier l'organisation c'est décider des relations entre les élèves et l'enseignant au service de la réalisation des tâches : en classe entière, en grand groupe, en groupe restreint, en binôme ou seul. Cela consiste donc à définir que telle tâche sera réalisée en groupes restreints parce qu'elle implique la confrontation d'hypothèse. Conséquemment, le lieu sera organisé en îlots de tables pour que chaque groupe puisse communiquer aisément sans être dérangé par les autres.

Une situation d'enseignement, c'est enfin des supports. Cela correspond à la phase où l'on décide d'utiliser un tableau, un ordinateur, des feuilles de papier, des images, des textes, une encyclopédie, un objet technologique venant de l'extérieur de la classe, etc. Là encore, nos meilleures décisions sont prises quand nous mettons les supports et les matériels au service des tâches et des apprentissages.

Synthèse

Une situation d'enseignement est le contexte de mise en œuvre de la tâche d'apprentissage. Cela consiste à définir, en fonction des contraintes qui pèsent sur nous, le temps, le lieu, l'organisation sociale ainsi que les supports et les matériels au service des tâches et des apprentissages.

La situation d'enseignement a un effet majeur sur la motivation des élèves, au moins autant que le but d'apprentissage et la tâche. En effet, les élèves vont être intéressés ou pas par une situation, vont se sentir capables ou pas de réaliser la tâche. C'est ce que nous allons aborder maintenant.

3.4 Qu'est-ce que la motivation ?

Planifier un enseignement concerne de façon très directe la motivation, comme nous le verrons au chapitre 8. En effet, un élève qui ne veut pas apprendre ou réaliser une tâche d'apprentissage, un élève qui ne s'en sent pas capable, ne sera pas motivé. Il ne s'engagera pas dans la situation, ne fera pas d'efforts, ne persévèrera pas quand les difficultés se présenteront. Dans le chapitre consacré à la motivation des élèves, nous reprendrons cette distinction selon les trois niveaux d'intensité de la motivation : Engagement, Effort et Persévérance.

La motivation d'un élève serait liée à deux dimensions principales :

- sa perception de valeur de la connaissance visée et de la tâche proposée ;
- sa perception de sa propre capacité à réaliser cet apprentissage et cette tâche.

Si la connaissance visée et la tâche proposée ont une valeur élevée et si l'élève pense qu'il est capable de réaliser cet apprentissage et cette tâche, alors il sera motivé. Si une des deux conditions seulement est présente, la motivation peut être faible (Deci & Ryan, 2000 ; Pintrich, 2000).

La valeur de l'apprentissage et de la tâche

La valeur qu'un élève accorde à un apprentissage peut être l'utilité de la connaissance visée pour progresser dans la discipline concernée, pour réaliser une tâche qui est importante pour le projet personnel ou professionnel de l'élève. La valeur peut être liée au plaisir de découvrir une nouvelle connaissance dans un domaine jugé intéressant par l'élève. Dans ces cas, on dit que la motivation correspond à un **but de maîtrise.** La valeur peut aussi être liée à la bonne note que va nécessairement entraîner le fait d'avoir bien appris cette connaissance. Parfois c'est même le fait d'avoir une meilleure note que les autres qui est motivant. Dans ces cas, on dit que la motivation correspond à un **but de performance.** Ce second but est parfois très orienté vers les autres, on recherche la performance que l'on peut montrer, la bonne note que l'on peut exhiber, le plaisir de faire savoir qu'on est compétent. Dans ces cas, on dit que la motivation correspond à un **but de performance – approche** (Elliot & Harackiewicz, 1996 ; Elliot & McGreggor, 2001). Plus généralement, quand la valeur est liée à la valeur qu'autrui (les parents, les enseignants, les frères et sœurs, etc.) accorde à cette connaissance ou à la bonne note obtenue, quand on ne fait pas les choses pour soi mais pour faire plaisir ou parce qu'on a peur de quelqu'un d'autre, on parle de **motivation extrinsèque**.

Réciproquement, certains élèves ne sont pas motivés parce qu'ils n'accordent pas de valeur à la connaissance visée ou à la tâche proposée : « les maths, ça ne sert à rien » ; « l'école c'est nul », etc. Certains élèves vont jusqu'à ne pas être motivés parce qu'ils ont peur d'avoir une mauvaise note, peur de paraître incompétents. Dans ces cas, on dit que leur faible motivation correspond à un **but de performance – évitement.**

Les croyances dans notre capacité à réussir la tâche et l'apprentissage

L'autre versant de la motivation concerne la représentation de soi, les croyances que l'élève a à propos de lui-même : se croît-il capable d'apprendre ce qu'on lui propose d'apprendre et de réaliser la tâche ? Cette seconde dimension de la motivation est au départ très simple ; elle nous concerne tous. Imaginons qu'on vous propose d'avoir une conversation avec des personnes dont vous ne connaissez absolument pas la langue et dont on vous dit qu'elles ne connaissent pas du tout votre langue. On vous dit aussi que vous n'avez aucune langue seconde en commun, ni l'anglais, ni l'allemand, ni l'espagnol. On vous dit bien que c'est pour avoir une conversation, pas un repas ensemble, ni même un verre à partager. Il est très probable que vous soyez très peu motivé. Il en sera de même si on vous propose de disputer un match de hockey sur glace avec des hockeyeurs canadiens professionnels. Il y a une foule de buts et de tâches qui ne nous motivent pas parce que nous nous pensons incompétents, et c'est très bien ainsi. Si nous fonctionnions autrement, nous vivrions souvent des conversations sans échange et nous nous casserions souvent la jambe.

De façon plus complexe et surtout plus délétère, ce second versant de la motivation concerne des domaines généraux. Certains élèves se croient incompétents dans des domaines entiers : « je suis nul en maths » ; « je suis mauvais en orthographe ». Pire encore, certains élèves se croient peu intelligents, peu compétents, voire idiots.

Cette croyance ne vient d'ailleurs souvent pas d'eux-mêmes mais des innombrables commentaires sur leurs performances et leurs capacités, qu'ils ont entendus depuis des années. À force de s'entendre répéter qu'on est nul en maths, qu'on n'a pas de capacité d'abstraction, et à force de recevoir des mauvaises notes en maths, on finit pas y croire, voire à se sentir tellement stressé quand il faut faire des maths, que de toute façon on n'y arrive pas (Croizet & Leyens, 2003 ; Delpech, 2010).

Chacun d'entre nous aurait donc un **Sentiment d'Auto-Efficacité (SAE)**, *i.e.* un système de croyances quant à sa capacité à réaliser un ensemble de tâches (Bandura, 2007). Chacun de nous croit qu'il ou elle est capable de résoudre des équations du second degré mais pas de changer les plaquettes de freins de sa voiture, capable de faire des crêpes mais pas d'écrire un texte sans erreur orthographique, etc. Plus encore, nous avons tous tendance à attribuer ces capacités à une cause : nous savons ou ne savons pas faire ceci ou cela « parce que ». On appelle **erreur fondamentale d'attribution** le fait que les humains ont largement tendance à attribuer chaque performance à celui qui l'a produite, plutôt qu'aux circonstances (Jones & Harris, 1967). Et on n'a pas donné de nom à cette autre erreur fondamentale (appelons-la le *biais de la mystérieuse capacité* ou *l'oubli systématique de la connaissance*) qui consiste à attribuer la performance à une mystérieuse capacité (ou don, ou qualité, ou intelligence) de l'individu plutôt qu'au fait que celui-ci ait tout simplement pu apprendre les connaissances qui permettent de réaliser cette performance. La principale différence entre les individus qui parviennent et ceux qui ne parviennent pas à mettre en œuvre le Théorème de Pythagore ne vient ni de leur sexe, ni de la couleur de leur peau, ni de la taille de leur cerveau, ni de leur Q.I., de leur capacité visuo-spatiale ou de leur capacité d'abstraction, elle vient du fait qu'ils ont appris ou pas ce Théorème.

Exemple : l'attribution du talent des musiciens précoces

Une étude a été menée à propos des jeunes musiciens talentueux (Davidson et al., 1996 ; voir aussi la synthèse de McPherson, 2009). Il existe en effet en Angleterre des écoles de musiques très sélectives qui recrutent des jeunes enfants talentueux très précocement. On dispose ainsi, d'une population importante d'enfants très doués et précoces, auprès de qui on peut faire des études à peu près sérieuses. Les auteurs ont interviewé 257 jeunes musiciens de 8 à 18 ans, dont la moitié avait été reçue à ce type d'école et l'autre moitié n'avait pas été reçue ou pas tenté d'y entrer. Le niveau de performance musicale de chaque enfant était évalué. On a notamment étudié qui étaient les parents de ces enfants et quelles étaient leurs pratiques musicales. Le résultat est assez net : les parents de musiciens précoces sont surtout des mélomanes, pas des musiciens. Les mélomanes attribuent les performances de leur enfant à un don et pensent que ce don peut permettre de devenir musicien. Ce don tel qu'il est repéré par les parents s'exprime dès l'âge de 3 ans. Les musiciens savent eux que le talent précoce n'y est généralement pour pas grand chose : seul un travail long et acharné peut éventuellement permettre de devenir musicien professionnel. Mais il n'y a rien de plus motivant pour un jeune enfant que de voir l'admiration dans les yeux de ses parents.

Plus encore, plusieurs centaines d'études conduites depuis une quinzaine d'années (voir la synthèse de Schmader, Johns & Forbes, 2008) montrent que ce stress lié aux croyances et qui détériore les performances des individus peut être entraîné par de simples stéréotypes sociaux (racisme, sexisme par exemple). Ce stress ne vient pas de ce que l'on vous a dit personnellement, mais de ce que l'on dit en général des gens qui vous ressemblent.

Synthèse

Planifier un enseignement, c'est aussi décider de la façon dont on va présenter l'apprentissage visé et la tâche à réaliser pour que ceux-ci aient une valeur aux yeux des élèves. C'est aussi définir les moyens pour que les élèves se sentent capables d'apprendre la connaissance et de réaliser les tâches proposées.

3.5 Qu'est-ce que la métacognition ?

Nous avons insisté sur le fait que la tâche n'est ici qu'un moyen. Planifier le volet métacognitif d'un enseignement concerne donc la façon dont on va aider l'élève à réaliser la tâche d'apprentissage, dont on va le soulager de certaines exigences liées à la tâche. On ne pourra jamais soulager l'élève de l'apprentissage lui-même. Les objets de la métacognition (les tâches métacognitives) sont la gestion du temps, la résolution de problème et la compréhension. C'est ce que nous traiterons en détail dans le chapitre 9.

Planifier les aspects métacognitifs de l'apprentissage concerne d'abord des aspects très généraux : comment aider les élèves à planifier la réalisation de la tâche, à la réguler et à évaluer s'ils ont réussi ? Ensuite, les aspects métacognitifs peuvent être plus spécifiques : comment aider les élèves à réaliser telle tâche, que j'utilise souvent dans la discipline ? On pourra ainsi décider d'enseigner aux élèves des stratégies de compréhension de textes, de résolution de problèmes, de prise de notes.

Un des aspects délicats de cette planification est de faire le choix entre une approche intégrée, où l'on consacre quelques minutes de temps en temps aux aspects métacognitifs des apprentissages et une approche plus spécifique, où l'on consacre des séances uniquement à l'enseignement de stratégies métacognitives. Les approches spécifiques semblent peu efficaces, car, d'une part, elles sont peu motivantes pour certains élèves, et d'autre part parce que les élèves ont du mal à remobiliser dans des situations scolaires ordinaires ce qu'ils ont appris lors des séances spécifiques. Les résultats empiriques obtenus dans ce domaine plaident plutôt en faveur d'une approche intégrée : enseigner les stratégies métacognitives au sein de chaque discipline, de façon répartie sur plusieurs semaines ou plusieurs mois. Pour autant, il ne faut pas ignorer que cette approche intégrée est un piège : le risque est grand de repousser toujours à demain car les connaissances scolaires semblent toujours plus importantes, plus urgentes, plus incontournables. Une dernière approche semble donc émerger depuis quelques années et donner de bons résultats (voir le chapitre 9.2) : c'est une approche très intégrée où l'on n'enseigne pas à proprement parler des stratégies métacognitives mais où l'on accompagne systématiquement la réalisation d'une nouvelle tâche de consignes métacognitives ou de questions métacognitives, pendant toute la période de découverte de la tâche (plusieurs semaines).

Synthèse

Planifier les aspects métacognitifs de l'apprentissage consiste à décider quand et comment on consacre du temps à l'enseignement ou à la mise en œuvre de stratégies générales et/ou spécifiques qui vont permettre aux élèves de réaliser efficacement les tâches scolaires : gérer son temps, résoudre un problème, comprendre et mémoriser.

3.6 Qu'est-ce que l'évaluation ?

Le dernier aspect de la planification concerne l'évaluation, c'est-à-dire la vérification que le but d'apprentissage a été atteint : les élèves ont élaboré la connaissance visée. Nous aborderons cet aspect en détail dans le chapitre 10. Évaluer consiste donc à comparer un comportement d'un élève (généralement une performance, au sens large) à un référent, à un attendu. Le plus souvent, l'obtention de ce comportement, de cette performance, se réalise à travers une tâche. L'évaluation est un aspect délicat de la planification car les sources d'erreurs sont très nombreuses.

Le premier aspect concerne la pertinence de la tâche : celle-ci permet-elle effectivement d'évaluer que les élèves ont bien élaboré la connaissance visée ? Correspond-elle au contenu et au format de la connaissance ? Est-ce qu'elle ne possède pas une difficulté intrinsèque sans lien avec la connaissance en jeu ? Les études menées à ce sujet tendent à montrer qu'on ne sait pas concevoir une tâche unique pour évaluer un apprentissage. C'est plutôt la multiplication des tâches qui permet d'entrevoir que l'élève a bien élaboré la connaissance visée.

Le second aspect concerne le but de l'évaluation : veut-on réellement évaluer si les élèves ont élaboré la connaissance visée ? Si c'est le cas, comment se fait-il que la moyenne de la classe soit souvent à mi-distance entre la note maximale possible et la note minimale possible ? Comment se fait-il que dans certaines disciplines, personne ou presque ne parvienne jamais à la note maximale ? L'évaluation a souvent d'autres buts, très implicites, qui résident plus dans le fait de situer les élèves par rapport à une norme (la moyenne de la classe, l'idéal de la discipline) que par rapport à la connaissance visée. Nous avons en réalité un but qui n'est pas celui que nous annonçons.

Le troisième aspect concerne la fiabilité de l'évaluation : avons-nous été justes lorsque nous avons comparé la performance de l'élève au référent ? Est-ce que notre barème était bon, les indicateurs choisis pertinents ? Plus encore, la manière dont j'ai appliqué ce barème et ces critiques n'est-elle pas biaisée ? Il suffit de donner la même copie à corriger avec le même barème et les mêmes critères à plusieurs enseignants pour se rendre compte que la fiabilité est souvent extrêmement faible.

SYNTHÈSE

« QU'EST-CE QU'UNE SITUATION D'ENSEIGNEMENT-APPRENTISSAGE ? »

Une situation d'enseignement-d'apprentissage peut être définie par :

Son but : il s'agit d'une situation où un enseignant réalise des actions pour que ses élèves apprennent une connaissance scolaire, en sachant pourquoi ils apprennent cette connaissance.

Ses moyens : l'enseignant conçoit et fait réaliser des tâches aux élèves pour que l'apprentissage ait lieu, en indiquant aux élèves comment ils peuvent réaliser cette tâche.

La situation elle-même, c'est-à-dire les conditions de temps, de lieux et d'organisation (de relations) pour que les tâches puissent être mises en œuvre, à l'aide de supports.

L'évaluation, enfin, de la réussite ou non de l'apprentissage visé.

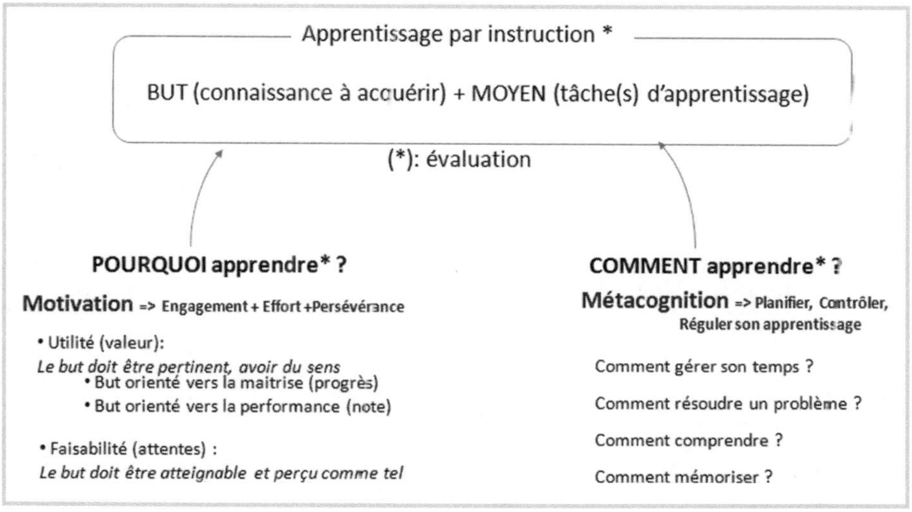

POUR ALLER PLUS LOIN

Bandura, A. (2007). *L'auto-efficacité*. Bruxelles : De Boeck.

Bastien, C. (1997). *Les connaissances, de l'enfant à l'adulte*. Paris : Armand Colin.

Chanquoy, L., Tricot, A., & Sweller, J. (2007). *La charge cognitive*. Paris : Armand Colin. [chapitre 3].

Croizet, J.C. & Leyens, J.P. (Eds) (2003). *Mauvaises réputations*. Paris : Armand Colin.

Dessus, P., & Gentaz, É. (Éds). (2006). *Apprentissages et enseignement : sciences cognitives et éducation*. Paris : Dunod.

Chapitre 4

Comment concevoir rationnellement ?

Concevoir un enseignement, c'est élaborer les activités observables du professeur et de l'élève, à partir des processus d'apprentissage sous-jacents. L'erreur souvent commise est de « rentrer » directement par les activités observables « parce que je suis expérimenté, je vois à quoi elles ressemblent » et « même si je suis novice, j'ai des souvenirs d'élèves ».

Concevoir ne peut se limiter à la partie émergée de l'iceberg. Il y a tout le reste en dessous, la partie immergée, qui détermine l'équilibre et la stabilité de ce qu'il y a au-dessus.

4.1 Qu'est ce que l'ingénierie didactique ?

L'ingénierie didactique désigne l'activité de conception de situations d'enseignement. Elle correspond à ce que les Anglo-Saxons appellent *instructional design* et que nous appelons parfois, en francophonie, l'ingénierie pédagogique. Cette activité possède donc des caractéristiques, notamment celle d'être rationnelle, de reposer sur la conception et de relever du didactique. Nous allons décrire ces caractéristiques ci-dessous. Parmi les innombrables définitions, nous rapportons celle de Brousseau (2008), citée par Chevallard (2009), et qui a l'avantage d'être récente et précise :

« L'ingénierie didactique consiste à déterminer des dispositifs d'enseignement communicables et reproductibles. Elle évoque l'existence d'une description, d'une étude et de justifications aussi précises et consistantes que possibles des conditions d'utilisation de ce dispositif. Il existe une ingénierie didactique très active, qui est le fruit d'une expertise respectable, mais elle s'abstient le plus souvent de fournir des analyses précises et les justifications qui pourraient éclairer les utilisateurs. L'ingénierie didactique proprement dite accompagne les dispositifs produits d'un ensemble d'études et d'analyses qui donnent les caractéristiques du produit en référence avec les connaissances scientifiques théoriques et expérimentales du moment. Ces études peuvent ne pas être communiquées aux enseignants, mais elles sont indispensables pour l'analyse des observations des activités d'enseignement effectivement réalisées. »

C'est une position rationnelle

L'ingénierie didactique considère que l'activité d'enseignement relève de la rationalité. Pourquoi penser qu'enseigner peut relever de la rationalité ? Parce que, quand une profession relève de la rationalité, il est possible de former les personnes, de les aider à progresser et d'évaluer leurs compétences et cela en dehors de tout rapport de domination, de séduction, de dépendance. C'est donc le pari d'une certaine objectivité.

Une rationalité, c'est un modèle des relations entre moyens et buts. Penser qu'une activité est rationnelle consiste donc à penser que pour cette activité on est capable de définir des buts, des moyens optimaux au service de ces buts, qu'on est capable de justifier ces moyens, et que cette justification relève de la raison (i.e. qu'elle est, notamment, cohérente).

Par contraste, n'est pas rationnelle :

- une démarche qui ne part pas de l'objectif, qui ne définit pas un objectif : les objectifs sont définis à la fin, ou pas définis, ou il n'y a pas d'objectif ;

- une démarche qui ne définit pas de moyens optimaux : les moyens mis en œuvre ne relèvent pas de la recherche du bon rapport bénéfices / coûts (les coûts sont exorbitants, ou ils ne permettent pas d'atteindre les buts : par exemple faire pratiquer le débat argumenté à des élèves d'une même classe par le biais d'ordinateurs), les moyens sont au service d'autre chose que du but (par exemple « plaire à son inspecteur », « plaire à ses élèves ») ;
- une démarche qui ne justifie pas ses moyens : les moyens ne sont pas connus de celui qui les met en œuvre, ou sont trop difficiles à expliciter car ils relèvent de l'intuition, du « bon sens » ;
- une démarche dont la justification des moyens ne relève pas de la raison : la justification est incohérente, elle comporte des contradictions internes, elle est fondée sur des connaissances non-scientifiques, non valides, ou qui relèvent de la seule expérience personnelle, de la tradition, de l'habitude.

Synthèse

Ainsi, l'approche rationnelle serait celle d'un(e) enseignant(e) qui dirait : « étant donné l'état actuel des connaissances dans le domaine de l'apprentissage, de l'enseignement, du contenu à enseigner, étant donné l'ensemble des ressources matérielles et humaines qui sont à ma disposition, étant donné l'ensemble des contraintes qui pèsent sur ma situation d'enseignement, j'ai conçu une démarche pour atteindre ce but. Ma démarche est cohérente avec ces connaissances et ces ressources, et elle est optimale, c'est-à-dire qu'elle utilise au mieux ces ressources et répond au mieux à ces contraintes ».

La démarche rationnelle se heurte à de nombreuses difficultés : on peut en particulier ne pas avoir conscience qu'on manque de connaissances pour atteindre un but, ne pas connaître les moyens qui permettent d'atteindre ce but, renoncer à chercher certains moyens ou certaines connaissances parce qu'on estime mal le rapport bénéfice / coût (par exemple, on estime le coût trop élevé, évaluant mal le bénéfice qu'il va apporter), etc.

Nous croyons donc que l'on vise l'approche rationnelle, que c'est un idéal. Dans la réalité, la rationalité est limitée, on n'a jamais toutes les connaissances nécessaires, on ne sait pas forcément conduire un raisonnement parfaitement cohérent et optimal.

C'est du didactique

L'ingénierie didactique consiste à considérer que l'enjeu des situations d'enseignement est le savoir, et plus exactement le travail que réalise l'enseignant sur ce savoir et sur la situation, pour que ce savoir devienne une connaissance des élèves.

L'ingénierie didactique est aussi un point de vue sur la nature de l'activité d'enseignement, qui considère que celle-ci relève des métiers du génie. Cela consiste à penser que l'activité d'enseignement repose sur l'activité de conception. Nous allons détailler ce point ci-après.

Selon nous, la didactique et l'ingénierie didactique (ou pédagogique) apparaissent comme des champs interdisciplinaires qui ont vocation à rationaliser la conception de l'acte d'enseigner.

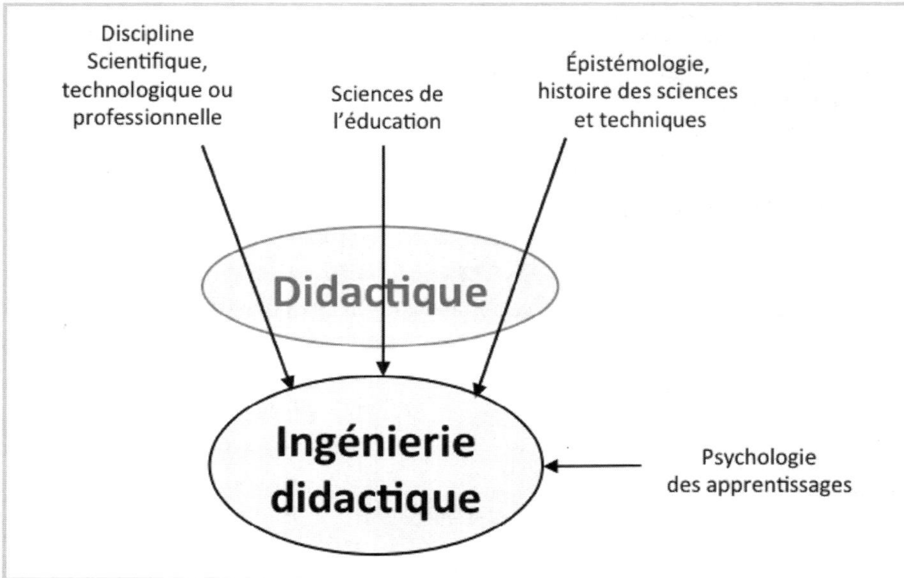

Figure 10
L'ingénierie didactique, à l'intersection de plusieurs disciplines

4.2 Qu'est-ce que l'ingénierie ?

C'est une activité du génie

Le génie correspond aux connaissances que possède un ingénieur. Les activités du génie se caractérisent par :

- l'utilisation de connaissances scientifiques, par opposition aux connaissances issues de l'expérience, du bon sens, du goût personnel, etc. ;
- l'utilisation de méthodes, c'est-à-dire de procédures rationnelles (comme nous venons de le définir), générales (elles ont un domaine de validité important) et communicables (on peut les expliquer à autrui, les décrire, les justifier) ;
- l'utilisation finalisée de connaissances : les activités du génie consistent à utiliser des connaissances pour concevoir des situations, des solutions. Elles se distinguent en cela du travail d'élaboration de connaissances nouvelles (la recherche), de diffusion de connaissances (la vulgarisation), etc.

Ces connaissances scientifiques et ces méthodes sont notamment orientées vers un but : la conception.

Qu'est-ce que l'activité de conception ?

La conception est une tâche cognitive complexe qui relève de la résolution de problème. Elle consiste à atteindre un but au moyen d'actions physiques et d'opérations mentales, en fonction de ressources et de contraintes temporelles, financières et matérielles.

- C'est un problème mal défini : toutes les informations nécessaires à sa résolution ne sont pas données dans l'énoncé du problème (la commande, le programme, le curriculum). Ce problème admet plusieurs solutions possibles, difficiles à se représenter au début du processus et dont les critères de satisfaction ou les contraintes ne sont pas forcément clairs. Ces derniers peuvent être découverts en cours de processus.
- C'est un processus récursif : un choix réalisé au moment *t* peut remettre en cause un choix antérieur, ce qui peut modifier les choix suivants, etc.
- C'est une activité créative, il s'agit d'inventer à chaque fois une solution originale, il n'existe pas une procédure prédéfinie pour atteindre le but.
- C'est une activité sous contraintes, on n'a pas le temps ni les moyens de concevoir la solution la meilleure, tout juste une solution optimale.
- C'est une activité où l'on peut utiliser des méthodes, des démarches générales, qui ne nous guident pas vers la solution mais qui nous aident à définir nous-mêmes les étapes vers la solution, qui nous aident à nous poser les bonnes questions, à ne pas oublier de prendre en compte certains aspects.

4.3 Ce que n'est pas l'ingénierie didactique

Ce n'est pas de la recherche

Ici, nous restreignons l'ingénierie didactique au sens strict du mot ingénierie. Nous ne traiterons pas d'ingénierie didactique au sens où l'entend Artigue (1989) ou d'autres à la suite. Pour Brousseau (2008), « dans le cadre des recherches scientifiques, l'ingénierie à visée phénoméno-technique a pour objet de concilier les obligations normales de tout enseignement à des élèves avec la reproduction et l'étude de phénomènes didactiques bien déterminés. (Ce genre de recherche ne peut être entrepris que dans des organisations spécifiques complexes et précises). En particulier elle est indispensable pour étudier systématiquement et expérimentalement des modèles théoriques de dispositifs d'apprentissage et d'enseignement (les situations) ».

Ce n'est pas de la technique

L'ingénierie didactique consiste aussi à considérer que la conception de situations d'enseignement ne relève pas de la technique : il n'existe pas de procédures prédéfinies permettant de réaliser une tâche d'enseignement quel que soit le contexte. Par exemple, il n'existe pas une procédure du genre « Pour enseigner le Théorème de Pythagore, il faut faire cette introduction, puis faire tel exercice, puis faire telle démonstration de telle manière, etc. ». L'ingénierie didactique consiste donc, pour enseigner le Théorème de Pythagore, à concevoir une situation spécifique en fonction de la connaissance que l'on veut que les élèves acquièrent à propos de Pythagore, des connaissances antérieures des élèves (par exemple, sur le triangle rectangle, sur le calcul de l'aire d'un carré), du nombre d'heures qu'on peut consacrer à cet enseignement, du nombre d'élèves dans la classe, etc.

Une dernière façon de caractériser l'ingénierie didactique consiste à l'opposer à d'autres façons de voir l'activité d'enseignement, comme nous venons de le faire avec la façon « technique ».

La position pragmatique

Une autre alternative à cette façon de voir l'enseignement peut être qualifiée de « pragmatique ». Selon cette approche, la première qualité d'une situation, c'est quelle fonctionne, on obtient le comportement humain attendu, que les élèves se comportent comme des élèves. Si la situation fonctionne, si chacun fait ce qui correspond à son rôle, c'est-à-dire s'il réalise les tâches qui lui incombent, alors cela aura nécessairement un résultat. C'est donc une approche plus centrée sur les moyens que sur les buts, les buts étant connus après : ils correspondent *a posteriori* aux résultats obtenus. Cette approche est défendue notamment par opposition aux dérives de l'approche rationnelle : à trop vouloir définir les buts, à trop chercher des moyens parfaits, l'enseignant pourrait oublier de faire fonctionner sa classe.

Quand on ne peut pas distinguer but et tâche d'apprentissage

Il existe par ailleurs des disciplines où, pour certains aspects de l'enseignement, il n'est tout simplement pas possible de distinguer la tâche d'apprentissage et la connaissance visée, *i.e.* le but et le moyen. Par exemple, dans l'enseignement des langues vivantes, certaines situations de communication orale, extrêmement pertinentes et fréquentes dans les classes, ne peuvent pas être fondées sur une distinction entre tâche et but d'apprentissage. Apprendre par cœur une poésie peut aussi être une situation de ce type. Dans certaines situations de pédagogie par projet, il en est de même, on ne voit pas trop de différence entre le but « savoir conduire un projet » et la tâche « conduire un projet ». Il existe donc de nombreuses situations d'enseignement où, pour apprendre à faire *x* on fait *x* et seulement ça.

Nous ne prétendons pas que notre approche rationnelle concerne toutes les situations d'enseignement, mais seulement celles où l'on peut distinguer la tâche et le but d'apprentissage.

La position intuitive ou naturelle

Une autre alternative peut être qualifiée d'intuitive ou de naturelle. Elle consiste à penser que l'enseignement existant depuis fort longtemps chez les humains, et ayant fonctionné bien avant que l'on imagine que cette activité puisse relever de la rationalité, il doit être possible d'enseigner en dehors de l'approche d'ingénierie. Plus encore, l'approche naturelle peut argumenter, de façon légitime, que des compétences essentielles à l'enseignement sont elles-mêmes naturelles : elles sont acquises par tous les êtres humains, qu'ils soient allés à l'école ou non, qu'ils soient enseignants ou non. En effet, tous les humains savent communiquer, écouter, expliquer, etc. Et ce sont bien ces compétences qui constituent la base du métier. Pour nous cependant, si ces compétences de base sont importantes, elles ne constituent pas le métier. Elles ne sont que des précurseurs.

La position applicative

Il ne s'agit pas de concevoir mais d'appliquer les connaissances issues de la recherche ou les instructions officielles. La recherche et les institutions seraient capables de produire des recommandations que les enseignants pourraient appliquer, mettre en œuvre telles quelles. La position applicative est tout aussi répandue et importante que les deux précédentes alternatives. Elle est notamment connue dans les pays anglo-saxons sous le nom de « *one best way* » ou en francophonie, d'« enseignement efficace ». Cette approche est aussi un des fondements de l'école de la IIIe république en France. Si cette approche peut être séduisante, elle est selon nous fondée sur l'idée fausse selon laquelle tous les savoirs sont équivalents, toutes les connaissances le sont, toutes les situations et tous les élèves aussi.

4.4 Une démarche de conception

La démarche de conception que nous proposons s'inscrit dans une définition de l'enseignement énoncée par Smith (1963), cité par Dessus (2008). Selon Smith, « l'enseignement est un système d'actions faisant intervenir un agent, une situation, une finalité [*end in view*], et deux ensembles de facteurs situationnels [appelés « moyens »] – un ensemble sur lequel l'agent n'a aucun contrôle (par exemple, la taille de la classe et les caractéristiques physiques des élèves) et un ensemble que l'agent peut modifier selon la finalité (par exemple, le travail des élèves et les façons de poser des questions) ». Nous appelons « contraintes » les moyens sur lesquels le concepteur n'a pas de contrôle et qui viennent limiter l'ensemble des solutions possibles.

Smith redivise ces moyens en deux sous-ensembles différents. Un ensemble comprend les aspects matériels et intellectuels (contenu à enseigner), un autre comprend les moyens d'action de l'enseignant, qu'il nomme stratégies et tactiques. Une stratégie, toujours selon Smith, est « [...] un pattern d'actions permettant d'atteindre certains résultats et d'empêcher certains autres » (*ibid.*), alors qu'une tactique est une sous-unité comportementale de cette dernière, amenant l'enseignant à remplir ses différents rôles en présence des élèves, pas à pas (Openshaw & Strasser, 1967).

L'activité de conception est une réponse à un besoin ou à une commande d'un enseignement, dans un contexte contraint par des données matérielles (locaux, supports pédagogiques disponibles...) et organisationnelles (emploi du temps, nombre d'élèves...). Elle correspond à la phase de préparation de cet enseignement. Elle vise à définir une planification et des ressources pour conduire cet enseignement. Le propre de cette démarche est de convoquer les champs disciplinaires des « savoirs pour enseigner » et des « savoirs à enseigner », mais aussi de s'enrichir du retour d'expérience de la conduite de l'activité d'enseignement. Notre proposition s'articule autour de 3 activités clés et repose sur l'utilisation du cadre de référence présenté au chapitre 2.

- **La définition des contenus à enseigner** : le cadre est celui de la transposition didactique et plus précisément de la transposition interne (des savoirs à enseigner aux savoirs enseignés ; Chevallard, 1991). Elle vise, d'une part, à identifier et à caractériser les notions-clés, leurs liens structurels et organisationnels, et, d'autre part, à définir les objectifs d'apprentissage.

- **La planification** (la manière de les enseigner) : cette programmation didactique (Reuter *et al.*, 2007) représente un moment important du processus de conception qui vise à définir et à organiser les tâches des élèves et de l'enseignant. Cette planification de la conduite d'un enseignement relève d'une approche systémique centrée sur les apprentissages et tenant, nécessairement, compte de la motivation, de la métacognition et de l'évaluation (cette dernière ne fait pas l'objet d'une planification spécifique mais intégrée). La démarche prend en compte chacun des volets selon un processus spiralaire, nécessitant de nombreux allers et retours, de façon à converger vers le plan d'action optimal.
- **La définition des ressources** (les moyens pour les enseigner) : elle vise à définir les traces écrites de l'élève et du professeur, les supports pédagogiques et les différentes configurations de la salle. Elle repose sur un processus de synthèse qui concrétise les contenus à enseigner et participe à l'opérationnalisation de la planification.

SYNTHÈSE

« COMMENT CONCEVOIR RATIONNELLEMENT ? »

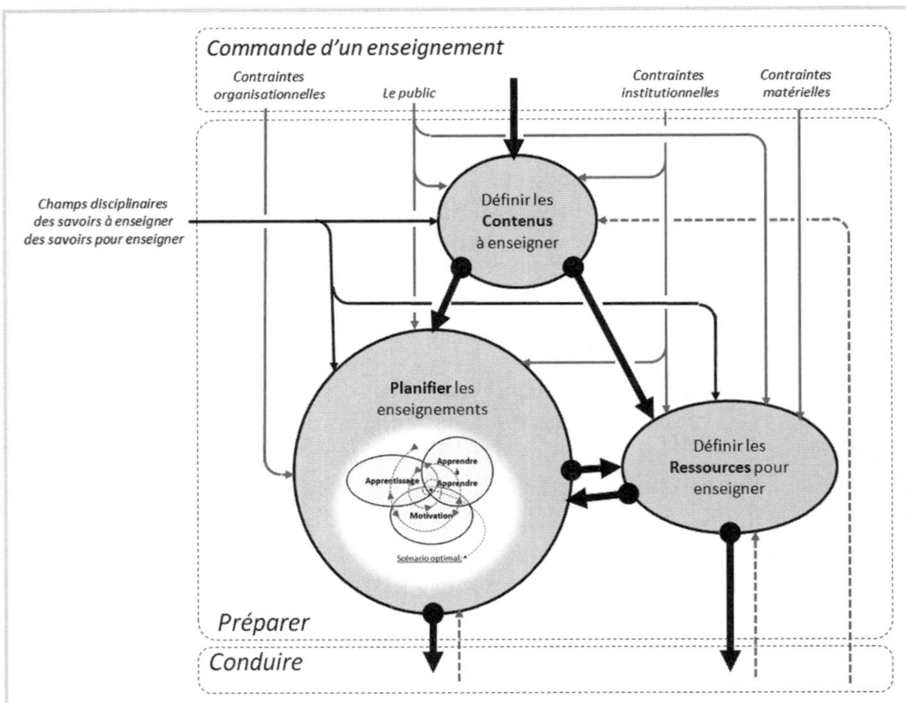

Figure 11
Une représentation schématique de la démarche de conception d'un enseignement

Le schéma est constitué de trois cadres (en trait pointillé) symbolisant les phases d'un enseignement : la commande, la préparation et la conduite. Dans le cadre « préparer son enseignement », on trouve les trois activités clés représentées par des cercles grisés. Les différentes flèches matérialisent les interactions entre ces activités et avec des données externes :

- Les flèches en trait gras représentent les interactions entre ces trois activités clés. L'activité « définir les contenus à enseigner » conditionne les deux autres activités. Ces dernières sont en forte interaction, et leur produit sera exploité lors de la phase de « conduite de l'enseignement ».
- Les flèches en trait fin traduisent la prise en compte du public, des contraintes et champs disciplinaires dans les diverses activités clés.
- Les flèches en trait pointillé traduisent la prise en compte du « retour d'expérience », dont le produit est le résultat d'une analyse réflexive centrée sur la différence entre le prévu et le réalisé, nécessaire à la régulation.

POUR ALLER PLUS LOIN

Ainsworth, S.E (2006) DeFT : A conceptual framework for learning with multiple representations. *Learning & Instruction*, 16, 183-198.

Paquette, G. (2002). *L'ingénierie pédagogique*. Québec : Presses Universitaires du Québec.

Reuter, Y., Cohen-Azria, C., Daunay, B., Delcambre - Derville, I., & Lahanier-Reuter, D. (Éds), (2007). *Dictionnaire des concepts fondamentaux des didactiques*. Bruxelles : De Boeck.

Sweller, J., Ayres, P., & Kalyuga, S. (2011). *Cognitive load theory*. New York : Springer.

Van Merrienboer, J.J.G. & Kirschner, P. (2007). *Ten steps to complex learning : A systematic approach to four-component instructional design*. London : Lawrence Erlbaum.

Partie 2

Comment définir le contenu de mon enseignement ?

Point de repère n° 2

Nous en avons fini avec les préalables, avec ce qui nous semble constituer les fondements du métier d'enseignant. Nous allons maintenant entrer dans les détails et dans l'action, le comment faire.

Ce premier point de repère correspond à un chapitre unique, consacré à la définition du « quoi » enseigner. Nous pensons que cet aspect doit être le premier traité. Il est celui dont tout le reste découle. Nous allons donc maintenant aborder les questions suivantes :

- Comment définir le(s) contenu(s) à enseigner ?
- Comment analyser les contraintes institutionnelles ?
- Comment définir et caractériser le champ notionnel ?
- Comment définir le savoir scolaire ?

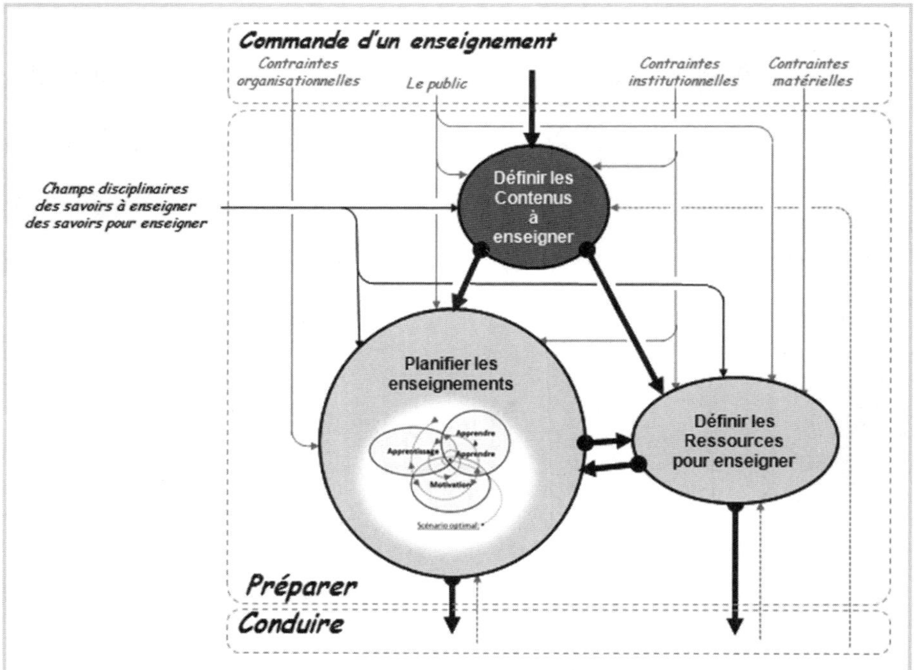

Chapitre 5

Comment définir les contenus à enseigner ?

La définition des contenus à enseigner a pour finalité de proposer une ressource dans laquelle le savoir scolaire et les objectifs d'enseignement sont explicités, structurés, organisés et adaptés aux élèves. Ce travail complexe n'est pas facile et ne doit en aucun cas être sous-estimé.

Le savoir à enseigner est le résultat de la transposition didactique de savoirs de référence (scientifiques, technologiques et professionnels). Il est présenté dans les documents institutionnels que sont les programmes ou référentiels. Cependant, ces savoirs y apparaissent sous forme de libellés assez succincts renvoyant à un ensemble linéaire de données sans relations apparentes les unes avec les autres. Nous devons rechercher et préciser cet ensemble cohérent sous-jacent de contenus et d'objectifs d'enseignement.

Ainsi, la préparation d'un enseignement nécessite un traitement des savoirs à enseigner dont l'enjeu est double.

D'une part, il s'agit :

- de se donner des définitions claires et univoques pour les concepts ou les démarches clés, ainsi que les termes essentiels,
- de disposer d'exemples et de contre-exemples et en connaître leurs limites,
- de prévoir les confusions possibles avec des concepts ou démarches voisins,
- de connaître les liens logiques avec d'autres savoirs nécessaires à l'utilisation du premier, et ainsi de suite, de proche en proche,
- de définir les objectifs d'apprentissage.

D'autre part, elle vise à connaître la raison d'être de ces savoirs à enseigner au regard des enjeux disciplinaires, professionnels et sociétaux.

Autrement dit, « on enseigne bien ce que l'on connaît bien ». Ces savoirs à enseigner sont comme des éléments d'un puzzle au regard du savoir institutionnel de référence. Une des étapes initiales de la conception consiste donc à analyser de manière plus approfondie la matière, afin de reconstituer le puzzle du savoir.

Dans son principe, cette activité consiste à remonter le processus de la transposition didactique afin de mettre en lien les libellés avec les contenus de référence. Elle s'appuie sur une analyse approfondie de la matière dans le but de dégager un champ notionnel qui servira de cadre à la définition du savoir scolaire. Notre cadre de référence peut être utilisé ici pour favoriser la recherche des composantes du champ notionnel et contribuer à la définition des objectifs d'enseignement.

Pour ce faire, nous proposons une démarche qui s'articule autour de trois activités :

- analyser les contraintes institutionnelles ;
- définir et caractériser le champ notionnel ;
- définir le savoir scolaire.

La définition du savoir scolaire, initiée par une commande qui peut être implicite ou explicite, est le résultat d'un processus itératif de mise en corrélation entre les contraintes institutionnelles et le champ notionnel. Il s'agit de mettre en perspective les concepts, les connaissances contextuelles, les savoir-faire et méthodes associés aux savoirs à acquérir par les élèves, tout en s'attachant à identifier les interrelations (interaction) avec les contenus d'autres savoirs clés du programme.

Le processus général de cette démarche est schématisé par la figure 12.

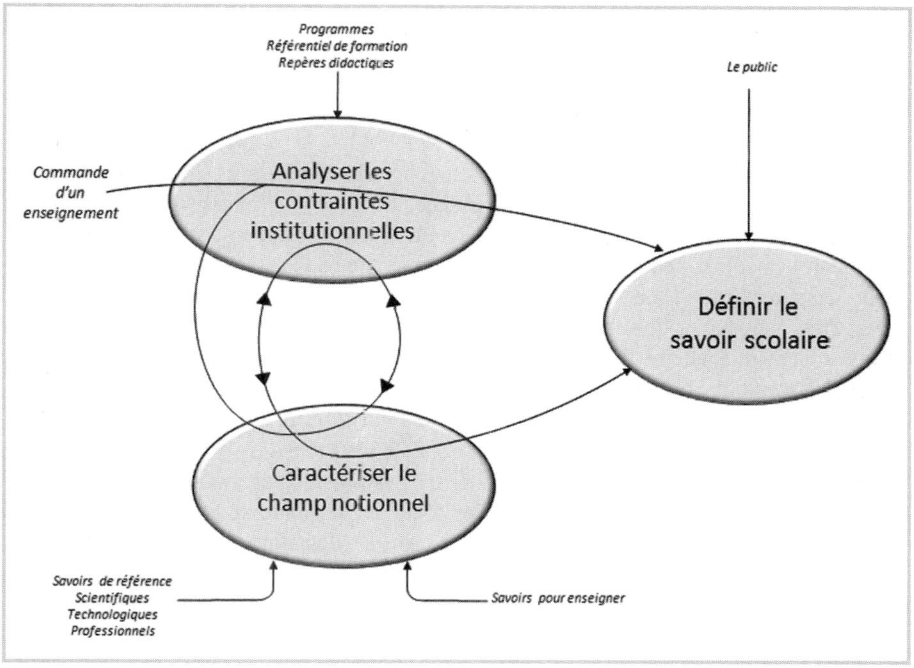

Figure 12

Schématisation du principe de la démarche de définition des contenus à enseigner

5.1 Comment analyser les contraintes institutionnelles ?

Au regard de la commande, cette étape, qui oriente la caractérisation du champ notionnel, nécessite d'appréhender les programmes ou référentiels et textes d'accompagnement didactiques dans leur totalité.

Elle consiste à :

- recenser l'ensemble des savoirs concernés dans les différentes parties du programme ou référentiel (ou textes d'accompagnement didactique) ;
- identifier les objectifs, en fonction des contenus et de leur niveau de performance à atteindre ;
- définir les prérequis associés ;
- identifier les pré-acquis (supposés) des élèves, à partir de l'étude des programmes des formations antérieures.

Préacquis, prérequis et précurseurs

Les pré-acquis sont les connaissances élaborées par les élèves avant que l'enseignement que nous sommes en train de concevoir ne démarre. Les prérequis sont les connaissances que les élèves doivent maîtriser avant que l'enseignement ne démarre. Concevoir un enseignement consiste à viser à ce que les deux coïncident.

Claude Bastien (1997) a introduit la notion de précurseur, qui est proche de celle de prérequis : c'est une connaissance nécessaire à l'élaboration d'une autre connaissance. Mais la notion de précurseur apporte deux précisions importantes :

- les précurseurs peuvent être des connaissances scolaires, mais aussi des connaissances primaires, implicites. Par exemple, la conscience phonologique (i.e. notre capacité à distinguer des sons à l'intérieur d'un mot) est un précurseur de l'apprentissage de la lecture. Consécutivement, quand certains enfants n'ont pas acquis les précurseurs implicites que leurs camarades ont acquis, il est possible d'enseigner de façon explicite ces précurseurs. C'est ainsi que, depuis quelques années de très nombreux systèmes éducatifs préconisent l'enseignement explicite de la conscience phonologique avant ou au tout début de l'apprentissage de la lecture. C'est même reconnu comme une des meilleures stratégies de prévention des difficultés d'apprentissage de la lecture.
- les précurseurs peuvent être activés. Par exemple, avant d'enseigner le Théorème de Pythagore on peut réactiver la connaissance du triangle rectangle. Cela va grandement améliorer l'apprentissage du théorème. Cet effet, aussi connu sous le nom d'effet de préapprentissage, est un des plus puissants dans le domaine de l'apprentissage par enseignement. L'effet de préapprentissage montre que l'on a tout intérêt non seulement à réactiver les connaissances des élèves à propos du triangle rectangle pour enseigner Pythagore, mais même à enseigner le triangle rectangle à ceux qui ne le connaissent pas (Mayer, 2008).

Activer ou enseigner les précurseurs, qu'ils soient habituellement implicites ou explicites, est donc une des stratégies d'enseignement les plus efficaces.

5.2 Comment définir et caractériser le champ notionnel ?

C'est un travail de clarification des contraintes institutionnelles, précédemment dégagées. Il repose sur une investigation exhaustive et au plus haut niveau du savoir institutionnel. Il s'agit de désarticuler le savoir dans le but d'identifier, notamment, les quelques notions-clés qui l'organisent.

Cette analyse de la matière à enseigner est aussi l'occasion, pour l'enseignant de réduire l'écart entre sa connaissance et le savoir de référence.

Cette recherche peut être guidée par les questions suivantes :

- Pourquoi ce savoir existe-t-il ? À quoi sert-il ? De quoi est-il fait ? Comment s'organise-t-il ? Comment est-il représenté ? Comment est-il modélisé ? Comment l'utilise-t-on ? Dans quel cas l'utilise-t-on ?...
- D'où vient ce savoir ? Quelles évolutions a-t-il subi ?...

Tout au long de ce processus d'analyse de la matière, on pourra construire, si possible, une trame conceptuelle qui visualise les relations logiques que l'on veut établir *a priori* entre les notions clés (« squelette » ou « branches maîtresses » de la séance) et les connaissances ponctuelles (« petites branches et feuilles » qui, bien souvent, masquent pour les élèves, la structure conceptuelle de ce que l'on veut enseigner) (Astolfi, 1990).

Nous proposons d'associer à ce travail de clarification une caractérisation du champ notionnel en termes de format de connaissance (cf. cadre de référence) et ceci, en fonction des données institutionnelles.

À partir d'un objectif institutionnel

En général, les documents institutionnels (programme ou référentiel) indiquent une performance attendue en regard d'un intitulé. Elle est précisée soit par une description littérale soit par l'usage d'une taxonomie. Cette information renseigne sur la nature du format de connaissance à faire acquérir. Par exemple, pour le libellé « Triangle rectangle : Théorème de Pythagore », on trouve :

- caractériser le triangle rectangle par l'égalité de Pythagore,
- calculer la longueur d'un côté d'un triangle rectangle à partir de celles des deux autres.

Outre le format déclaratif du théorème de Pythagore, chacun de ces deux énoncés renvoie à un format procédural :

- Une méthode pour caractériser un triangle rectangle par l'égalité de Pythagore.
- Une méthode pour calculer la longueur d'un côté d'un triangle rectangle à partir de celles des deux autres.

Ces formats doivent faire l'objet d'une formalisation explicite et deviendront un contenu d'enseignement.

À partir d'un format de connaissance

Le principe consiste à rechercher :

- le format procédural pendant d'un format déclaratif (ou inversement),
- le format général et spécifique d'un format déclaratif ou procédural.

Nous conseillons de mener cette recherche « de proche en proche ». Par exemple, choisir un format déclaratif. Commencer par rechercher des concepts proches (formats déclaratifs de même niveau), puis un format déclaratif définissant une catégorie plus générale. On cherchera ensuite les pendants en termes de formats procéduraux.

La figure 13 illustre le principe de définition du champ notionnel à l'aide du cadre de référence.

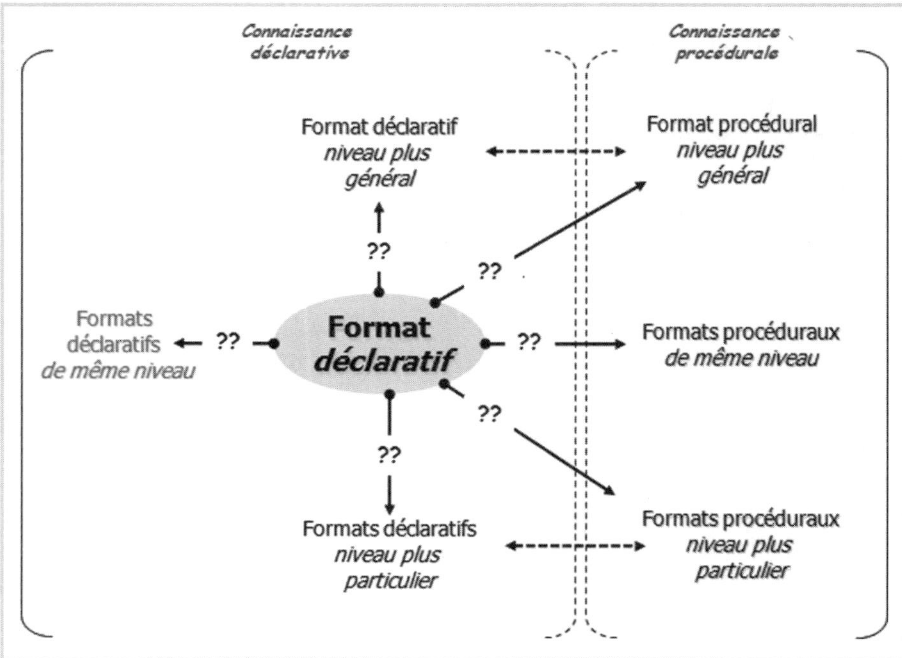

Figure 13
Schéma de principe de recherche du champ notionnel (à partir d'un format déclaratif)

Exemple : Théorème de Pythagore

Cet exemple illustre la caractérisation du champ notionnel basée sur la recherche des formats de connaissance dans le cas du Théorème de Pythagore pour des élèves de collège.

Dans le programme officiel en France, cette notion apparait dans un chapitre intitulé « Figures planes : les triangles », au côté des notions relatives au théorème de Thalès et aux relations de trigonométrie.

Le cadre de référence permet de positionner ces notions les unes par rapport aux autres et d'identifier les formats déclaratifs et procéduraux, comme l'illustre la figure 14.

Il contribue également à l'identification d'autres formats, comme par exemple, le triangle 3,4,5 ou l'utilisation de la corde à treize nœuds pour tracer un angle droit.

Cet exemple se veut représentatif mais pas exhaustif. Pour des raisons de clarté, la figure 14 ne présente que les intitulés des différents formats de connaissance.

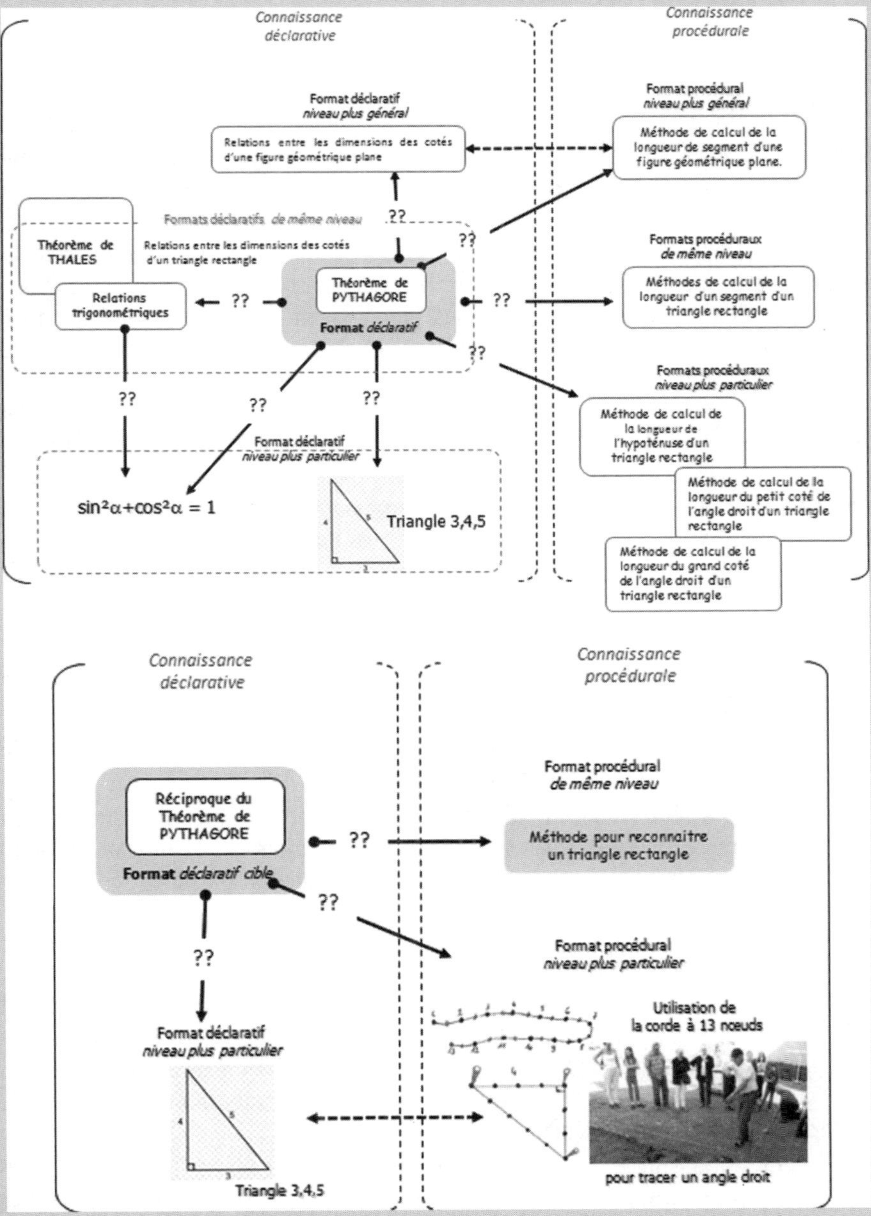

Figure 14

Un exemple de positionnement des formats de connaissance à l'aide du cadre de référence

Quel est l'intérêt d'utiliser le cadre de référence ?

Lutter contre le « allant de soi »

Par exemple, en matière de format procédural, il ne suffit pas de penser que « le produit fini a des caractéristiques qui vont permettre de savoir comment le produire ». Le fait de décrire une dissertation, de montrer un ou plusieurs bons exemples de bonnes dissertations, ne constitue en rien un enseignement de la manière de réaliser une dissertation. C'est uniquement une description du but à atteindre. La procéduralisation ne doit pas être à la charge de l'élève parce que l'ensemble des opérations à mettre en œuvre pour passer de l'énoncé de la tâche à l'atteinte du but de celle-ci ne tombe pas sous le sens... sauf pour celui qui a déjà appris à réaliser cette tâche. La formulation relève de la responsabilité de l'enseignant (voir le chapitre 2.4.3). Ce travail peut s'avérer difficile, il faut en être conscient, mais s'engager dans sa réalisation est une absolue nécessité. Sinon l'élève élaborera ce savoir-faire par tâtonnement et adaptation, en fonction des retours de l'enseignant (évaluation) et des représentations qu'il se fait des attendus du professeur. Le risque est qu'il construise des connaissances fausses ou limitées, voire aucune connaissance. Cela peut en outre être très long à réaliser.

S'inscrire dans le processus d'acquisition progressif du savoir

Rechercher les formats de niveau plus général, « monter en généralité », est essentiel pour être en mesure de :

- valider les attributs définitoires du savoir particulier à enseigner et d'en distinguer les attributs spécifiques (*cf.* le chapitre 2.4.3) ;
- proposer à l'élève une formulation qui lui permette de prendre conscience du caractère particulier du savoir appréhendé. L'enjeu est de préparer l'élève à accéder par la suite au format de niveau plus général du savoir.

Ouvrir des perspectives de planification

En fonction des connaissances préalables et des motivations des élèves, on pourra :

- s'appuyer sur des connaissances spécifiques pour bâtir des connaissances plus générales ou évoquer des connaissances générales pour donner du sens à des connaissances spécifiques ;
- s'appuyer sur du « connu » pour accéder au format cible : par exemple bâtir un parcours d'apprentissage du théorème de Pythagore à partir de la réalisation d'un angle droit à l'aide d'une corde à treize nœuds (ou inversement).

5.3 Comment définir le savoir scolaire ?

Fort du travail de définition du champ notionnel et de la prise en compte des contraintes institutionnelles, cette étape finale consiste à :

- définir des objectifs d'enseignement (et éviter ainsi de « naviguer à vue ») ;

- délimiter les contours du savoir à acquérir, dégager sa structure et son organisation, et en proposer une formalisation accessible au public visé.

Comment définir les objectifs d'enseignement ?

Ce travail repose sur une déclinaison de l'objectif institutionnel en un ensemble de buts d'apprentissage, qui feront l'objet d'une planification. Ces buts sont établis à partir des formats de connaissance identifiés et de leurs composantes (contenu, conditions d'utilisation et formalisation).

La formalisation d'un objectif s'articule autour d'un verbe d'action, de la nature du format de connaissance, de l'étiquette du contenu.

Exemples d'objectifs d'enseignement

L'objectif institutionnel « Caractériser le triangle rectangle par l'égalité de Pythagore » peut se décliner en cet ensemble de buts d'apprentissage :

- Acquérir l'énoncé de la réciproque du Théorème de Pythagore (mémoriser la trace littérale),
- Acquérir le concept de la réciproque du Théorème de Pythagore,
- Acquérir l'énoncé de la procédure de mise en œuvre de la réciproque du Théorème de Pythagore (trace littérale),
- Appliquer la procédure de mise en œuvre de la réciproque du Théorème de Pythagore (méthode – transfert proche),
- Énoncer les conditions d'utilisation de la procédure de mise en œuvre de réciproque du Théorème de Pythagore.

Comment formaliser le savoir scolaire ?

Pour chaque composante définissant le savoir scolaire, nous pouvons chercher :

- à préciser sa nature : raison d'être, définition fonctionnelle ou structurelle, principe, règle, typologie, classification, démarche, technique, geste, procédure ...
- des formulations univoques sous plusieurs formes :
  - énoncés constitués de phrases complètes,
  - schémas,
  - relations symboliques,
  - illustrations (image ou dessin).
- des exemples, c'est-à-dire des bons cas particuliers. Le bon cas particulier est celui qui possède les caractéristiques suivantes :
  - « coller » avec les connaissances antérieures des élèves,
  - être le plus typique, c'est-à-dire posséder des propriétés les plus saillantes possibles au regard de la définition du savoir déclaratif ou procédural.

La transformation du savoir, lorsqu'il passe du contexte savant au contexte scolaire, est une transposition didactique délicate. Le processus ne repose pas sur un principe de « simplification par élagage » du savoir savant, mais plutôt sur celui

« d'adaptation du discours à l'auditoire ». Il ne s'agit pas de changer le but, mais la manière de l'atteindre.

Dans cette perspective, il faut chercher à définir des « niveaux d'information », afin de faciliter une compréhension et une acquisition progressive du savoir scolaire.

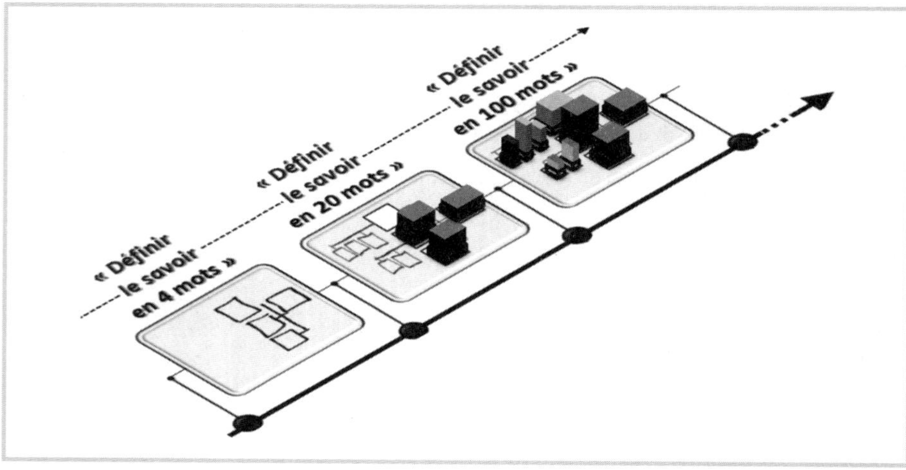

Figure 15
Illustration de trois niveaux de définition du savoir

Un niveau d'information peut se définir comme suit :

- Il permet à l'élève d'obtenir le maximum d'information avec le minimum d'effort cognitif au regard de ses connaissances précédentes.
- Chacun de ces niveaux constitue une nouvelle étape dont la complexité et/ou la technicité est supérieure à la précédente.
- Ces niveaux permettront de bâtir une formation s'appuyant sur une solide progressivité des acquis.

Cette étape nécessite de s'interroger sur les connaissances des élèves :

- Quelles sont les connaissances antérieures des élèves dans le domaine ?
- Quelles sont les connaissances antérieures, les expériences, des apprenants dans ce type de situation d'enseignement et pour ce type de tâche d'apprentissage ?

5.4 Exemple détaillé : le microscope

Contexte d'étude

L'exemple traité porte sur l'enseignement de savoirs relatifs au microscope dans la formation de techniciens supérieurs en biotechnologies. Ces derniers occupent des fonctions d'assistant d'ingénieur ou de chercheur dans le domaine des biotechnologies. Ils peuvent prétendre à des emplois en recherche fondamentale, en recherche et développement et à des emplois en production mettant en œuvre des procédés biotechnologiques.

Ces fonctions nécessitent, notamment, la maîtrise de techniques permettant d'étudier les cellules vivantes et d'agir sur ces cellules en vue de les utiliser.

L'un des premiers outils ayant permis de caractériser et d'étudier les cellules est le microscope. Il reste aujourd'hui encore un instrument indispensable, aussi bien dans le domaine de la recherche que dans le domaine de la production impliquant des cultures cellulaires.

Présentation du savoir

Nous nous proposons d'étudier une partie du programme relevant d'une discipline d'enseignement, la biologie cellulaire et moléculaire.

MODULES : BIOLOGIE ET TECHNOLOGIES CELLULAIRES
Section 1 Méthodes d'étude de la **cellule**

INTITULE DU PROGRAMME	COMMENTAIRES		Cours	TP
	Cours	Travaux pratiques		
Séparation de différents types cellulaires	Traiter l'analyse et le tri de cellules par cytométrie de flux	Par exemple séparation des lymphocytes spléniques de souris sur gradient de Ficoll.	X	X
Fractionnement subcellulaire			X	
Marquage par anticorps marqués, isotopes radioactifs		Par exemple marquage d'antigènes membranaires, du cytosquelette	X	X
Microscopie photonique	Principe de la microscopie à fond clair, à fluorescence, de la microscopie confocale, de la microscopie à contraste de phase et inverse	Les microscopes à fond clair, à fluorescence et inverse sont utilisés à l'occasion de différents TP. Il est recommandé de visiter un centre de microscopie confocale	X	X
Microscopie électronique à balayage et à transmission	Principe du fonctionnement des microscopes et préparation des échantillons.		X	

Extrait du référentiel de diplôme de brevet de technicien supérieur en Biotechnologies

La lecture du programme renvoie la notion de microscope à celle de microscopie et plus précisément à deux catégories, la microscopie photonique et la microscopie électronique. Les commentaires didactiques précisent les modalités d'enseignement de ces contenus. Les principes de deux grandes catégories de techniques microscopiques, la microscopie photonique et la microscopie électronique seront traités lors d'une activité de cours. Ces techniques répondent à des principes physiques spécifiques qui se déclinent selon différentes modalités, microscopie à fond clair, microscopie à fluorescence...

Les contenus de travaux pratiques concernent l'utilisation de certains types de microscopes dans des situations particulières. On pourra, par exemple, utiliser le microscope optique à fond clair lors de dénombrement cellulaire, le microscope inverse à contraste de phase lors de repiquage de cellules ou le microscope à fluorescence lors de l'étude de certains constituants cellulaires, tels que le cytosquelette.

Analyse primaire du programme

Les contenus à traiter correspondent à des connaissances déclaratives et procédurales.

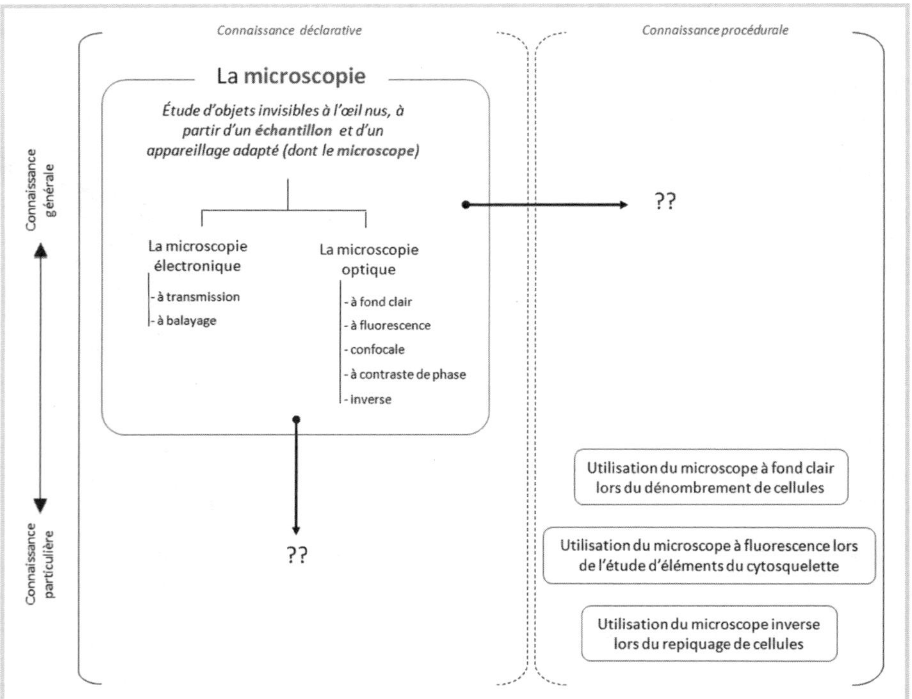

La microscopie électronique et la microscopie photonique sont des connaissances déclaratives, objet de la séance de cours. Elles appartiennent à un domaine plus général, celui de la microscopie. Cette dernière renvoie au concept de microscope et à celui d'échantillon. Les contenus traités en travaux pratiques sont quant à eux, des connaissances procédurales spécifiques. Cette catégorisation des contenus met en évidence le risque d'un enseignement morcelé se réduisant à la juxtaposition de contenus sans recherche de cohérence entre les enseignements de travaux pratiques et ceux de la leçon. Par ailleurs, il est légitime de s'interroger, d'une part, sur l'existence d'une connaissance procédurale plus générale régissant les savoir-faire liés à l'utilisation des microscopes. Cette démarche étant elle-même à mettre en lien avec les concepts généraux de la microscopie. D'autre part, les tests et appareillages spécifiques utilisés lors des enseignements renvoient à des connaissances déclaratives spécifiques.

Analyse secondaire du programme

L'identification des différents formats de connaissance passe par un traitement intellectuel du contenu visant à établir le champ notionnel relatif au point du programme à aborder.

Le traitement intellectuel des savoirs à enseigner consiste à « se donner des définitions claires et univoques pour les notions clés, des termes essentiels, disposer d'exemples et de contre-exemples et en connaître leurs limites, prévoir les confusions possibles avec des notions voisines, connaître les liens logiques avec d'autres concepts nécessaires à l'utilisation du premier, et ainsi de suite, de proche en proche » (DISCAS 2006).

Le traitement intellectuel passe par l'élaboration d'une trame conceptuelle et d'une catégorisation du contenu en termes de formats de connaissance.

Dans l'exemple traité, une caractérisation du champ notionnel pourrait être traduite, en première approche, par la figure 16.

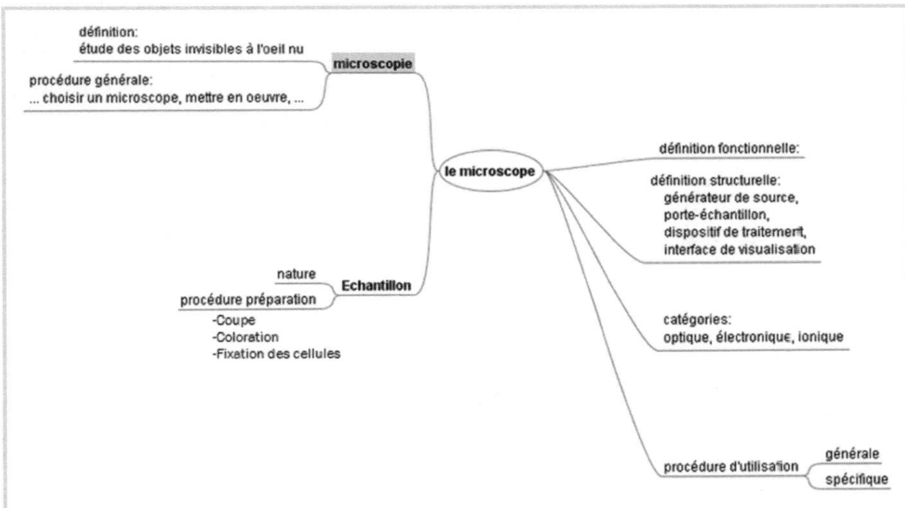

Figure 16
Le microscope : caractérisation du concept

Le principe général de la microscopie renvoie à une démarche générale d'utilisation du microscope, valable quelque soit l'appareil et le principe physique mis en jeu. Dans tous les cas, en effet, elle s'articule autour de deux étapes, que sont la préparation de l'échantillon à observer et le réglage du microscope. Cette procédure très générale peut être déclinée en une procédure plus spécifique pour la microscopie photonique, par exemple. Dans ce cas, la préparation de l'échantillon et la procédure de réglage devront répondre à des critères spécifiques à ce type de microscopie. Cette démarche générale pourra alors être appliquée dans différentes situations et fera l'objet de l'acquisition de savoir-faire spécifiques à chaque catégorie de microscopie.

L'acquisition de ces savoirs-faire se fera dans un cadre défini en termes d'échantillon à observer et d'appareillage à disposition dans l'établissement. L'intégration de ces savoir-faire dans une procédure générale permettra cependant à l'élève d'être capable de réaliser le même type de tâche dans d'autres situations, autres échantillons et appareil d'une autre marque.

La notion de microscope, quant à elle, répond à une définition générale à caractère fonctionnel et structurel. Un microscope est un instrument permettant d'obtenir une image agrandie d'un objet proche de petites dimensions (Wikipédia). Il est composé d'un générateur de source, d'un porte-échantillon, d'un dispositif de traitement et d'une interface de visualisation. L'échantillon, d'origine biologique dans le contexte choisi, se caractérise par sa taille, son épaisseur, sa complexité, sa couleur, sa transparence, etc. Il doit dans tous les cas permettre l'observation microscopique. Sa nature oriente le choix du microscope et le choix du microscope définit le traitement à faire subir à l'échantillon (coloration par exemple).

Enfin, la notion de microscopie renvoie à des contextes d'utilisation spécifiques qui correspondent à des connaissances déclaratives. On peut citer notamment, l'ECBU, examen cytobactériologique des urines, réalisé couramment en laboratoire d'analyses médicales, qui consiste à observer la présence de cellules ou de cristaux dans les urines par microscopie photonique. Le test FCR (fluoro chromatic reaction) est un test de viabilité cellulaire, qui consiste après traitement des cellules à observer les cellules vivantes en microscopie à fluorescence. Les tests de diagnostic d'infections virales par mise en évidence de l'effet cytopathogène (ECP), consistent à observer en microscopie inverse l'effet d'un virus sur des cellules en culture.

La caractérisation plus approfondie du champ notionnel nécessite donc une relecture du référentiel plus systémique et plus intégratrice. Il s'agit d'établir des liens entre les enseignements d'une même discipline et parfois, entre disciplines.

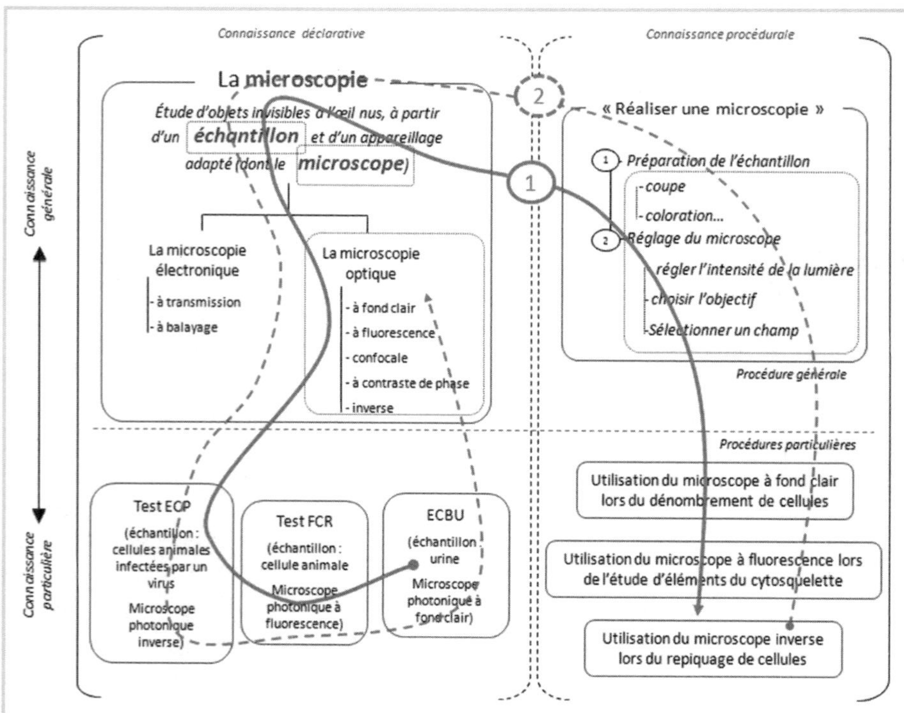

L'exploration de cette caractérisation du champ notionnel, en termes de contenu et de formats permet d'envisager de multiples parcours d'enseignement.

Afin d'établir davantage de liens entre le cours et les travaux pratiques, on pourrait imaginer une stratégie d'enseignement s'appuyant sur des connaissances déclaratives pour générer des connaissances procédurales (parcours 1).

Ainsi, le concept de microscopie photonique pourrait être établi par généralisation à partir de connaissances déclaratives spécifiques traitées dans un premier temps. La démarche générale mise en œuvre en microscopie pourra alors être établie à partir de ce concept et sera suivie d'une mise en application afin d'acquérir des savoir-faire.

Mais il serait également possible d'appréhender les connaissances déclaratives en s'appuyant sur les connaissances procédurales (parcours 2). En effet, la séquence peut débuter par des séances de travaux pratiques visant l'élaboration de savoir-faire. Ces derniers peuvent, par généralisation, conduire à établir la démarche générale mise en œuvre. Enfin cette connaissance peut permettre de construire le concept de microscopie, et des deux catégories de microscopie.

On pourra également, s'appuyer sur les connaissances élaborées en physique pour traiter du principe général de la microscopie et du principe de fonctionnement d'un microscope.

SYNTHÈSE

« COMMENT DÉFINIR LES CONTENUS À ENSEIGNER ? »

Définir les contenus à enseigner est une phase cruciale de la conception d'un enseignement, celle que nous conduisons généralement avant les autres. Définir les contenus s'articule autour de trois activités :

- Analyser les contraintes institutionnelles : appréhender les programmes ou référentiels et textes d'accompagnement didactiques pour recenser l'ensemble des savoirs concernés, identifier les objectifs, définir les prérequis, identifier les savoirs relatifs déjà abordés.
- Définir et caractériser le champ notionnel :
  - Analyser de façon approfondie le savoir (sa raison d'être, sa fonction, sa structure, son organisation, ses représentations, modélisations, utilisations, domaines de validité, son histoire).
  - Définir le ou les formats de connaissance visés, c'est-à-dire les connaissances que les élèves vont élaborer à propos de ce savoir.
- Définir le savoir scolaire :
  - Définir des objectifs d'enseignement, c'est-à-dire une déclinaison de l'objectif institutionnel en un ensemble de buts d'apprentissage, établis à partir des formats de connaissance identifiés et de leurs composantes.
  - Formaliser le savoir scolaire : préciser sa nature, ses formulations, des exemples.

POUR ALLER PLUS LOIN

Astolfi J.-P., & Develay, M. (1989). *La didactique des sciences*. Paris : PUF.

Chevallard Y. (1991). *La transposition didactique*. Grenoble : La pPensée sauvage.

Develay, M. (1992). *De l'apprentissage à l'enseignement*. Paris : ESF.

Martinand, J.L. (1993). Organisation et mise en œuvre des contenus d'enseignement. In J. Colomb (Éd.), *Recherches en didactiques : contribution à la formation des maîtres* (pp. 135-147). Paris : INRP.

Paquette, G. (2002). *Modélisation des connaissances et des compétences*. Québec : Presses Universitaires du Québec.

Partie 3

Comment conduire les apprentissages des élèves ?

Point de repère n° 3

Le précédent point de repère concernait les contenus. Celui-ci concerne l'articulation entre les contenus et les apprentissages des élèves. Autrement dit, ce que nous allons aborder dans les cinq chapitres suivants a pour objectif de traiter l'ensemble des aspects de la conception centrés sur les apprentissages des élèves et dépendants des contenus définis. C'est, selon nous, l'aspect central de la préparation d'un enseignement.

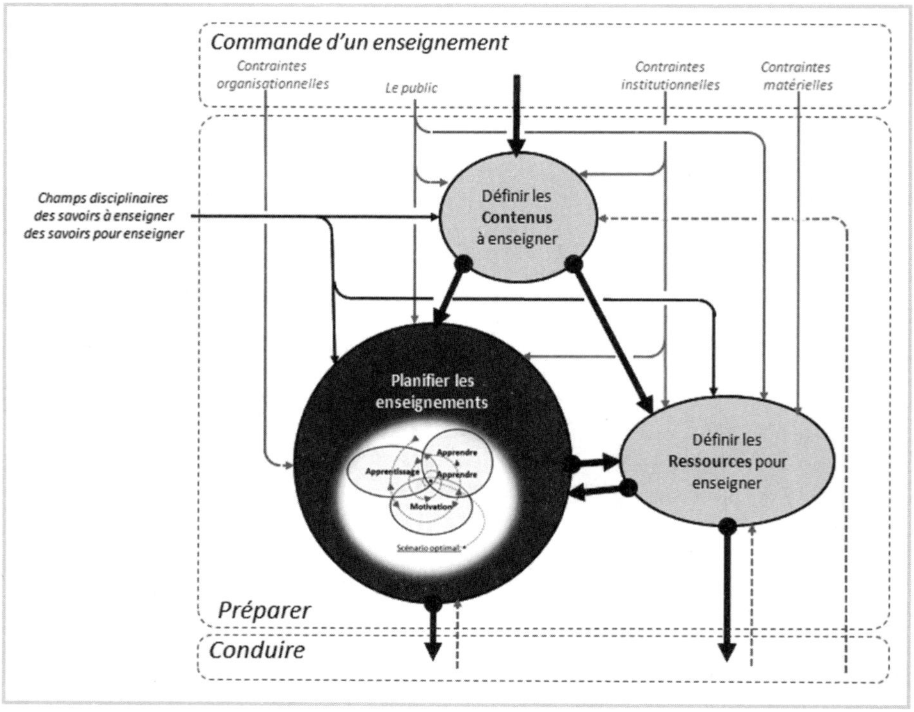

Nous abordons donc les questions suivantes :

- Comment favoriser les apprentissages ?
- Quelles tâches faire faire aux élèves ?
- Comment motiver les élèves ?
- Comment aider les élèves à apprendre ?
- Comment évaluer les apprentissages ?

Chapitre 6

Comment favoriser les apprentissages ?

Quand on sait quelle connaissance (quel(s) format(s)) on doit enseigner, concevoir un enseignement revient à permettre à l'élève d'apprendre, en favorisant la mise en œuvre des processus d'apprentissage (composantes centrales des situations d'enseignement). En fonction de la situation d'enseignement, les principes généraux favorisant les processus d'apprentissage se combinent en scénarios différents mais adaptés.

Dans cette perspective, nous avons proposé un cadre de référence (chapitre 2) fondé sur l'idée que les connaissances humaines sont de formats différents (concepts, connaissances spécifiques de situation, traces littérales, méthodes, savoir-faire, automatismes) et que ces formats sont issus de processus d'apprentissage différents (mise en application, conceptualisation, compréhension, mémorisation littérale, procéduralisation, automatisation, prise de conscience). Cette première partie répond donc à la question : comment favoriser la mise en œuvre des processus d'apprentissage ? L'élaboration (ou la transformation d'une connaissance) implique donc des processus d'apprentissage spécifiques. Il existe des conditions spécifiques de mise en œuvre de chacun de ces processus. Nous recensons les pistes, validées empiriquement, qui permettent de concevoir des situations d'enseignement-apprentissage.

6.1 Comment favoriser la conceptualisation ?

Le domaine de la conceptualisation est sans doute un des plus difficiles car ce type d'apprentissage peut fonctionner de façon implicite et inductive. L'enfant conceptualise son environnement physique de cette façon. La découverte de ce processus d'apprentissage, par Piaget d'abord, puis affinée par Bruner, constitue un événement majeur de la psychologie des apprentissages au XXe siècle.

Dans cette partie, nous allons traiter deux types de conceptualisation :

- l'élaboration de concepts nouveaux, qui ne transforme pas un concept existant ;
- la transformation de concepts existants.

Pour **l'élaboration de concepts nouveaux**, la conceptualisation serait favorisée par :

- la construction d'une catégorie : l'identification de traits communs, par comparaison d'objets ou de situations différentes,
- la catégorisation, par caractérisation d'un stéréotype, et identification à un exemple modèle.
- l'élaboration d'une étiquette de la catégorie et l'institutionnalisation du contenu par des représentations externes.
- la mise en relations avec d'autres concepts (par exemple, le concept x est une sous-catégorie du concept y. Ce concept x est différent de ce concept proche y).

Les représentations externes ont un rôle prépondérant dans les apprentissages par compréhension et par conceptualisation (Ainsworth, 2008). Conceptualiser passe par la compréhension de représentations, de modèles, de formalisations, du contenu à acquérir. Plus encore, conceptualiser implique de comprendre des représentations multiples d'un même contenu et les relations entre ces représentations.

Pour une bonne part, j'ai compris le Théorème de Pythagore quand j'ai compris et mis en relation une représentation linguistique de celui-ci, une représentation algébrique, une représentation géométrique et, peut-être, sa démonstration.

Cette activité de compréhension et de mise en relation des représentations externes multiples est donc centrale. Pourtant, les travaux dans ce domaine montrent assez systématiquement que cette activité est une source de difficultés importantes et fréquentes chez les élèves (par ex. Ainsworth, 2008) ; elle nécessite souvent du temps et une extrême attention de notre part ; elle implique notamment l'utilisation de représentations intermédiaires entre le concept et sa modélisation.

Selon la nature des concepts et du type de public, il est possible d'envisager plusieurs scénarios pour conduire le processus de conceptualisation.

Lors de la transformation d'un concept existant :

- Nous sommes dans le cas d'une réalité non étrangère, de contenus présents en mémoire, d'un concept acquis de manière implicite ou par instruction, où le processus de conceptualisation n'est pas fini. Il peut manquer l'étiquette ou l'étiquette n'est pas la bonne. Il y a confusion entre des instances et des attributs. Des relations avec d'autres concepts sont absentes, non caractérisées ou erronées.
- Le principe consiste à « corriger » les éléments caractérisant le concept par un mécanisme de prise de conscience.

Les transformations du concept peuvent être :

- Une **modification** : peu importante, juste un attribut, une étiquette mais il y a bien modification d'un attribut ancien.
- Un **enrichissement** : modification peu importante, juste un attribut, une étiquette mais sans modification d'un attribut ancien.
- Un **changement conceptuel** : modification importante, remise en cause de nombreux attributs ou de la structure entière.

Exemples de scénario de conduite du processus de conceptualisation

1. *Des scénarios centrés sur la construction de la catégorie* :

- Par une « entrée directe », où l'on propose d'appréhender d'emblée la définition des principaux attributs, leur structure et leur organisation. Le reste des attributs sera traité dans un second temps.
- Par une « approche inductive », où l'on propose d'accéder aux attributs à partir de la comparaison d'objets ou de situations différentes.
- À partir des instances que l'on place sous l'étiquette du concept, dans un premier temps. On s'appuiera, dans un second temps, sur ces exemples modèles pour définir les attributs du concept.

2. *Des scénarios centrés sur les relations avec d'autres concepts* :

L'approche, que l'on peut qualifier d'externe, consiste à définir en premier lieu la catégorie par ces relations avec d'autres concepts :

Un chien est un animal.

Blanc c'est le contraire de noir.

Concept d'efficacité énergétique est différent du concept de rendement.

3. *La modification ou l'enrichissement d'un concept existant*

Nous sommes dans le cas d'une réalité non étrangère, de contenus présents en mémoire, d'un concept acquis de manière implicite ou par instruction, où le processus de conceptualisation n'est pas fini. Il peut manquer l'étiquette ou l'étiquette n'est pas la bonne. Il y a confusion entre des instances et des attributs. Des relations avec d'autres concepts sont absentes, non caractérisées ou erronées.

Le principe consiste à « corriger » les éléments caractérisant le concept par un mécanisme de prise de conscience.

Pour conduire le changement conceptuel, il faudrait (Vosniadou & Verschaffel, 2004) :

- connaître les représentations préalables des élèves,
- expliciter les préconceptions des élèves,
- faciliter la conscience métaconceptuelle des élèves (conscience de leurs croyances et présuppositions, et de leurs possibles incohérences, notamment par la discussion entre élèves),
- faciliter leur métacognition (régulation de leur apprentissage et des processus de résolution de problème),
- trouver une source de motivation pour un changement conceptuel,
- enfin, fournir les modèles appropriés (e.g. équations) et les représentations externes (e.g. schémas) relatives au concept.

6.2 Comment favoriser la compréhension ?

On peut distinguer deux grandes façons de favoriser la compréhension :

- Aider la compréhension. Cette première catégorie ne permet pas aux élèves d'améliorer leur compréhension en général (conceptualiser) : il s'agit strictement de leur permettre de mieux comprendre la situation présente.
- Enseigner des stratégies de compréhension (Gaonac'h & Fayol, 2003). Cette catégorie relève de façons d'apprendre (métacognition). Elle est abordée dans le chapitre 9.

Pour aider la compréhension, il est possible de s'appuyer sur les principes suivants :

La proximité. Rechercher la plus grande proximité possible entre ce que l'élève sait déjà et ce que qu'il y a à comprendre, sans pour autant dénaturer ce qu'il y a à comprendre. Il est possible d'établir cette proximité, c'est-à-dire la mobilisation de concepts et de connaissances antérieures pertinentes, sur :

- le fond : souligner que la situation ou l'objet relèvent d'une catégorie de situations ou d'objets connus.
- la forme : utiliser des images, des mots, des phrases, des textes, des modalités de présentation de la situation qui vont favoriser l'identification de la situation ou d'objet connus.

Par exemple, en histoire, le même contenu est mieux compris quand l'enseignant souligne ou demande aux élèves d'établir les relations entre les faits historiques et le monde dans lequel les élèves vivent, que quand ce lien n'est pas établi (e.g. Wilson & Wineburg, 1994 ; Leinhardt & Greeno, 1986, 1994).

La mise en exergue. On peut mettre en exergue des éléments importants dans la situation à comprendre, « guider l'attention » de l'élève sur les points critiques, notamment en lui posant des questions sur ces éléments importants (Rouet & Vidal-Abarca, 2002 ; Mautone & Mayer, 2007) ou en utilisant un marqueur visuel (souligner, mettre en gras, aller à la ligne, mettre un inter-titre, etc. Lorch & Lorch, 1996).

Exemple de mise en exergue des points importants par des questions

- Pour un texte descriptif. « Lors de la lecture de ce texte, répondez aux questions suivantes : Quelle situation est décrite ? Où se situe-t-elle ? De quoi est-elle composée ? Quand a-t-elle eu lieu ? Éventuellement : qu'est-ce qu'il se passe ? »
- Pour un texte narratif. « Lors de la lecture de ce texte, répondez aux questions suivantes : Quels sont les personnages principaux ? Quelle est la situation initiale ? Qu'est-ce qu'il se passe ? Quelles sont les principales péripéties ? Comment ça finit ? »
- Pour un texte scientifique. « Quelle est la question que se posent les chercheurs ? Quelle est leur hypothèse ? Quel dispositif ont-ils conçu ? Quelle méthode ont-ils mise en œuvre ? Quels sont les résultats principaux ? Quelle est leur conclusion ? »

Etc.

Le traitement des parties. Quand l'objet ou la situation sont particulièrement complexes (dans le sens où ils sont composés de nombreuses parties reliées entre elles par des relations elles-mêmes nombreuses et diverses), il est souvent plus efficace de commencer par la compréhension ces composantes avant d'aborder la compréhension de l'ensemble, mais sans croire que la compréhension de l'ensemble sera déduite de la compréhension des parties (e.g. Pollock, Chandler, & Sweller, 2002 ; Ayres, 2006).

Du statique au dynamique. Quand l'objet ou la situation sont dynamiques, une présentation qui commence par la succession d'états et s'achève par la véritable dynamique est généralement plus efficace qu'une présentation qui irait du dynamique au statique (voir la synthèse de Jamet, Bétrancourt & Rouet, 2008).

La multimodalité. On favorise la compréhension quand on utilise des modalités complémentaires de présentation du même objet ou de la même situation (schéma, image, objet réel, commentaire oral, commentaire écrit, équation, exemples divers, contextes divers, etc.) mais sans être redondant, c'est-à-dire sans présenter deux fois le même message (e.g. Cerpa, Chandler, & Sweller, 1996 ; Craig, Gholson, & Driscoll, 2002 ; Mayer, Heiser, & Lonn, 2001). Par exemple, un schéma et son commentaire oral sont complémentaires. Un commentaire oral et le même commentaire écrit sont redondants.

Le traitement analogique. L'analogie est un moyen souvent utilisé pour favoriser la compréhension. Faire une analogie relève presque du réflexe lorsqu'un élève éprouve des difficultés à comprendre une notion ou à acquérir un savoir-faire. Cette activité consiste à transposer à un nouveau contexte, un traitement ou une solution déjà connue. Par exemple, le modèle de Rutherford est une analogie de la sorte, relativement connue, qui consiste à postuler un « modèle planétaire » pour l'atome. Ce dernier apparaît comme une reproduction miniature du système solaire, qui est composé d'un astre très massif, le soleil, et de planètes moins massives gravitant autour de lui. Cette analogie permet de mettre en relation les forces d'interaction électromagnétique et gravitationnelle entre le noyau et les électrons. Un enseignant peut aussi prendre l'exemple du cerveau pour expliquer à ses élèves ce qu'est une unité centrale d'un ordinateur ou réciproquement. La critique principale qui est adressée à cette démarche est que, dans toute analogie, la correspondance n'est jamais totale : il y a toujours des aspects non pertinents et la difficulté est que l'élève n'a pas le moyen de détecter ce qui est pertinent et ce qui ne l'est pas (Richard, 1990). Ainsi, ce qui constitue un bénéfice au début de l'apprentissage peut constituer un gros handicap par la suite (si on se met à croire que la mémoire de l'humain correspond au disque dur de l'ordinateur, on compromet pour longtemps la possibilité de comprendre ce qu'est la mémoire humaine). L'analogie, au-delà de son aspect compulsif, est intéressante par son caractère économique en ce qu'elle permet des rapprochements, voire des sauts, interdits ou inaccessibles au raisonnement « logique » (Bastien, 1997).

6.3 Comment favoriser la procéduralisation ?

Comprendre la situation problème : il est tout d'abord important que l'élève comprenne la situation dans laquelle on lui demande d'agir, l'état initial, l'état but et les étapes qui séparent les deux. En effet, il est généralement plus efficace que les élèves comprennent d'abord le problème et la solution, pour ensuite essayer de résoudre par eux-mêmes des problèmes analogues, que l'inverse (e.g. Carroll, 1994 ; Miller, Lehman, & Koedinger, 1999 ; Paas & van Gog, 2006 ; Reisslein, Atkinson, Seeling, & Reisslein, 2006).

Gérer l'équilibre entre tâtonnement et guidage de l'élève : ainsi, il n'est pas toujours efficace de placer l'élève dans une situation où il doit découvrir par lui-même, à force de tâtonnements, une façon de faire. Si l'élève découvre rapidement par lui-même une façon de trouver la solution, c'est sans doute le plus efficace (e.g. Pierce, Duncan, Gholsn, Ray, & Kambi, 1993). Mais s'il ne découvre pas par lui-même, il est bien plus efficace de guider l'élève vers la solution (voir les synthèses de Kirschner, Sweller, & Clark, 2006 et de Mayer, 2004). Autrement dit, c'est dans un équilibre entre le tâtonnement et le guidage, que la procéduralisation serait favorisée.

Organiser le transfert : ensuite, nous favoriserons la procéduralisation en conduisant l'élève à transférer, c'est-à-dire à utiliser le savoir-faire ou la méthode dans de nombreuses autres situations, différentes entre elles, que celle où elle a été initialement élaborée ; ce qui représente un apprentissage long. Ces situations de transfert devront être exhaustives ou, à défaut, représentatives.

Nous proposons ici un scénario de conduite du processus de procéduralisation, sous forme d'un algorigramme de choix :

ÉTAPE 1 : comprendre la situation problème

ÉTAPE 2 : acquisition du format procédural

- SI la distance cognitive entre les élèves et la connaissance visée est importante (ou si l'on dispose de peu de temps), ALORS favoriser la compréhension de la procédure (approche déductive).
- SI la distance cognitive entre les élèves et la connaissance visée est réduite (ou si l'on dispose de beaucoup de temps), ALORS faire accompagnement en gérant équilibre entre tâtonnement et guidage (approche par découverte). De plus, dans ce cas :

- soit le but est la maîtrise de l'action (l'élève sait faire avec ses propres connaissances) et on en reste là,
- soit le but est la compréhension de l'action et donc il faut mettre en place un processus de prise de conscience de l'action (confère chapitre 12).

ÉTAPE 3 : organiser le transfert

> ***Synthèse***
>
> *Il y a deux grandes façons d'aborder la procéduralisation, qui mettent en œuvre les trois mêmes étapes : comprendre, mettre en œuvre, transférer.*
>
> *La première approche relève de la mise en application, elle est particulièrement adaptée au cas où les connaissances préalables des élèves sont éloignées de la connaissance à apprendre : l'enseignant explique la situation et la procédure, l'élève met en œuvre.*
>
> *La seconde approche relève de la découverte, elle est particulièrement adaptée au cas où les connaissances préalables des élèves sont proches de la connaissance à apprendre : l'élève résout le problème par lui-même ce qui implique qu'il comprend la situation et qu'il élabore la procédure de résolution par lui-même.*
>
> *Entre ces deux approches, il y a de nombreux intermédiaires que nous utilisons le plus souvent.*

6.4 Comment favoriser l'automatisation ?

Pour élaborer un automatisme, il est nécessaire que la connaissance à automatiser soit utilisée fréquemment, pendant une période de temps longue. Pour cela, des exercices, des entraînements, voire des répétitions de situations identiques peuvent être proposés (e.g., Mayer, 2008). Une des façons les plus efficaces est probablement de rendre cet automatisme nécessaire dans des situations nombreuses et fréquentes.

Il est sans doute important de distinguer les automatismes qui sont précédés par la mise en place d'une méthode ou d'un savoir-faire explicites, qui doivent être compris, des automatismes qui ne sont pas précédés par ce type de connaissance et qui sont élaborés directement, par essais et erreurs. Dans le premier cas, la qualité de la compréhension et du savoir-faire explicite est le critère majeur de la réussite de l'automatisation. Dans le second, c'est plus la qualité du feed-back, notamment en début d'apprentissage, qui constitue le critère majeur. Si certains automatismes sont nécessaires (par exemple, la lecture), nous avons insisté dans le chapitre 2 sur le fait que certains automatismes peuvent être dangereux.

6.5 Comment favoriser la mémorisation littérale ?

Les techniques de mémorisation littérale d'une connaissance sont connues depuis plus de 2500 ans sous le nom d'arts de la mémoire, de mémoire artificielle ou de procédés mnémotechniques. Mais la mémorisation littérale a commencé à être déconsidérée il y a un peu plus de 5 siècles (Yates, 1975). Ce processus d'apprentissage est favorisé par trois activités différentes :

- la répétition, notamment quand la connaissance est découpée en sous-parties organisées entre elles,
- l'enrichissement (l'encodage de la connaissance est multiplié, sous différentes formes comme des images, des mots, des sons, ou associé à d'autres connaissances, ou l'encodage est plus « profond », c'est-à-dire basé sur la compréhension, Craik & Lockhart, 1972),
- la réduction (où la connaissance à apprendre est réduite en une trace plus petite, mais qui, sous forme d'un code, lui donne accès). Par exemple, « mais où est donc Ornicar ? », pour se souvenir des conjonctions de coordination en français ; ou « 3QOCP » pour se souvenir des 6 questions « Qui ? Quand ? Quoi ? Où ? Comment ? Pourquoi ? » à se poser quand on fait interroger un sujet ou rédiger un texte descriptif.

Parmi ces trois activités, l'enrichissement est le plus étudié : il est très efficace. Cet effet est robuste et continue d'être attesté par des résultats récents (Rosenthal & Ehri, 2008 ; Rummel, Levin & Woodward, 2003 ; Carney & Levin, 2000).

6.6 Comment favoriser la prise de conscience ?

Prendre conscience, c'est comprendre quelque chose qu'on sait faire. C'est une activité particulièrement importante, et étudiée, dans le domaine du langage oral : les enfants prennent conscience des phonèmes, des syllabes, des morphèmes, de l'organisation des phrases bien après qu'ils aient su les mettre en œuvre. Cette prise de conscience serait un des principaux précurseurs de l'apprentissage de la langue écrite (e.g. Chung & Hu, 2007). La prise de conscience est mise en œuvre par les activités d'analyse de ce que les élèves produisent eux-mêmes, mais aussi dans l'analyse d'autres productions, notamment de productions qui ne respectent pas la règle qui est la cible de la prise de conscience.

Au-delà de l'apprentissage de la langue, il y a d'autres domaines où les élèves savent mettre en œuvre des activités qu'ils comprendront ultérieurement, à l'école : en éducation physique et sportive, particulièrement en athlétisme, en documentation avec la généralisation du Web et des outils qui y sont associés, en mathématiques lors des débuts de la numération. Cependant, à notre connaissance, ces domaines de mise en œuvre de la prise de conscience comme processus d'apprentissage ont donné lieu à peu de travaux empiriques qui pourraient être utilisés comme pistes de travail « fondées sur des preuves ». De façon plus éparse que pour la prise de conscience dans le domaine du langage, quelques résultats montrent que le travail en binôme de tutorat réciproque, c'est-à-dire un binôme où chaque élève endosse successivement le rôle de tuteur puis de tutoré, en éducation physique et sportive pourrait soutenir la prise de conscience (Ensergueix & Lafont, 2010). Les résultats de Pinchas et Katz (2008) suggèrent qu'une représentation externe visuelle (un schéma, une animation multimédia) peut soutenir le processus de prise de conscience. Mais il est clair que la prise de conscience est, de loin, le processus d'apprentissage qui nécessite le plus des recherches empiriques orientées vers l'enseignement.

SYNTHÈSE

« COMMENT FAVORISER LES APPRENTISSAGES ? »

Conceptualisation : Concevoir des situations où les élèves vont prendre conscience, expliciter, remettre en cause et confronter leurs pré-conceptions. Concevoir des tâches où les élèves vont identifier les traits communs à des objets divers, catégoriser, nommer puis mettre en relation le concept cible avec d'autres concepts. Fournir les modèles appropriés et les représentations externes pertinentes.

Compréhension : rechercher la proximité entre ce qui est présenté à l'élève (texte, image, objet, etc.) et ses connaissances antérieures. Concevoir des tâches où les élèves vont encoder l'information à comprendre de façon multiple et/ou profonde. Mettre en exergue les éléments saillants. Favoriser l'établissement d'analogies en identifiant clairement leurs limites. Favoriser la mobilisation de concepts préalables pertinents.

Mémorisation : concevoir des tâches de répétition et enseigner aux élèves à concevoir eux-mêmes des tâches de répétition. Concevoir des tâches où les élèves vont encoder l'information à comprendre de façon multiple et/ou profonde. Expliquer aux élèves et mettre en œuvre avec eux les techniques de réduction de l'encodage.

Procéduralisation : favoriser la compréhension de la situation initiale et du but. Si les élèves ont peu de connaissances préalables expliquer la situation et la procédure, utiliser des exercices d'application, dans un premier temps avec leur solution. Si les élèves ont beaucoup de connaissances préalables, proposer de véritables problèmes à résoudre. Concevoir des tâches et des situations de transfert, proche d'abord, lointain ensuite.

Automatisation : concevoir des tâches de répétition, et plus généralement des tâches où la connaissance procédurale sera utilisée fréquemment. Quand les élèves font une erreur de mise en œuvre de la procédure, apporter un feed-back de qualité, qui peut passer par l'analyse de l'erreur, la ré-explication de la règle, le rappel de la règle, l'indication de l'étape à refaire, l'indication de l'étape suivante.

Prise de conscience : concevoir des situations où les élèves sont conduits à analyser, puis à comprendre et expliciter (mettre en mots), ce qu'ils sont en train de faire, ce qu'ils ont fait ou ce que fait autrui (au sein d'un binôme par exemple).

POUR ALLER PLUS LOIN

Gaonac'h, D., & Fayol M. (Éds), (2003). *Aider les élèves à comprendre*. Paris : Hachette.

Mayer, R. E. (2008). *Learning and instruction*. Upper Saddle River, NJ : Pearson.

Mayer, R. E. (2010). *Applying the science of learning*. Upper Saddle River, NJ : Pearson.

Chapelle, G., & Crahay, M. (Éds), (2009). *Réussir à apprendre*. Paris : PUF.

Vosniadou, S. (2007). The cognitive-situative divide and the problem of conceptual change. *Educational Psychologist*, 42, 55-66.

Chapitre 7

Quelles tâches faire faire aux élèves ?

Quand on a défini ce que les élèves allaient apprendre et quels processus ils allaient mettre en œuvre pour apprendre, il reste un aspect important de la conception : les tâches d'apprentissage. En effet, contrairement aux apprentissages de connaissances primaires, qui peuvent être réalisés de façon inconsciente, sans même l'intention d'apprendre, l'apprentissage de connaissances secondaires implique la réalisation délibérée d'une activité. Ainsi, enseigner c'est aussi réussir cette mise en activité mais une mise en activité pertinente, c'est-à-dire au service de l'apprentissage visé, tant au plan du contenu que du ou des processus d'apprentissage concernés. Réussir la mise en activité comporte donc deux aspects : la motivation des élèves, qui sera abordée dans le chapitre suivant et la pertinence de la tâche, que nous abordons maintenant.

Levons tout de suite une ambiguïté relative à la notion de tâche, qui a suscité bien des débats stériles et des incompréhensions. Une tâche, comme nous l'avons déjà définie dans la partie 3.2, consiste à atteindre un but au moyen d'actions physiques *ou* d'opérations mentales dans un certain environnement avec certains moyens et sous certaines contraintes. Une tâche peut donc être réalisée avec des opérations mentales. C'est le cas pour la plupart des tâches scolaires. L'important est d'être cognitivement actif et non pas comportementalement actif. Écouter un cours qui nous passionne, lire un texte en se posant des questions, essayer de se remémorer une connaissance, peuvent être des tâches extrêmement actives au plan cognitif et donner lieu à des apprentissages très importants (Clark & Mayer, 2008 ; Karpicke & Blunt, 2011) comme elles peuvent être d'un ennui mortel et ne rien apprendre à personne. Se demander si les pédagogies actives (ou d'autres) sont efficaces ou inefficaces, s'il existe des tâches qui sont intrinsèquement bonnes pour l'apprentissage (et d'autres intrinsèquement mauvaises) ne nous semble pas être des questions pertinentes (Bru, 2006).

Les principales tâches scolaires

Les tâches d'études : écouter un cours, lire un texte, traiter un document multimédia ; étudier un cas.

Les tâches de résolution de problème : problèmes ordinaires, mal définis ou ouverts, les exercices et les problèmes résolus ; tâches de diagnostic ou détection d'erreurs.

Les tâches de recherche d'information.

Les tâches de dialogue.

Pour chaque tâche, nous allons décrire les actions réalisées, le but d'apprentissage atteignable, les processus impliqués, les moyens mis en œuvre et les limites.

7.1 Les tâches d'étude

Les tâches d'étude sont sans doute les plus répandues et les plus critiquées, dans l'enseignement tel qu'il se pratique depuis des siècles. Pour les élèves, il s'agit d'écouter un cours, lire un texte, regarder une image, soit autant d'activités réputées passives, voire ennuyeuses. Pour le professeur, il s'agit le plus souvent de décrire et d'expliquer.

Les tâches d'étude servent le plus souvent à acquérir des connaissances déclaratives particulières et fonctionnent essentiellement par la mise en œuvre du processus de compréhension, ainsi que d'une activité de prise de notes. Elles nécessitent des supports tels que des livres, documents (notamment multimédia), tableaux, schémas, vidéos, etc.

Les limites de ces tâches sont leur faible motivation, voire l'ennui des élèves, un faible contrôle de la part du professeur, qui ne sait pas bien quel élève comprend et quel élève ne comprend pas, et, de la part des élèves, qui peuvent avoir des difficultés à identifier correctement ce qu'ils ont compris et pas compris. Bref, ce type de tâche présente le risque majeur de l'illusion : le professeur a l'illusion que les élèves ont appris et les élèves partagent cette illusion.

Pourtant, malgré les inconvénients qu'elles présentent, les tâches d'étude restent celles qui fondent les apprentissages par enseignement, celles où l'on essaie de trouver le chemin le plus court pour passer des connaissances de l'enseignant et aux connaissances de l'élève. Les tâches d'étude sont fondées sur l'explication par l'enseignant, c'est-à-dire sur le fait d'éviter à l'élève le travail de découverte de la connaissance. Ainsi, malgré les critiques qui sont adressées aux tâches d'étude, elles constituent sans doute ce que chacun de nous met en œuvre avec ses élèves plusieurs fois par jour.

Écouter un cours

La tâche d'étude la plus typique consiste à écouter un professeur qui donne un cours, qualifié généralement de « magistral ». Cette tâche est en apparence simple : il suffit d'écouter et d'essayer de comprendre ce que dit et ce que montre le professeur. Pour le professeur, c'est en apparence tout aussi simple : il suffit de parler pour se faire comprendre, bien organiser son discours, choisir les bons exemples et concevoir (ou même trouver) les bons supports.

En réalité, pour l'élève, cette tâche peut s'avérer extrêmement difficile et cette difficulté explique sans doute la faible efficacité de certains cours. Pour l'élève, il s'agit en effet d'écouter, de comprendre, en ayant un pouvoir extrêmement limité sur le déroulement de l'exposé, tout en prenant des notes. Autrement dit, il s'agit de réaliser trois activités en parallèle, en ayant pas ou peu de contrôle sur la situation. La prise de notes elle-même est une activité très difficile, car il s'agit de noter ce que l'on a compris (et non le *verbatim* du cours), donc de hiérarchiser les informations, de les mettre en mots, de les noter et les organiser (Piolat, 2006), tout en continuant à écouter la partie suivante du cours et en essayant de la comprendre.

Pour le professeur, concevoir un cours que les élèves vont écouter est donc en réalité très difficile, si le professeur souhaite que ses élèves comprennent et réussissent leur prise de notes.

Réussir un cours « magistral »

- Favoriser réellement la compréhension, en utilisant les techniques évoquées dans la partie précédente (importance notamment de l'adéquation aux connaissances antérieures des élèves, de la multiplicité de l'encodage, mais aussi de la profondeur d'encodage, en amenant les élèves à se poser des questions, à émettre des hypothèses, etc.),

- permettre aux élèves d'avoir une action effective sur le déroulement du cours : poser des questions, se poser des questions, répondre à des questions (Campbell & Mayer, 2009), interrompre le professeur parce qu'ils n'ont pas compris quelque chose, etc,
- aider les élèves à repérer l'organisation du contenu, ce qui implique de leur donner un plan et de s'y référer constamment, de noter au tableau les éléments importants, etc. Cet aspect de l'activité est d'autant plus important que les élèves sont jeunes,
- enseigner aux élèves des techniques de prise de notes efficaces.

Lire un texte

Les tâches de lecture sont aussi des tâches d'étude extrêmement répandues. Comme les autres, elles concernent essentiellement l'apprentissage de connaissances déclaratives particulières et donc le processus de compréhension. Nous évoquons à la fin de cette partie les tâches de lecture de documents procéduraux, où cette fois-ci l'objectif visé est la réalisation d'une action.

Les tâches de lecture sont proches des tâches d'écoute de cours en ce sens qu'elles impliquent une triple activité : lire, comprendre et prendre des notes (en dehors ou sur le texte). Cette fois-ci, il est beaucoup plus pratique pour l'élève d'agir directement sur ce qu'il encode : autant il peut être difficile de demander à un professeur de s'arrêter de parler pour reprendre un point mal compris, autant il est facile de s'arrêter de lire et de revenir en arrière sur un passage de texte mal compris. Mais, si cette régulation de l'activité de lecture-compréhension est très aisée au plan matériel et social, elle peut se révéler très difficile au plan cognitif. En outre, chez les élèves les plus jeunes, l'activité de lecture elle-même (le décodage des mots écrits) peut ne pas être automatisée : elle implique alors un coût cognitif important, limitant les ressources disponibles pour comprendre.

Concevoir une tâche de lecture implique donc, pour le professeur, de prévenir des difficultés pouvant se situer à différents niveaux.

Améliorer la compréhension d'un texte

- Favoriser la compréhension, en agissant sur la profondeur d'encodage (questions de compréhension posées avant ou pendant la lecture) ou sur la richesse d'encodage (illustrer le texte de façon pertinente),
- faciliter la compréhension, en remplaçant les mots inconnus par des synonymes connus, en simplifiant les phrases trop longues, et mettant en exergue les informations importantes (souligner les mots clés par exemple),
- enseigner des stratégies métacognitives de compréhension,
- enseigner les techniques de prise de notes.

Il est important de noter que ces quatre techniques sont complémentaires entre elles et que leur efficacité relative dépend du niveau de difficulté du contenu. Par exemple, favoriser la profondeur de traitement en demandant aux élèves de fabriquer une carte conceptuelle peut se révéler moins efficace que de leur fournir directement la carte conceptuelle quand le contenu est très difficile pour les élèves (Stull & Mayer, 2007).

Un cas particulier : lire un texte procédural

Dans certaines disciplines, l'objectif de lecture correspond à ce qui nous est très familier dans nos vies quotidiennes : lire pour agir (par exemple lorsque nous lisons des recettes de cuisine, les modes d'emplois, des règles du jeu). L'objectif n'est plus simplement de comprendre, mais de pouvoir mettre en œuvre une série d'actions, généralement sur dispositif technique qui est lui-même décrit dans le texte ou représenté par une illustration. La difficulté de cette tâche de lecture réside dans le fait que, en plus des traitements habituels, l'élève doit réaliser l'action décrite pendant qu'il lit le texte. Le grand piège réside dans le fait que l'enseignant connaît généralement la procédure décrite, le système sur lequel elle est mise en œuvre : il éprouve les pires difficultés à prendre conscience des défauts contenus dans le document.

Traiter un document multimédia

Le traitement de documents utilisant simultanément des textes, des images, des vidéos et plages sonores implique de comprendre en quoi les différentes parties du document, représentées selon des codes ou des modalités différents, sont mutuellement référencées.

Cette activité se retrouve évidemment dans le traitement de tous les textes, elle est au départ non spécifique. Généralement, le traitement d'un texte illustré d'une image produit une meilleure compréhension que le traitement du même texte non illustré, sous réserve que cette illustration soit pertinente. Pour autant, un tel document entraîne souvent un effet de partage de l'attention, le lecteur ne pouvant à la fois lire le texte et regarder l'illustration. Plus encore, il est parfois difficile pour l'élève de comprendre en quoi tel détail de l'image correspond à tel passage du texte. L'image aurait donc comme fonction de compléter ce qu'il y a à comprendre, voire de guider l'activité de compréhension, sous réserve que (a) le référencement mutuel texte – image soit compris (b) que l'image soit comprise.

En revanche, on dispose de résultats peu cohérents, difficiles à interpréter, voire décevants avec les images animées, les vidéos, les simulations dynamiques (voir la présentation de ces travaux plus bas, dans la partie 1.4.1).

Ainsi, les documents multimédia, qui correspondent à un enrichissement de ce qui est présenté à l'élève, constituent une sorte de paradoxe : en ajoutant des détails, du réalisme, de la ressemblance, les documents multimédia ont parfois un effet négatif sur la compréhension, quand l'élève ne parvient pas à traiter cette richesse, ne sait pas où regarder, traite des détails au lieu de ce qui est important.

Si un enseignant veut concevoir ou utiliser avec ses élèves un document multimédia pour une tâche d'étude, il pourra suivre les principes suivants, identifiés notamment par Mayer (2005), Sweller *et al.* (2011). Ces principes ne concernent que les apprentissages difficiles, *i.e.* ceux où les élèves ont peu de connaissances antérieures et où la connaissance visée est complexe, où un nombre important de points en interaction les uns avec les autres sont à apprendre.

Améliorer la compréhension d'un document multimédia

Principe de modalité : quand diverses sources d'information requièrent d'être mises en relation pour être comprises, alors il vaut mieux les présenter selon des modalités sensorielles différentes (auditive et visuelle).

Principe de redondance : quand il n'est pas nécessaire de traiter des informations disparates, quand une seule source d'information suffit, l'ajout d'informations redondantes (par exemple en présentant la même information selon deux modalités comme le texte oral et le texte écrit) détériore la compréhension.

Principe de représentations multiples : la compréhension est meilleure lorsque l'information est présentée en utilisant deux codes de représentation (texte et image ; texte et vidéo) plutôt qu'un seul.

Principe de cohérence : la compréhension est meilleure lorsque le texte écrit accompagnant des illustrations met en exergue les informations les plus importantes à retenir et à comprendre, soit en utilisant une mise en forme particulière (gras, souligné) soit en limitant le discours aux informations essentielles (résumé).

L'effet de représentation dynamique : si l'effort cognitif pour comprendre n'est pas trop important (i.e. phénomène aisé à comprendre, élèves ayant déjà de bonnes connaissances dans le domaine), la représentation dynamique peut convenir. Si l'effort cognitif est très important, la succession de représentations fixes convient mieux.

Étudier un cas

Les études de cas consistent à étudier non pas un document mais une situation réelle, généralement complexe (qui, d'ailleurs, peut être décrite par un document). Cet aspect réaliste est un atout en termes de motivation. Certaines études de cas sont en réalité des problèmes, ce dont nous allons traiter ci-dessous. L'étude de cas à proprement parler a donc comme strict objectif de comprendre une situation, pas d'agir sur elle pour la transformer. Le plus souvent, les études de cas sont utilisées pour appliquer une méthode d'analyse ou plus généralement une méthode d'étude. Ainsi, les études de cas sont utilisées parfois avec un double objectif : comprendre la situation pour élaborer une connaissance particulière, de type procédurale, et mettre en application une méthode. Ce double objectif peut être assez difficile à atteindre, car les élèves doivent fournir un double effort, sans qu'il soit réellement possible de les soulager de l'un d'eux, au risque de dénaturer la situation.

L'étude de cas est très populaire comme point d'entrée de la conceptualisation, que l'on trouve dans la littérature sous le terme de « apprentissage à partir de cas » ou « apprentissage par induction ». On se fonde ici sur le processus de généralisation, en attribuant au concept les caractéristiques que l'on a identifiées lors de l'étude d'un ou de plusieurs cas. Il n'est pas question de faire porter à l'étude de cas les critiques que l'on pourrait adresser à l'utilisation abusive de la généralisation. Mais soulignons que (a) un élève peut avoir parfaitement compris un cas et être extrêmement éloigné du concept à l'œuvre et (b) généraliser à partir d'un cas est le contraire de la rigueur de pensée.

7.2 Les tâches de résolution de problème

Nous abordons maintenant une tâche très riche, que l'on utilise beaucoup dans les situations d'enseignement (voir Hmelo-Silver, 2004 pour une synthèse). Cette tâche est souvent intéressante et motivante ; elle peut aussi se révéler difficile. Résoudre un problème, c'est se trouver dans une situation où l'on doit essayer d'atteindre un but (i.e. transformer la situation) alors qu'on ne sait pas l'atteindre spontanément (Clément, 2009).

Ce type de tâche permet de comprendre la situation et/ou d'élaborer une connaissance procédurale (méthode ou savoir-faire) qui correspond à la suite d'actions et d'opérations qui permettent de passer de l'énoncé du problème (état initial) à sa solution (état but).

En revanche, ces tâches ne permettent pas de conceptualiser très aisément. Les travaux de Piaget et Bruner ont sans doute conduit un peu vite à l'idée que la conceptualisation en classe devait se réaliser de façon inductive, à partir de l'étude de cas, de résolution de problèmes. Or, on a bien du mal à trouver des études empiriques qui viendraient étayer l'idée selon laquelle l'activité de résolution de problème serait efficace pour élaborer des concepts. Dochy *et al.* (2003) ont conduit une méta-analyse de la littérature empirique qui montre que la résolution de problèmes est sans nul doute une tâche efficace pour élaborer des savoir-faire et des méthodes. Mais donner des problèmes à résoudre quand on vise un concept n'est pas forcément une bonne solution, notamment si le domaine conceptuel est vaste. Un autre argument généralement avancé en faveur de la conceptualisation à partir de résolution de problèmes, est la nécessité de donner du sens à la situation, d'impliquer les élèves, notamment à travers une situation authentique, sociale (e.g. Brown, Collins & Duguid, 1989). C'est certes une façon efficace de motiver les élèves (Mayer, 2008), mais cela n'est que ça : pour Vosniadou (2007), il reste encore à réussir à mettre en œuvre le processus d'apprentissage pour que le but soit atteint : l'élaboration ou la transformation d'un concept.

Les principales étapes de la résolution d'un problème

- tenter de comprendre la situation,
- faire des hypothèses,
- essayer de mettre en œuvre des actions (physiques) et des opérations (mentales),
- interpréter l'effet de ces actions et de ces opérations,
- diagnostiquer enfin si l'on a atteint, ou pas, le but,
- si le but n'est pas atteint, recommencer.

Les tâches de résolution de problèmes impliquent des traitements métacognitifs souvent exigeants, que ce soit lors de la planification de la résolution, lors de la régulation de l'activité ou lors de l'évaluation de la solution trouvée. Elles nécessitent des moyens tels qu'un énoncé, la situation elle-même et les matériaux qui la compose, des aides cognitives et métacognitives que l'on va fournir aux élèves. Ce type de tâche est souvent réalisé collectivement, ce qui permet aux élèves d'échanger sur leur interprétation de l'énoncé, de confronter leurs hypothèses, etc.

Les limites de ces tâches apparaissent quand les élèves ne trouvent pas la solution du problème. Quand cette activité est trop exigeante, la tâche de résolution de problème peut ne déboucher sur aucun apprentissage. En outre, la résolution du problème n'étant pas le but d'apprentissage mais bien un moyen d'apprendre, un élève peut réussir le problème mais ne pas apprendre, ou apprendre des connaissances sur une situation particulière ou une procédure particulière, tandis que le but d'apprentissage visé par le professeur est générique.

Le calibrage et l'étayage de la tâche sont donc des aspects absolument cruciaux de la résolution de problème au service des apprentissages. Nous allons maintenant aborder les différentes catégories de tâches de résolution de problème pour mieux répondre à la question du calibrage et de l'étayage.

Les tâches de résolution de problèmes « ordinaires »

Nous proposons de qualifier un problème d'« ordinaire » quand celui-ci est bien défini (le but à atteindre est clairement énoncé à l'élève) et quand ce problème admet une seule solution. On est dans une situation de transfert proche ou lointain. Il peut exister plusieurs façons d'atteindre cette solution. On peut avoir intérêt à jouer sur la familiarité, les centres d'intérêt des élèves pour leur proposer des problèmes qui vont les intéresser. Cependant, il ne faut pas que cela se fasse au détriment de la mise en exergue des aspects critiques de la situation d'apprentissage : dit autrement, le professeur à tout intérêt à souligner quel registre de traitement du problème doit être privilégié (Bastien, 1987). Résoudre un problème, ce n'est pas jouer aux devinettes, c'est mettre en œuvre un raisonnement qui concerne l'apprentissage visé.

Les exercices

Les exercices ne sont pas strictement des problèmes, car l'élève connaît déjà la façon de résoudre un exercice. On est dans une situation de transfert proche. Soit il connaît la forme procédurale de la connaissance, on parle alors d'exercices d'entraînement ou de répétitions. Le but est généralement d'automatiser cette connaissance procédurale. Soit l'élève connaît uniquement la forme déclarative de la connaissance, il a compris la solution ou la procédure à mettre en œuvre, mais ne maîtrise pas encore la forme procédurale de la connaissance. On parle alors d'exercice d'application. Le but est donc d'acquérir la connaissance procédurale à partir de sa forme déclarative.

Les tâches de résolution de problèmes mal définis

Les problèmes mal définis correspondent aux situations où l'élève définit lui-même le but. La consigne qui lui est fournie est large, elle ne contient pas un but précis. À partir de cette consigne, l'élève doit élaborer un but, une question, une problématique. C'est typiquement le cas avec les problèmes que l'on utilise en pédagogie par projet, avec la dissertation, etc. Ce type de tâche est donc souvent intéressant car il élargit les apprentissages visés à l'élaboration du but, tout en étant plus motivant, car c'est l'élève lui-même qui définit son propre but (Ames & Archer, 1988). L'exigence métacognitive des tâches de résolution de problème mal définis est très élevée, car dans bien des cas, le but du problème est construit au cours de l'activité. Parfois même, ce n'est qu'à la fin que l'on sait exactement quel est le but atteint. Il est donc évident que ces problèmes sont, d'une part intéressants, d'autre part difficiles, requérant un soutien métacognitif, voire une formation métacognitive (voir § 7.6).

Les tâches de résolution de problèmes ouverts

Les problèmes ouverts admettent plusieurs solutions, notamment des solutions que le professeur n'a pas nécessaire identifiées au moment où il pose le problème. Ils peuvent être mal ou bien définis. Outre les objectifs d'apprentissage visés par les tâches de résolution de problèmes ordinaires ou mal définis, les problèmes ouverts présentent l'avantage de pouvoir viser la créativité. Les problèmes de conception sont typiquement des problèmes ouverts.

Les problèmes résolus

Avec les problèmes résolus, on fournit à l'élève la façon de résoudre le problème, c'est-à-dire la solution et la façon de l'atteindre. Ces problèmes sont particulièrement utiles en début d'apprentissage, quand le but est de transformer une connaissance déclarative (on a compris ce qu'il y avait à faire) en connaissance procédurale (on sait faire). Ils sont donc très pertinents pour des apprenants novices. Cependant, quand les novices progressent, quand l'apprentissage progresse, il est important de ne plus fournir la solution et de laisser les élèves résoudre les problèmes par eux-mêmes (Renkl & Atkinson, 2010 ; Paas & van Gog, 2006).

Les tâches de diagnostic et de détection d'erreurs

Ces tâches se trouvent à la frontière entre les tâches d'étude et celle de résolution de problème. Elles correspondent à des situations où les élèves ne doivent pas trouver la solution mais une erreur, un dysfonctionnement. Autrement dit, au lieu d'être confrontés à un état initial de la situation qu'ils doivent modifier pour atteindre un état final, les élèves sont directement confrontés à l'état final… mais celui-ci est insatisfaisant (ou susceptible de l'être). Les élèves doivent donc conduire un raisonnement régressif pour identifier l'erreur (ou le dysfonctionnement) et la cause de celle-ci. Ces tâches sont particulièrement exigeantes, car elles impliquent une compréhension profonde de la situation en même temps que la mise en œuvre d'une démarche de recherche d'erreur ou de diagnostic. Généralement utilisées comme situation d'évaluation, elles peuvent être utilisées comme situation de mise en application d'une méthode.

Synthèse : Que faire avant et pendant que les élèves résolvent des problèmes ?

Les tâches de résolution de problèmes sont extrêmement riches, intéressantes, motivantes, exigeantes et difficiles. Pour qu'elles soient utiles, lorsque nous concevons une telle tâche, nous devons veiller à :

- *définir clairement son objectif d'apprentissage : la tâche de résolution de problème est un moyen, ce n'est pas un but en soi (il s'agit de proposer des exer-*

- *cices d'entraînement si l'objectif est l'automatisation ; de proposer des problèmes mal définis si l'objectif est d'apprendre à définir des buts, etc. ; il s'agit aussi de savoir clairement si on poursuit un objectif de compréhension de la situation ou d'acquisition de savoir-faire, etc.) ;*
- *attirer l'attention des élèves sur le registre pertinent de traitement du problème, soit en le mentionnant directement, soit en le mettant en exergue dans l'énoncé ;*
- *enlever les difficultés ou les obstacles inutiles à l'apprentissage ;*
- *proposer des problèmes résolus en début d'apprentissage ;*
- *aider les élèves qui éprouvent des difficultés à résoudre le problème, sans dénaturer celui-ci au point de ne plus permettre l'apprentissage visé ;*
- *fournir des feedbacks constructifs quand les élèves font des erreurs ;*
- *former les élèves à un niveau métacognitif, c'est-à-dire leur faire apprendre les procédures de résolution de la catégorie de problèmes concernés (comment on résout un problème de géométrie analytique, comment on rédige une dissertation, etc.).*

7.3 Les tâches de recherche d'information

Au cours de ces 20 dernières années, les tâches de recherche d'information ont progressivement trouvé leur place dans l'enseignement, pour en constituer aujourd'hui une part importante. Cependant, cette pratique étant relativement nouvelle, les synthèses sur la question sont rares (en français : Boubée & Tricot, 2010 ; en anglais : Case, 2002 ; Rouet, 2006). Comme les tâches de résolution de problèmes, elles correspondent à des buts que les élèves ne savent pas atteindre spontanément. Mais, au lieu de trouver la solution par le raisonnement, on recherche la solution dans un document, une base de données, sur le Web, etc.

Ces tâches servent essentiellement à élaborer des connaissances déclaratives particulières, autrement dit des réponses à des questions factuelles, qui concernent des états du monde, des situations, des relations. On fait le pari que l'élève sera plus intéressé s'il recherche la réponse à la question que si le professeur la lui donne directement. Il s'agit d'un but motivationnel et, sans doute, d'impliquer l'élève dans une activité d'auto-questionnement qui devrait favoriser la compréhension. En outre, le but peut être d'acquérir des savoir-faire et des méthodes en recherche d'information, car cette tâche fait partie du quotidien des individus dans leur vie privée et professionnelle (voir la synthèse de Boubée & Tricot, 2011). Au cours de ces tâches, l'élève élabore un but informationnel plus ou moins précis, c'est-à-dire qu'il transforme le but formulé par le professeur en « qu'est-ce que je dois chercher ? », « où dois-je le chercher ? » et « comment dois-je le chercher ? ». À partir de ces buts, l'élève saisit une requête, examine la liste de résultats pour évaluer leur pertinence, reformule éventuellement sa requête, sélectionne des documents, les lit pour les comprendre et évaluer en quoi ils correspondent ou non au but. Il peut réitérer plusieurs fois sa recherche. Ces tâches nécessitent des moyens tels que documents et moteurs de recherche.

Les limites de ces tâches résident dans le fait que l'élève peut ne pas réussir à trouver ce qu'il cherche (parfois même ne pas se rendre compte qu'il a trouvé ce qu'il cherchait), oublier son but, ne pas réussir à formuler celui-ci, ne pas réussir à sélectionner le document pertinent parmi une liste, ne pas comprendre les documents qu'il a sélectionnés, ne pas savoir évaluer leur pertinence, ni la fiabilité de leur source (voir le numéro spécial de la revue *Learning & Instruction*, Stadtler & Brand-Gruwel, 2011). Pour le professeur, cette tâche peut être très difficile à mettre en œuvre. On peut en effet, être tenté de prévenir les difficultés des élèves en les guidant, voire en présélectionnant les documents à leur place. La tâche devient alors vite autre chose que de la recherche d'information : une simple tâche d'étude (avec les inconvénients en termes de faible intérêt, faible motivation). On peut au contraire être tenté par l'absence de guidage, mais on court le risque que les élèves ne trouvent pas, ne comprennent pas ce qu'ils trouvent, bref qu'ils n'apprennent strictement rien lors d'une recherche d'information.

Il manque beaucoup de travaux empiriques dans ce domaine pour pouvoir proposer des pistes de travail éprouvées (Järvelä, 2011). La discipline elle-même (la culture de l'information, l'information-documentation ou *information litteracy* en Anglais) n'est pas encore complètement instituée. On trouve cependant quelques ouvrages ouvrant des perspectives intéressantes et donnant de bons conseils pratiques, à partir de la recherche documentaire (par ex. Piolat, 2002 ; Bertrand Baschwitz, 2010).

Aider les élèves à chercher une information

- notamment avec les élèves les plus jeunes, segmenter la tâche, en laissant aux élèves la responsabilité de la conduite de l'activité, mais en faisant régulièrement, à chaque étape, le point avec eux. Mettre en œuvre un véritable soutien métacognitif et motivationnel.
- fournir de l'aide « à la demande », ou « au besoin », en distinguant bien l'aide fournie quand la recherche d'information est le but de l'apprentissage ou quand elle constitue le moyen pour une autre tâche, d'étude par exemple.
- enseigner les connaissances relatives à la recherche d'information, dans ses aspects procéduraux généraux (méthodologie de la recherche d'information) et déclaratifs (évaluation des sources notamment).

7.4 Les tâches de dialogue

Ces tâches sont d'une exceptionnelle richesse, elles permettent des apprentissages que les autres tâches ne permettent pas. En outre, elles sont superposables aux autres tâches d'apprentissage. Comme les tâches de résolution de problèmes et de recherche d'information, elles correspondent à des buts que les élèves ne savent pas atteindre spontanément. C'est en interagissant avec une ou plusieurs autres personnes (autres élèves ou professeur) que le but va être atteint. Tous les buts d'apprentissage peuvent être atteints par le dialogue, notamment ceux qui sont difficiles à atteindre autrement : prise de conscience, conceptualisation. Il faut distinguer trois types de dialogue.

La co-élaboration

Dans ce dialogue, c'est la confrontation de points de vue qui est le principal mécanisme, celui-ci soutenant le processus de prise de conscience, de production d'hypothèses et de recherche de solution.

L'aide

Dans ce dialogue, c'est une personne qui ne sait pas qui demande la réponse ou plus généralement de l'aide, à une autre personne. C'est un dialogue asymétrique où la qualité de l'écoute de celui qui procure l'aide est primordiale, parce qu'elle va lui permettre de diagnostiquer le besoin d'aide, pour ensuite envisager la nature de l'aide à fournir (le grand danger étant de fournir une aide à la tâche en cours qui ne permette pas d'atteindre l'objectif d'apprentissage visé).

Le questionnement

Parmi les tâches de dialogues, le questionnement est la plus utilisée dans les situations d'enseignement-apprentissage. Il représente l'identité même de l'école : c'est pratiquement la seule situation d'interaction sociale où l'on pose une question à quelqu'un alors qu'on connaît déjà la réponse. Réciproquement, c'est la seule situation où l'on doit répondre à quelqu'un alors que l'on sait qu'il connaît la réponse. C'est Socrate qui, avec sa fameuse « *Expérience de l'esclave* » de Ménon, a donné ses lettres de noblesse à la technique du questionnement, la maïeutique, c'est-à-dire à « *l'art de faire accoucher l'esprit* ».

Le dialogue de questionnement est le miroir du dialogue d'aide, il est instauré par celui qui sait. Il peut servir deux types de buts : la prise de conscience et la profondeur de traitement. S'il n'y a pas de moyens matériels spécifiques pour réussir cette tâche de dialogue, les moyens cognitifs et surtout métacognitifs à mettre en œuvre sont considérables.

Paradoxalement, les limites de ce type de tâche résident dans la facilité avec laquelle les humains dialoguent et qui est la source même des plus grandes difficultés. Lors de la conduite d'un dialogue pour l'apprentissage, on peut tout simplement oublier qu'on se trouve dans une telle situation et l'on se met à dialoguer « naturellement », à tenir une conversation au lieu de conduire une situation d'enseignement. Les élèves entre eux ne sont pas exonérés de ce danger et peuvent parfois tenir salon au lieu de répondre à la question qui leur est posée.

Ce questionnement, que l'on qualifie d'apprentissage, se distingue du questionnement d'évaluation. Au cœur de l'échange pédagogique, le questionnement d'apprentissage est centré sur les processus d'apprentissage et vise à favoriser leur mise en œuvre.

Le questionnement au **service de la prise de conscience :** l'objectif est ici centré sur la compréhension d'une action que l'élève sait déjà réaliser. Le dialogue a pour but de conduire l'élève à analyser ce qu'il est en train de faire ou a déjà fait. Pour cela on peut lui proposer de découper son action en étapes successives. Puis on peut le conduire à expliciter, avec ses propres mots, chacune des étapes, leur raison d'être, leur fonction, les critères qui permettent de décider que telle étape est terminée, etc. Enfin, le dialogue peut être l'occasion de proposer aux élèves de nommer telle ou telle action, leur fournir la dénomination communément acceptée.

Le questionnement au **service de la conceptualisation ou de la compréhension :** l'objectif est ici centré sur l'analyse et l'explicitation d'une situation ou d'un objet qui sont familiers à l'élève. Le questionnement sert simplement à se poser des questions que l'on ne se pose pas habituellement alors que le concept cible concerne une catégorie de situations ou d'objets qui sont visibles tous les jours. Par exemple, pour que les élèves élaborent le concept de pont, on peut leur poser des questions sur les ponts qui sont proches de l'école, de leur lieu d'habitation. Les questions concerneront alors les caractéristiques spécifiques, la fonction, la structure, etc. i.e. tout ce qui concerne le travail de conceptualisation habituellement. Ce questionnement produit typiquement un effet de profondeur de traitement. Il peut être intéressant que les élèves sachent le conduire pour eux-mêmes via un questionnement systématisé (Langevin, 1990) ou standardisé.

Réussir une tâche de questionnement

Poser des questions ne garantit pas que l'on obtienne les réponses espérées. Et trop espérer des réponses présente le risque de tomber dans le piège de la réponse attendue (cf. chapitre 10.4).

Principe général d'élaboration

Rieunier (2001) propose un principe d'élaboration d'un questionnement qui consiste à prendre les choses à l'envers, en partant de la fin. Autrement dit, définir le produit final puis concevoir la situation d'étude en fonction du résultat attendu (ressources à utiliser et questions à poser).

Nous devons veiller à :

- Adapter le niveau de technicité de notre discours.
- Donner à voir pour faire dire.
- Nous appuyer sur les réponses des élèves pour converger vers le savoir.

Nous pourrons, dans cette perspective, nous appuyer sur les questions suivantes :

- Quelle réponse je cherche à obtenir ?
- À quelles situations, j'associe cette réponse ? Dans quelles situations, j'utilise cette réponse ?
- Quel processus mental, j'applique dans ces situations ?
- Quelle(s) situation(s) d'étude vais-je proposer aux élèves ?
- Sur quel parcours raisonné (parcours mental) vais-je conduire l'élève pour qu'il construise la réponse ?
- Quelles sont les réponses que je suis prêt à accepter de la part des élèves ?

Le questionnement exige d'écouter très attentivement l'élève pour formuler une question constructive qui permette de l'aider à progresser vers la réponse. Le lecteur peut se référer à des exemples de questions comme celles proposées par Paul (1993).

Principe spécifique d'élaboration

Nous distinguons des questionnements qui visent à obtenir de la part des élèves des réponses simples (de type factuel, par rappel de connaissance acquises) et des questionnements qui génèreront des réponses complexes (Rieunier, 2001).

- Si l'on veut obtenir des réponses simples, il est souhaitable de poser la question à partir d'un objet réel ou de sa représentation (photo, dessin, schéma) et de proposer des questions fermées.
- Si l'on veut obtenir des réponses complexes, par exemple pour faire découvrir un principe, c'est-à-dire « poser des questions pour aboutir à une découverte », les choses se compliquent. Il ne suffit plus de présenter un objet concret ou sa représentation imagée pour obtenir la réponse souhaitée. Il faut construire un raisonnement logique, articulé, rigoureux, qui vise à faire apparaître clairement les relations qui unissent les concepts, donc les relations qui constituent le principe. Il faut faire appel à des activités mentales d'étayage et de guidage didactiques favorisant les processus d'apprentissage visés : comparaison, analogie, inférence, analyse, synthèse...

Une technique d'élaboration

Afin de faciliter la réussite de cette activité, il est souhaitable d'élaborer des traces écrites ou de faire élaborer des traces écrites par les élèves. Cela nécessite donc d'élaborer une trace tableau, des traces à projeter et des traces papier.

Pour opérationnaliser la conduite de cette activité, nous devons veiller à définir :

- Ce que l'on va montrer aux élèves.
- Le processus d'échange avec les élèves.
- Ce que l'on va consigner au tableau.
- Ce que l'enseignant va énoncer comme réponse institutionnelle, qui sera consignée dans le classeur.

De manière pragmatique (mais certes caricaturale), on pourra retenir que conduire une activité de questionnement c'est **« MONTRER pour ECHANGER et CONSIGNER pour FORMALISER ».**

La figure ci-dessous illustre les phases clés d'un scénario de conduite d'une activité de questionnement.

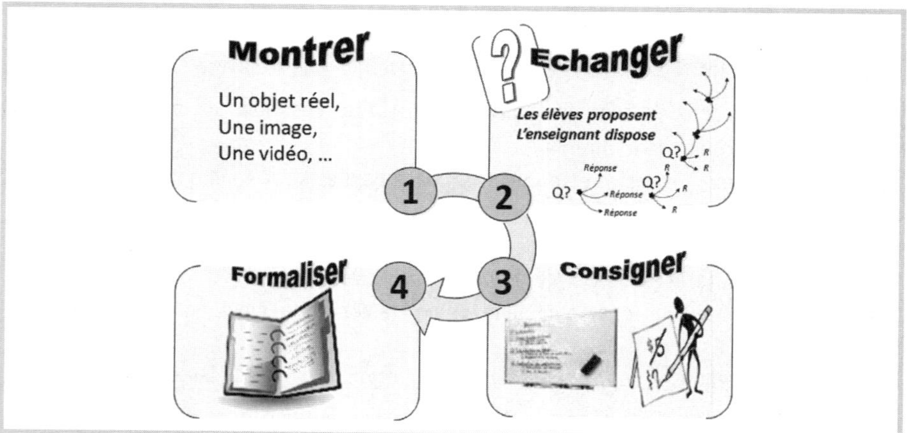

Synthèse

Le tableau suivant présente un résumé de cette partie, où nous avons présenté les tâches à faire faire aux élèves pour qu'ils apprennent et les tâches à mener par l'enseignant pour favoriser la réussite de l'apprentissage.

Tâche	Format de connaissance visé	Tâche enseignant
Tâches d'études Écouter un cours Lire un texte Traiter un document multimédia Étudier un cas	Acquisition de connaissances déclaratives particulières par compréhension	- favoriser la compréhension, - susciter les questions des élèves, - aider les élèves à repérer l'organisation du contenu, mettre en exergue les informations les plus importantes, - enlever les difficultés inutiles (de vocabulaire par ex), - utiliser des modalités sensorielles différentes (auditive et visuelle), - ne pas être redondant, - varier les codes de représentation (texte, image, vidéo), - enseigner des stratégies métacognitives de compréhension, - enseigner des techniques de prise de notes.
Tâches de résolution de problème Atteindre un but non atteignable spontanément **par raisonnement.** (Problèmes ordinaires, mal définis, ouverts, Exercices ; Problèmes résolus, de diagnostic ou détection d'erreurs)	- Connaissance déclarative particulière - Connaissance procédurale	- définir clairement l'objectif d'apprentissage, - attirer l'attention sur le registre pertinent de traitement, - enlever les difficultés ou les obstacles inutiles, - proposer des problèmes résolus en début d'apprentissage, - aider les élèves qui éprouvent des difficultés, - fournir des feedbacks constructifs, - former les élèves à un niveau métacognitif.
Tâche de recherche d'information Atteindre un but non atteignable spontanément **par recherche**	- Essentiellement des connaissances déclaratives particulières - Connaissance procédurales en recherche d'information	- segmenter la tâche, en laissant aux élèves la responsabilité de la conduite de l'activité, - faire régulièrement le point, - fournir de l'aide si besoin, - véritablement enseigner la recherche d'information.
Tâche de dialogue Atteindre un but non atteignable spontanément **par interaction sociale** (enseignant / élève (s) ; élève / élève)		

Tâche	Format de connaissance visé	Tâche enseignant
- La co-élaboration		- définir précisément les tâches des élèves ou leur demander de le faire, - réguler le dialogue pour qu'ils restent focalisé sur la tâche à réaliser, - conduire les élèves à confronter des points de vue, à rechercher des accords, à faire une synthèse à la fin, etc., - proposer aux élèves une sorte de scénario de déroulement du dialogue.
- L'aide	Tous formats	- être très attentif à ce que dit l'élève, à ce qu'il ne dit pas, à ce qu'il fait, aux difficultés qu'il rencontre mais qu'il n'exprime pas, - lui prêter l'intention d'être pertinent dans sa question (« un élève qui pose une question a forcément raison »), - lui fournir l'aide dont il a besoin en focalisant celle-ci sur la tâche à réaliser et non pas sur l'apprentissage à réaliser (on ne peut pas apprendre à la place d'un élève).
- Le questionnement		- bien définir les objectifs de celui-ci, - élaborer une stratégie de questionnement précise au service des processus d'apprentissage visés, - écouter très attentivement les élèves.

7.5 Les modes d'organisation des tâches

L'efficacité des tâches d'apprentissage dépend du temps consacré à la tâche, d'une organisation sociale adaptée et d'une organisation de l'espace de la salle de classe véritablement au service de la tâche.

Organiser le temps

Il est généralement plus efficace de distribuer l'apprentissage sur des périodes nombreuses, courtes et espacées que de réaliser l'apprentissage en une seule fois (à condition bien entendu que l'espace entre les périodes ne soit pas si important que l'on oublie d'une fois à l'autre). Dit autrement, l'apprentissage massé est généralement moins efficace que l'apprentissage distribué (Baddeley & Longman, 1978 ; Cepeda *et al.*, 2006 ; Rohrer & Taylor, 2006, 2007). Ce résultat a été répliqué maintes et maintes fois, mais il concerne bien entendu les situations où « tout est égal par ailleurs », notamment le temps total d'apprentissage, la connaissance apprise et les élèves. Cela ne concerne pas les cas où l'on doit apprendre par cœur quelque chose et le restituer immédiatement après l'apprentissage : dans ce cas, un apprentissage massé peut être plus efficace (Rawson & Kintsch, 2005). Conway et ses collègues (1997) ont conduit une expérience qui montre que les performances à un examen sont meilleures chez les étudiants qui disent « se souvenir » du contenu du cours (mémoire des souvenirs, proche de la mémoire littérale), quand l'examen a lieu juste après l'enseignement. En revanche, les étudiants qui disent « savoir » le contenu du cours (mémoire sémantique, véritables connaissances), ont de meilleures performances quand l'examen a lieu à la fin du semestre.

Les travaux qui étudient l'interaction entre rythmes circadiens et apprentissages scolaires montrent avec une remarquable régularité que les performances les meilleures sont atteintes en fin de matinée, les pires performances correspondent au début de l'après-midi, tandis que le début de la matinée et la fin de l'après-midi se situent entre les deux. En conséquence, si l'on a le choix dans ses horaires de la journée, on peut privilégier la fin de la matinée et éviter le début d'après-midi. La recommandation, fréquemment rappelée, de placer les apprentissages fondamentaux en fin de matinée et les moins fondamentaux (entretien de connaissances, activités ludiques) en début d'après-midi provient sans doute de personnes qui espèrent avoir un effet sur l'organisation du système éducatif, avec le succès que l'on sait, en France tout du moins.

Plus les élèves sont jeunes et plus leur attention est disponible pendant des périodes courtes. L'unité de temps d'apprentissage (*i.e.* celle qui correspond à la réalisation d'une tâche) a donc intérêt à être d'autant plus courte que les élèves sont jeunes : de quelques très courtes minutes avant 5 ans, à 20 voire 30 minutes en fin de scolarité secondaire. Entre ces plages d'attention disponible, des micro-pauses de quelques secondes sont généralement plus efficaces que l'absence de pause.

Organiser les relations

Les humains disposent de connaissances primaires très efficaces la plupart du temps pour communiquer et vivre en groupe. Nous mobilisons souvent ces connaissances primaires avec aisance, voire avec plaisir. Et c'est en communiquant et en vivant en groupe que se réalisent la plupart des apprentissages des compétences sociales : confronter, négocier, échanger, connaître autrui, etc. Avoir des relations au sein d'un groupe est donc un support privilégié pour les apprentissages.

Cependant, ces connaissances primaires ne concernent manifestement pas le travail en groupe. Il n'y a absolument aucune raison pour croire que les élèves sont naturellement doués pour travailler ensemble. Travailler ensemble requiert en effet :

- d'élaborer un but commun.
- D'élaborer ensemble une façon d'atteindre le but commun et d'aménager un temps pour atteindre le but.
- De décider ensemble de la répartition des tâches pour mettre en œuvre la façon d'atteindre le but. En particulier, on peut décider d'une répartition coopérative du travail (chacun a une sous-tâche différente à réaliser) ou d'une répartition collaborative (les membres du groupe réalisent tous la même sous-tâche).
- De réguler l'activité, c'est-à-dire repérer si ce que les membres du groupe font correspond non seulement à ce qui était prévu dans le temps qui était prévu, mais surtout permet de se rapprocher du but ; puis prendre des décisions de régulation (changer de but, changer de façon, changer de répartition, ne rien changer).
- D'évaluer l'activité, c'est-à-dire identifier que le but a été atteint ou non, dans le temps qui était prévu ou non ; puis prendre des décisions de régulation ou d'arrêt de l'activité.

Pour faire face à cette complexité, il existe des formes standards d'organisation du travail de groupe dans un contexte scolaire. Ces organisations standards fournissent en quelque sorte un scénario que nous allons pouvoir expliquer à nos élèves et qui va nous permettre de les soutenir dans le travail de planification, de régulation et d'évaluation de leur travail (Peyrat, 2011).

En outre, cette complexité est telle qu'il n'y a aucune raison pour travailler en groupe si la tâche est plus aisément réalisée tout seul. Ce point nous semble fondamental. Pour communiquer et vivre en groupe il faut être plusieurs, par définition. Pour négocier il faut être au moins deux. Pour échanger aussi. Mais pour travailler, il n'est pas nécessaire d'être plusieurs. « Forcer » le travail en groupe dans des situations où il est inutile, présente le plus grand risque de desservir le travail en groupe (Baker, 2008).

Les formes standards d'organisation du travail en groupe dans un contexte scolaire

Binômes d'entraide

C'est une organisation où deux élèves d'un niveau scolaire proche doivent réaliser ensemble une tâche, selon un mode généralement collaboratif. Les binômes d'entraide sont utilisés notamment pour les tâches de résolution de problème et de recherche d'information.

Binômes de tutorat asymétriques

C'est une organisation où deux élèves d'un niveau différent doivent endosser des rôles différents : l'un est le « tuteur » il doit expliquer, l'autre est le « tutoré », il doit écouter les explications, poser des questions, etc. De nombreux travaux montrent qu'un binôme de tutorat où chacun remplit bien son rôle et où la tâche est bien adaptée, devient bénéfique pour les deux élèves. Le premier bénéficie d'une situation d'explicitation de ses connaissances. Le second bénéficie d'une explication différente de celle de son enseignant.

Binômes de tutorat réciproque

C'est une organisation en binôme de tutorat où chaque élève prend alternativement les deux rôles, le rôle du tuteur étant cette fois plus focalisé sur le feedback que sur l'explication.

Groupe restreint

C'est une organisation en groupe de 3 à 6 élèves, qui peut éventuellement se prêter à une organisation collaborative, mais qui se prête surtout à une organisation coopérative. C'est l'organisation privilégiée des apprentissages par projet, des tâches de confrontation, etc. Cependant, on atteint ici des niveaux de complexité dans l'organisation qui peuvent être très élevés (Kirschner, Paas & Kirschner, 2008, 2009). Le plus souvent, les élèves ont besoin d'un enseignant qui les soutient activement dans leur organisation, au risque que les élèves utilisent toutes leurs ressources à s'organiser, plutôt qu'à réaliser la tâche et à apprendre (Moguel, Tchounikine & Tricot, 2012).

Groupe étendu

C'est une organisation à plus de 6 ou 7 élèves et qui peut aller jusqu'à la demi-classe. Ce n'est, le plus souvent, pas un véritable groupe de travail, dans le sens où il n'y a pas un but commun, mais plutôt une configuration de la classe pour que l'enseignant puisse mieux se consacrer aux élèves qui en ont le plus besoin.

Organiser le lieu

Organiser le lieu des apprentissages, c'est d'abord décider de ce qui s'apprendra dans la classe et de ce qui s'apprendra hors de la classe, dans le travail à la maison.

Le travail à la maison. Les résultats dans ce domaine incitent à la prudence car il n'est pas certain que le travail à la maison soit une bonne solution pour apprendre. Ce serait plutôt la conséquence d'un apprentissage inefficace en classe : on finit d'apprendre à la maison ce que l'on n'a pas pu apprendre en classe. Il y aurait une sorte de cercle vicieux : faire des programmes trop chargés –> des objectifs de séances inatteignables -> tous les élèves ne réussissent pas la tâche -> travail à finir à la maison, d'autant plus important que l'élève a peu réussi la tâche en classe -> accumulation d'un retard toujours plus important / d'un décalage plus important entre le niveau des élèves et les attendus du programme. En dehors de cela, le travail à la maison peut être rationnellement conçu parce qu'il permet de réaliser une tâche ou un apprentissage de façon plus efficace qu'en classe. Dans ce cas, le travail à la maison est évidemment tout à fait justifié. On peut définir précisément les tâches qu'il y a à réaliser et la manière de les réaliser, comme l'ont fait collectivement les enseignants du collège et des écoles de Fenouillet en Haute-Garonne (cf. tableau 3).

Tableau 3

Cinq tâches de travail à la maison

Tâche	Définition	Comment faire ?
1. Apprendre par cœur	Je suis capable de restituer mot à mot à l'oral et à l'écrit	Je lis plusieurs fois, à voix basse ou à voix haute Je le cache, je le récite oralement Je l'écris Je vérifie que je sais le dire et l'écrire
2. Reformuler	Je vérifie que j'ai bien compris ce que j'ai appris	Je vérifie que je suis capable de redire avec mes propres mots, d'expliquer à quelqu'un d'autre, les étapes essentielles de la leçon (d'où on est parti, par où on est passé, où on est arrivé)
3. S'entraîner	Je fais des exercices ressemblants à ceux réussis et corrigés en classe	Si besoin je relis l'exercice modèle corrigé et réussi Je fais des exercices et je vérifie avec la correction s'ils sont réussis Je compte mes réussites
4. Préparer une évaluation	Je montre ce que j'ai appris et ce que je sais faire	J'ai vérifie que j'ai compris ce que l'enseignant va me demander J'imagine les questions que l'on peut me poser et j'y réponds Je dors, je mange, je suis en bonne forme pour l'évaluation Après la correction du contrôle, je retiens ce qui m'a aidé à réussir
5. Réaliser des recherches	Je cherche les documents qui me permettront de réaliser en classe la tâche demandée (par ex. un exposé).	Je me demande ce que l'on attend de moi Je me pose des questions à propos de ce thème, je me rappelle ce que je sais déjà Je cherche ce qu'il me manque Je choisis les supports que je vais apporter en classe (après les avoir lus)

Le lieu au service de la tâche. On peut ensuite configurer la salle de classe en fonction des tâches que les élèves auront à réaliser. Devront-ils travailler en groupes restreints ? En binôme ? Regarder au tableau ? Discuter en grand groupe ? M'écouter et répondre à mes questions ? La configuration spatiale de la classe est tout simplement au service de la tâche et des relations. Il est souvent plus efficace de prendre 2 minutes pour changer la configuration de la salle plutôt que d'en perdre 15 à cause d'une mauvaise configuration.

Le lieu au service de l'attention. Enfin, l'organisation de l'espace peut prendre en compte l'attention des élèves. Un des effets les plus connus pour gêner l'apprentissage est l'effet de partage de l'attention (Chandler & Sweller, 1991, 1992). Les élèves, et les humains en général, sont incapables de faire attention à deux choses en même temps, que ce soit pour leur attention visuelle ou pour leur attention auditive. Ainsi, la configuration du lieu peut-elle s'efforcer de focaliser l'attention des élèves sur une chose et une seule plutôt que de distraire leur attention. Par exemple, une affiche intéressante ou amusante juste à côté du tableau est le plus sûr moyen pour que la majorité des élèves ne regardent pas le tableau.

7.6 Comment favoriser les apprentissages complexes ?

Très tôt dans la scolarité les objectifs d'apprentissage poursuivis peuvent être complexes, dans le sens où plusieurs connaissances doivent être apprises et mobilisées conjointement pour réaliser des tâches elles-mêmes complexes (i.e. qui impliquent la réalisation de différents sous-buts dans des registres différents). Par exemple, apprendre à rédiger une rédaction est un apprentissage complexe, qui implique la réalisation de tâches aussi différentes que : comprendre le sujet ; répondre au sujet ; planifier son activité de rédaction ; organiser ses idées ; faire un plan ; mettre en mot ses idées ; orthographier correctement ; vérifier que ce que l'on a écrit répond bien au sujet ; vérifier que ce que l'on a écrit est correctement orthographié ; vérifier que l'on aura assez de temps pour finir, etc. Plus les études avancent, et plus ces apprentissages complexes sont nombreux.

En outre, ces apprentissages complexes peuvent avoir une finalité professionnelle : dans les universités de médecine, les instituts universitaires de technologie ou les écoles d'ingénieurs, les étudiants sont, au bout du compte, là pour apprendre à réaliser des tâches. Chaque connaissance apprise trouve son sens dans la ou les tâches qu'elle permet de mettre en œuvre. Concevoir un enseignement revient donc à articuler des objectifs d'apprentissages entre eux pour planifier des séquences d'enseignement qui pourront durer plusieurs semaines ou plusieurs mois, parfois même plusieurs années.

Il nous semble que la démarche que nous décrivons dans ce guide pratique se prête tout particulièrement à ce type de problème de conception. Nous pourrions la résumer comme ceci :

- Analyser les tâches – objectifs de l'apprentissage.
- Analyser les connaissances nécessaires à la réalisation de ces tâches, en termes de format et de contenu.
- Analyser les processus d'apprentissage qui correspondent à ces tâches et à ces connaissances, sur les volets cognitifs et métacognitifs.
- Définir et mettre en lien l'ensemble des tâches – objectifs de l'apprentissage et des connaissances.
- Concevoir des tâches, les plus proches possibles des tâches – objectifs de l'apprentissage, qui permettent la mise en œuvre des processus d'apprentissage visés.
- Concevoir des situations les plus proches possibles des situations de référence pour mettre en œuvre ces tâches d'apprentissage.

Par exemple, dans les universités de médecine, si l'enseignement vise la réalisation de tâche de diagnostic médical, alors les tâches d'apprentissage seront le plus possible des tâches de diagnostic (Janssen-Noordma *et al.*, 2006). Si, dans les universités de droit, l'enseignement concerne des tâches de recherche d'information, alors les tâches d'apprentissages seront le plus possible des tâches de recherche d'information. La tâche devient l'objectif d'apprentissage mais aussi le moyen d'apprendre et le support de la motivation. Cependant, ce sont bien des connaissances qui permettent de réaliser ces tâches et qui soutiennent les apprentissages complexes. Sinon, cela ferait bien longtemps qu'on aurait supprimé les universités de médecine et qu'on se serait contenté d'envoyer les futurs médecins s'entraîner à l'hôpital.

Pour plus de détails sur les apprentissages complexes, nous renvoyons vers le magistral ouvrage de van Merrienboer et Kirschner (2007), *Ten steps to complex learning.*

SYNTHÈSE

« QUELLES TÂCHES FAIRE FAIRE AUX ÉLÈVES ? »

Un aspect important de la conception d'un enseignement concerne les tâches. Elles sont au service des apprentissages, chacune avec ses fonctions et ses limites.

Les tâches d'étude sont les plus répandues : écouter un cours, lire un texte, regarder une image, etc. Elles servent le plus souvent à acquérir des connaissances déclaratives particulières et fonctionnent essentiellement par la mise en œuvre du processus de compréhension, ainsi que d'une activité de prise de notes. Les limites de ces tâches sont leur faible motivation, voire l'ennui des élèves ainsi qu'un faible contrôle de la part du professeur. Favoriser la compréhension, l'action effective des élèves, leur repérage de l'organisation du contenu et l'apprentissage de techniques de prise de notes efficaces constituent probablement les enjeux majeurs de la réussite de ces tâches.

Les tâches de résolution de problème sont souvent intéressantes et motivantes. Elles correspondent aux situations où l'élève doit essayer d'atteindre un but (i.e. transformer la situation) alors qu'il ne sait pas l'atteindre spontanément. Ce type de tâche permet de comprendre la situation et/ou d'élaborer une connaissance procédurale (méthode ou savoir-faire) qui correspond à la suite d'actions et d'opérations qui permettent de passer de l'énoncé du problème (état initial) à sa solution (état but). Elles impliquent aussi des traitements métacognitifs souvent exigeants. Le calibrage et l'étayage de la tâche sont des aspects absolument cruciaux de la résolution de problème au service des apprentissages.

Les tâches de recherche d'information ont progressivement trouvé leur place dans l'enseignement. Elles correspondent à des buts que les élèves ne savent pas atteindre spontanément. Mais, au lieu de trouver la solution par le raisonnement, on recherche la solution dans un document, une base de données, sur le Web, etc. Ces tâches servent essentiellement à élaborer des connaissances déclaratives particulières, mais aussi des savoir-faire et des méthodes en recherche d'information. Ces tâches pouvant être très difficiles, il est parfois nécessaire, notamment avec les élèves les plus jeunes, de segmenter la tâche, de faire régulièrement le point avec eux.

Les tâches de dialogue sont d'une exceptionnelle richesse, elles permettent tous les apprentissages, notamment ceux qui sont difficiles à réaliser avec d'autres tâches, comme la prise de conscience et la conceptualisation. En outre, elles sont superposables aux autres tâches d'apprentissage. Les trois types de dialogue (co-élaboration, aide et questionnement) sont peut-être plus délicats à maîtriser que les autres tâches car ils nous paraissent plus faciles, plus naturels.

Les tâches complexes doivent être identifiées et caractérisées. Leur apprentissage doit faire l'objet d'un traitement cognitif, métacognitif et motivationnel adapté (cf. van Merrienboer et Kirschner, 2007).

Les modes d'organisation des tâches consistent à définir le temps, l'organisation sociale et le lieu les plus à même de servir la tâche.

POUR ALLER PLUS LOIN

Dochy F., Segers M., Van den Bossche P., & Gijbels D. (2003). Effects of Problem-based learning : a meta-analysis. *Learning & Instruction, 13*, 533-568.

Kirschner, F., Paas, F., & Kirschner, P.A. (2009). Individual and group-based learning from complex cognitive tasks : Effects on retention and transfer efficiency. *Computers in Human Behavior, 25*, 306- 314.

Renkl, A., & Atkinson, R. K. (2010). Problem solving and worked-out examples. In J. Plass, R. Moreno, & R. Brunken (Eds), *Cognitive load : theory and application*. Cambridge University Press.

Rohrer, D., & Taylor, K. (2007). The shuffling of mathematics practice problems improves learning. *Instructional Science, 35*, 481-498.

Van Merrienboer, J.J.G. & Kirschner, P. (2007). *Ten steps to complex learning : A systematic approach to four-component instructional design*. London : Lawrence Erlbaum.

Chapitre 8

Comment motiver les élèves ?

Nous avons vu dans le chapitre 3 que la motivation des élèves était liée à deux dimensions principales : la façon dont ils se représentent les buts d'apprentissage et la façon dont ils se représentent eux-mêmes comme capables ou non de réaliser les tâches d'apprentissage qu'on leur propose. Dans cette partie, nous allons aborder deux réponses à la question de la motivation : la réponse par les tâches et celle par l'évaluation.

Les techniques que nous présentons ci-dessous mettent en œuvre des façons de concevoir des tâches et des évaluations qui améliorent la représentation des buts et la capacité des élèves à les atteindre (voir les synthèses de Ames & Archer, 1988 ; Fredericks *et al.* 2004).

8.1 Comment concevoir des tâches motivantes ?

Montrer l'utilité (le sens) des connaissances et des tâches d'apprentissage

La première action que l'on peut mener pour concevoir une tâche d'apprentissage motivante, c'est simplement de définir l'**utilité de la connaissance** (Hulleman & Harackiewicz, 2009 ; Hulleman *et al.*, 2010) : À quoi sert cette connaissance ? Que va-t-elle permettre de faire ? Quels problèmes va-t-elle permettre de résoudre ? Quelles situations va-t-elle permettre de comprendre ?

Cette utilité peut être :

- externe à l'institution scolaire : la vie professionnelle, les loisirs, l'épanouissement ou l'intérêt personnel de l'élève, la culture populaire non scolaire, par exemple,
- interne à l'institution scolaire : préparer l'année suivante, illustrer une notion abordée dans une discipline scolaire différente, compléter la compréhension d'une situation, corriger certaines approximations, perfectionner un savoir-faire, etc..

Montrer l'utilité d'une connaissance ne suffit pas : il est aussi nécessaire de bien mettre en exergue **l'utilité de la tâche proposée** (Schechter *et al.* 2011).

Si l'on demande aux élèves de réaliser telle tâche, c'est parce que sa réalisation permettra d'acquérir telle connaissance, dont on a par ailleurs montré l'utilité. Parfois, alors que ce lien nous semble évident, nous oublions de l'expliquer aux élèves qui se demandent bien pourquoi on leur demande de résoudre tel problème, de préparer tel exposé.

Concrètement, cette première approche de la motivation consiste simplement à répondre aux deux questions « pourquoi » dès le début d'une heure d'enseignement, d'une nouvelle séquence d'enseignement : pourquoi apprendre cela ? Pourquoi de cette façon ?

C'est souvent très aisé. Cependant, les programmes scolaires ou les curricula sont parfois conçus par des personnes qui, n'étant pas chargés de les enseigner, ont vu de haut la question du sens ou de l'utilité. D'un autre côté, certains élèves, ou certains stagiaires en formation professionnelle, ne sont plus trop capables d'accepter que le sens d'une connaissance soit interne à l'institution de formation : ils semblent avoir besoin d'une approche systématiquement externe de l'utilité des connaissances.

Proposer des tâches nouvelles, diverses, variées, voire des détours

La seconde façon d'améliorer la motivation consiste à surprendre les élèves par les tâches proposées. Il ne s'agit pas de changer le type de connaissance à apprendre, ni même l'organisation ou le temps de la séance d'enseignement, mais bien les tâches, c'est-à-dire ce que les élèves ont à faire. Le but est simplement de fuir la routine, avec, par exemple, le support des nouvelles technologies (vous trouverez des centaines d'études qui montrent l'effet positif des nouvelles technologies sur la motivation). On ne peut pas considérer, cependant, les innovations technologiques comme des innovations pédagogiques.

Un moyen particulièrement intéressant de changer de tâches est d'utiliser ce qui est généralement connu sous le nom de « détour » : on conçoit une tâche qui porte une signification éloignée de l'apprentissage visé et des tâches habituelles.

Exemple : une pédagogie de détour à propos de la dictée en Français

Monique Erraçarret est professeur de français dans un collège. Lors d'une formation sur la motivation, elle s'est demandée comment mettre en œuvre les pistes... qui sont présentées dans ce chapitre. Elle a décidé de s'attaquer à la dictée pour la désacraliser, en faire une tâche motivante et porteuse d'apprentissage. Pour ce qui est des apprentissages, elle a pensé que la dictée pouvait permettre de renforcer le contrôle métacognitif de l'orthographe : apprendre à vérifier, analyser et corriger les erreurs orthographiques. Sachant que le contrôle métacognitif est favorisé par le travail en binôme de niveau équivalent, elle a décidé que la dictée se ferait en binômes. Voulant jouer sur l'effet de surprise et le détour, elle a prévenu ses élèves qu'elle venait d'inventer une nouvelle discipline : l'orthosport. C'est un sport qui se pratique par équipe de deux. Il s'agit de recopier ce que dit l'enseignante, mais chaque membre du binôme prend alternativement un paragraphe. À la fin de chaque paragraphe, chaque binôme relit et corrige, en faisant bien attention parce que la note obtenue sera celle des deux élèves. Pendant les phases d'écriture, il doit y avoir le silence, tandis que pendant les moments de correction les élèves chuchotent. Les résultats de l'orthosport furent très positifs sur la motivation (au point que l'enseignante s'est vue demander « de l'orthosport » par ses élèves), sur les performances en orthographe de tous les élèves, et les progrès des élèves les moins performants au départ furent plus importants que ceux des autres élèves.

Le but est d'être tellement loin du cadre scolaire habituel que les élèves qui pensent ne pas être capables de réussir une tâche habituelle n'activeront pas cette représentation négative d'eux mêmes. C'est ce qui a été magnifiquement montré par les expériences de Monteil et Huguet (1991 ; rapportées dans la partie 10.3.1), où le simple fait de désigner une tâche comme relevant du dessin plutôt que de la géométrie parvient à accroître très significativement les performances des élèves habituellement désignés comme « faibles ». C'est plus généralement ce qu'ont montré les innombrables travaux sur la menace du stéréotype (Steele & Aronson, 1995) : selon la signification de la tâche qui est activée, les individus, quels qu'ils soient, vont avoir des performances plus élevées quand ils ne perçoivent pas cette signification comme menaçante. Tout stéréotype social, qu'il soit raciste, sexiste ou autre, agit comme une menace : les filles sont moins fortes en mathématiques que les garçons, les Noirs sont moins intelligents que les Blancs, les blondes moins intelligentes que les autres femmes, les mauvais élèves sont moins intelligents que les bons, etc.

Proposer des tâches avec un degré de défi raisonnable

Un point crucial de la motivation est, nous l'avons vu, que l'élève pense qu'il est capable de faire ce qu'on lui demande.

En ce sens, une qualité essentielle de la tâche est donc qu'elle soit à la portée des élèves et perçue comme telle. D'un autre côté, une tâche trop facile, une situation dans laquelle aucun apprentissage n'est en jeu, n'est pas du tout motivante car elle n'a aucune utilité. Concevoir une tâche d'apprentissage motivante consiste donc à concevoir une tâche ni trop facile, ni trop difficile et perçue comme telle !

Atteindre un tel objectif de conception n'est pas facile. Nous y avons consacré une bonne partie du chapitre 7. Il existe quatre grandes voies :

- La première consiste à **se focaliser sur l'évaluation** des **connaissances des élèves** comme entrée dans la conception des tâches d'apprentissage : c'est en sachant où en sont les élèves qu'on ajuste le mieux la difficulté de chaque tâche.
- La deuxième consiste à **établir une relation de confiance avec les élèves :** « si je vous propose cette tâche, c'est parce qu'elle est faisable par tous ». C'est en s'efforçant de ne proposer que des tâches à la portée de tous (et non pas de la moitié de la classe) que l'on gagnera la confiance des élèves. Et chaque nouvelle tâche sera perçue comme réalisable.
- La troisième consiste à **diminuer la difficulté de la tâche** (par exemple : difficulté du problème, difficulté de compréhension de l'énoncé, difficulté due au nombre d'étapes de raisonnement à franchir, au nombre d'information à prendre en compte) **sans diminuer l'enjeu d'apprentissage**, c'est-à-dire sans dénaturer la connaissance à apprendre.
- La quatrième consiste à **se focaliser sur la régulation** de **la situation :** c'est au cours de la réalisation de la tâche que l'enseignant peut se rendre compte que celle-ci n'est pas directement atteignable. Il peut alors proposer à l'élève de l'aider, réduisant ainsi la difficulté de la tâche.

Aider les élèves à établir des buts personnels et proximaux

Un autre axe de travail est efficace dans le domaine de la motivation : développer la motivation intrinsèque. Il s'agit simplement de faire prendre conscience aux élèves qu'ils apprennent pour eux-mêmes et non pas pour leurs professeurs, leurs parents, etc.

Cela peut parfois paraître difficile avec les élèves les plus jeunes, mais, avec l'adolescence, c'est une dimension qui peut être abordée directement et fréquemment. Il est assez probable qu'une des meilleures façons de susciter cette prise de conscience réside dans la conduite de projets d'élèves : il s'agit de faire participer chaque élève au choix du sujet, à l'élaboration de la méthodologie, à la production de connaissances, à la présentation de celles-ci, etc. Une autre façon consiste à articuler cette prise de conscience avec le travail en éducation à l'orientation, pour montrer aux élèves que les buts de l'école ne sont pas restreints à l'école et externes à eux, mais bien au contraire, internes à eux et externes à l'école. Enfin, c'est dans les tâches les plus quotidiennes, les discours les plus simples, que ce fait évident peut être rappelé.

Poursuivre des buts de maîtrise plutôt que de performance

Les élèves peuvent poursuivre des buts de maîtrise ou de performance, les premiers étant généralement plus efficaces que les seconds. La façon dont on enseigne peut avoir des effets sur l'orientation des buts des élèves (Ames & Archer, 1988). C'est le cas notamment quand :

- La réussite est définie comme un progrès plutôt que comme une forte performance normative (bonne note).
- La valeur est placée sur l'effort, l'apprentissage plutôt que sur une aptitude normative élevée.
- Les raisons de satisfaction viennent plus du fait de travailler dur, de relever des défis que de faire mieux que les autres.
- L'enseignant est orienté sur comment les élèves apprennent plutôt que comment les élèves réussissent.
- Les erreurs sont perçues comme inhérentes à l'apprentissage plutôt que comme sources d'anxiété.
- L'attention est centrée sur le processus d'apprentissage plutôt que sur la performance personnelle relative à celle des autres.

Conduire les élèves à formuler ce qu'ils savent et savent faire

Une autre façon de développer la motivation consiste à proposer des situations où les élèves devront choisir eux-mêmes une connaissance qu'ils maîtrisent et la présenter à l'enseignant et/ou aux autres élèves. Ainsi, plutôt que de se trouver dans une situation habituelle où il ne maîtrise pas le fait qu'il va être interrogé à propos de telle ou telle connaissance, d'où un risque de ne pas savoir, il a une totale maîtrise du choix. Plus généralement, le fait d'avoir de choix dans les tâches d'apprentissage a un effet positif (voir la synthèse de Katz & Assor, 2007).

8.2 Comment concevoir des évaluations motivantes ?

L'évaluation joue un rôle important dans la motivation. C'est sous cet angle que nous l'abordons maintenant. L'évaluation est en effet un retour qui est envoyé par l'enseignant à un élève, c'est un jugement de sa performance, de son apprentissage et, dans bien des cas, de sa personne (même si l'enseignant ne pense pas juger la personne, l'élève peut percevoir que le jugement de sa performance correspond à un jugement de sa personne). À long terme, la représentation que l'élève a de lui-même, et de ses capacités, subit l'influence directe des évaluations qu'il a reçues.

Dans cette partie, nous recensons les moyens d'utiliser l'évaluation pour favoriser la motivation plutôt que la démotivation des élèves (Ames & Archer, 1988). Globalement, l'approche consiste à focaliser l'évaluation non par sur la personne ou ses performances mais sur les progrès qu'elle a réalisés, et sur l'apprentissage qu'elle a réalisé.

La centration sur le progrès. Cela consiste à rendre compte à l'élève d'une différence entre ce qu'il sait ou sait faire aujourd'hui et ce qu'il savait ou savait faire auparavant. Cette technique se prête particulièrement bien à l'enseignement en séquences ou en cycles de quelques semaines. Une évaluation des connaissances est réalisée en début de séquence. Une autre en fin de séquence. Les deux évaluations sont au même niveau d'exigence. Elles concernent les mêmes connaissances. Le retour de l'enseignant vers l'élève concerne le progrès réalisé et non pas la performance en fin de séquence. Ainsi, faire des progrès est autant à la portée des élèves en difficulté que des élèves en facilité.

La centration sur la maîtrise. Il s'agit de centrer l'évaluation sur la maîtrise de la connaissance plutôt que sur la performance atteinte : peu importe le résultat, l'erreur de calcul ou d'exécution, ce qui compte c'est que l'élève a identifié la procédure, la connaissance à mettre en œuvre et maîtrise cette connaissance, sait mettre en œuvre la procédure.

Faire des évaluations privées, non publiques. Il s'agit simplement de ne pas annoncer les notes obtenues par chaque élève à toute la classe, mais à chaque élève en particulier.

Valoriser l'effort personnel. Plutôt que de mettre en valeur les performances des élèves, le professeur valorise les efforts de ceux-ci, quels qu'en soient les résultats.

Encourager la conception de l'erreur comme inhérente à l'apprentissage. Il s'agit de considérer que l'important est dans l'apprentissage et dans l'effort. Ainsi, un élève qui fait une erreur est en train d'essayer, il fait un effort, il apprend. Un élève qui ne fait rien... ne fait pas d'erreur !

Exemple : évaluer le progrès en anglais

Centrer l'évaluation sur le progrès et la maîtrise est très courant dans certaines disciplines comme l'éducation physique et sportive. Cela est moins fréquent dans d'autres. Karine Barrère, qui est professeur d'anglais en collège, a tenté de répliquer une façon de centrer l'évaluation sur le progrès utilisée par ses collègues d'éducation physique et sportive. Préalablement à une séquence, elle a proposé à ses élèves une évaluation qui consistait à transformer 10 phrases en utilisant une règle grammaticale. Elle a indiqué à ses élèves que le même type d'évaluation aurait lieu en fin de séquence, toujours avec 10 phrases à transformer, et que ceux qui obtiendraient une meilleure performance à la fin de la séquence qu'au début auraient des points de bonus, spécialement ceux qui passeraient du dessous de la moyenne au dessus de la moyenne. Au cours de cette séquence, l'engagement des élèves a été remarquable, particulièrement celui des élèves qui habituellement baissaient rapidement les bras.

SYNTHÈSE

« COMMENT MOTIVER LES ÉLÈVES ? »

Il est possible d'avoir un effet positif sur la motivation des élèves, par le climat que l'on instaure dans la classe, par la façon dont on présente et dont on conçoit les objectifs d'apprentissage, les tâches et les évaluations. Il faudrait en particulier :

- montrer l'utilité, le sens, des connaissances et des tâches d'apprentissage ;
- proposer des tâches nouvelles, diverses, variées, voire des détours ;
- proposer des tâches avec un degré de défi raisonnable ;
- aider les élèves à établir des buts personnels et proximaux ;
- poursuivre des buts de maîtrise plutôt que de performance ;
- conduire les élèves à formuler ce qu'ils savent et savent faire.

Focaliser l'évaluation non par sur la personne ou ses performances mais sur les progrès qu'elle a réalisés et sur l'apprentissage qu'elle a réalisé, valoriser l'effort personnel et encourager la conception de l'erreur comme inhérente à l'apprentissage.

POUR ALLER PLUS LOIN

Bandura, A. (2007). *L'auto-efficacité*. Bruxelles : De Boeck.

Bourgeois, E. & Galland, B. (Éds), (2006). *(Se) motiver à apprendre*. Paris : PUF.

Carré, P., & Fenouillet, F. (Éds), (2008). *Traité de psychologie de la motivation*. Paris : Dunod.

Reeve, J. (2011). *Psychologie de la motivation et des émotions*. Bruxelles : De Boeck.

Viau, R. (2009). *La motivation en contexte scolaire*. Bruxelles : De Boeck.

Chapitre 9

Comment aider les élèves à apprendre ?

Puisque les élèves apprennent les connaissances scolaires en réalisant des tâches, une partie importante de la réussite des apprentissages réside dans la capacité des élèves à réaliser ces tâches. Dans cette partie, nous allons donc recenser les manières efficaces d'apprendre à planifier, à contrôler et à évaluer la réalisation de certains méta-apprentissages que sont : apprendre à comprendre, résoudre les problèmes, gérer le temps et prendre des notes.

9.1 Comment apprendre à comprendre ?

Pour enseigner la compréhension, il faudrait conduire les élèves à élaborer des connaissances stratégiques pour qu'ils organisent de façon efficace :

- leur activité de planification, d'auto-régulation et d'évaluation de leurs tâches de compréhension,
- leur activité de traitement des caractéristiques critiques du texte pour la compréhension écrite.

Il faudrait donc que les élèves apprennent :

- à contrôler leur propre compréhension,
- à représenter graphiquement le contenu de ce qu'ils comprennent,
- à repérer la structure des textes,
- à répondre à des questions,
- à poser des questions,
- à résumer (voir la synthèse de Bianco, 2003).
- à repérer et à traiter les marques linguistiques de cohésion (ponctuation, connecteurs, marques référentielles) à résoudre les anaphores, à effectuer des inférences.

Dans ce domaine (voir la synthèse de Goumi, 2008), les approches stratégiques multiples (celles qui prennent en compte l'ensemble des points que nous venons de mentionner ainsi que la motivation, comme l'approche de Guthrie *et al.*, 2007) sont plus efficaces que les approches stratégiques spécifiques (celles qui ne prennent en compte qu'un point).

Exemple : enseigner la compréhension au Cycle III

Les enseignants de l'école La Bastide de Grenade sur Garonne se sont demandés comment utiliser la littérature sur l'enseignement de la compréhension pour que des enseignants différents enseignent véritablement la compréhension, tout au long de l'année, avec des élèves d'âges différents, dans des disciplines différentes. Leur démarche correspond à un processus de prise de conscience, d'appropriation et de mise en œuvre (avec structuration et explication auprès des enfants), de pratiques d'enseignement de la compréhension, y compris de pratiques antérieures.

Leur démarche a consisté à :

A. Choisir dix stratégies d'enseignement parmi la trentaine de stratégies identifiées dans la littérature empirique : Identifier un but de lecture ; Échanger avec les pairs ; Observer la forme d'un texte pour repérer son organisation ; Dessiner ; Reformuler ; Se fabriquer des images mentales ; Prévoir ; Relire les passages difficiles ; Se poser des questions avant de lire ; Souligner entourer. Pour chaque stratégie, ils ont défini trois étapes d'apprentissage :

1. émergence / prise de conscience / découverte de la stratégie
2. mise en œuvre de la stratégie
3. situations d'entraînement et d'évaluation ; utiliser la stratégie de façon autonome

B. Définir un principe d'action : mettre en œuvre au moins huit ou dix stratégies différentes par période de deux semaines.

C. Concevoir des tâches d'enseignement de la compréhension.

Par exemple, pour la stratégie « Identifier un but de lecture » étape 1 « émergence / prise de conscience / découverte de la stratégie », ils ont conçu pour les élèves de Cours élémentaire 1re année (élève de 7 ans en moyenne), une tâche qui intervient après un travail sur les différents types d'écrits et le tri de textes. Un questionnaire est préalablement proposé aux élèves. Puis, il s'agit de confronter les élèves à un certain nombre de textes de natures différentes (recettes, lettres, fiches de fabrication, poèmes, pages d'album, extraits de Bandes Dessinées). Ils doivent alors choisir le texte qui leur parait le plus pertinent, celui dans lequel ils pensent trouver les réponses aux questions posées. Cela peut être un apprentissage ritualisé et régulier dont on pourra varier les modalités de réponses (oral/écrit, binôme/groupe classe) ainsi que la longueur et la difficulté des textes et des questions. De même, en fonction du niveau du groupe classe, on tendra vers des silhouettes d'écrits de plus en plus proches. Attention, il faudra s'assurer que l'objectif soit clair à la fois pour l'enseignant et pour l'élève.

D. Evaluer les progrès des élèves en compréhension de façon rigoureuse et tout au long de deux années scolaires et en utilisant une autre école comme « témoin ».

Les résultats obtenus deux années consécutives avec les élèves du CE1 au CM2 sont extrêmement positifs, à la fois par les progrès réalisés au cours de chaque année et par comparaison avec une école témoin.

9.2 Comment apprendre à résoudre des problèmes ?

Fournir des consignes métacognitives

Une première technique (par ex. Kramarski, 2004 ; Pennequin *et al.*, 2010) pour que les élèves apprennent à résoudre des problèmes consiste à leur donner des consignes métacognitives, systématiquement à chaque fois qu'ils ont un problème à résoudre et ce pendant une période assez longue (jusqu'à 5 ou 6 semaines). Ces consignes métacognitives sont déclinées en plusieurs sous-questions adaptées à chaque situation. Il y a quatre grandes catégories de consignes métacognitives :

- comprendre le problème : par exemple « Sur quoi porte le problème ? » ;
- élaborer des liens entre des connaissances préalables et nouvelles : par exemple « Quelles sont les similarités et les différences entre le problème présenté et les problèmes que vous avez résolus dans le passé ? » ; « Pourquoi ? » ;
- utiliser des stratégies appropriées pour résoudre le problème : par exemple « Quels sont les stratégies, les tactiques, les principes appropriés pour résoudre le problème ? » ;
- (parfois) : réfléchir au processus et à la solution : par exemple « Qu'est-ce que je n'ai pas fait correctement ? » ; « Est-ce que la solution a un sens ? ».

L'effet d'un enseignement métacognitif à la résolution de problèmes s'observe avec des élèves dès l'âge de 9 ans (Desoete *et al.*, 2001, 2003), plus rarement avant, où l'effet positif ne s'observe qu'avec certains élèves (Annevirta & Vauras, 2006).

Favoriser le travail en groupe

Une deuxième technique consiste à favoriser le travail en groupe. La collaboration entre élèves entraîne des degrés plus élevés de contrôle métacognitif, ce qui entraîne de meilleurs apprentissages (Dillenbourg & Jerman, 2007 ; Baker, 1999). Cependant, le fait de résoudre un problème à plusieurs n'entraîne pas nécessairement des interactions mettant en œuvre des processus métacognitifs et un meilleur apprentissage. Il semble donc que le travail en groupe doive être soutenu par l'enseignant, par des consignes ou des questions métacognitives.

Favoriser les tâches d'auto-explication

Une troisième technique consiste à conduire les élèves vers des tâches d'auto-explication, c'est-à-dire des tâches où ils doivent s'expliquer à eux-mêmes ce qu'ils ont compris de l'énoncé, de la situation, du raisonnement à produire, les étapes de leur raisonnement, etc. (Chi *et al.*, 1989, 1994). L'auto-explication est une stratégie métacognitive efficace : les élèves qui ont expliqué leurs étapes pendant la résolution de problèmes ont de meilleurs résultats, notamment sur des tâches de transfert (Aleven & Koedinger, 2002 ; Renkl, 1997). Selon ces derniers auteurs, le gain des tâches d'auto-explication n'est pas que métacognitif. En s'engageant dans l'explication, les élèves acquièrent une connaissance déclarative mieux intégrée et acquièrent moins de connaissances procédurales superficielles.

Un des enjeux de l'auto-explication est de trouver les consignes qui la suscitent le mieux, en utilisant non pas seulement les consignes orales données par le professeur, qui ne peut pas suivre individuellement chaque élève, mais le travail en groupe, l'écrit, les schémas.

Enfin, les tâches d'auto-explication dépassent l'apprentissage de la résolution de problème, elles concernent aussi les tâches d'étude, qui impliquent la compréhension.

Fournir une aide métacognitive

Quand les élèves résolvent un problème, ils peuvent rencontrer des difficultés. Pourtant, ils peuvent ne pas parvenir à prendre conscience de leur difficulté et persister dans une impasse. Ils peuvent aussi décider de ne pas demander d'aide à leur enseignant ou, dans un environnement informatique, ne pas utiliser l'aide disponible. Pour cette raison, une stratégie possible consiste à aider les élèves au plan métacognitif, pendant leur activité de résolution de problème, en soutenant leur activité de prise de conscience du besoin d'aide, de prise de décision de rechercher ou demander une aide, et en concevant des aides pertinentes (Babin, Tricot & Mariné, 2009 ; Grasser & McNamara, 2010 ; Koedinger & Aleven, 2007 ; Huet *et al.* 2011).

9.3 Comment apprendre à gérer son temps ?

Le temps est une ressource et une contrainte pour les apprentissages. Il constitue le cadre de chacune de nos activités, depuis l'enfance jusqu'à l'âge adulte. Pourtant, beaucoup d'entre nous semble bien peu compétent dans la gestion du temps : nous sommes en retard dans tel projet, ne parvenons pas à finir telle tâche à temps, etc. Dans le contexte académique, la gestion inefficace du temps est fortement corrélée avec de faibles performances (cf. Michinov *et al.*, 2010 pour une référence récente). Les étudiants faiblement investis gèrent très inefficacement leur temps, ils ont tendance à la procrastination : à repousser au lendemain ce qui pourrait être fait aujourd'hui (Howell & Watson, 2007 ; Wolters, 2004). Mais la réciproque n'est pas vraie : les étudiants très motivés ne sont pas forcément performants dans la gestion du temps, que ce soit par incompétence ou par anxiété, liée à la volonté de trop bien faire (Kagan *et al.*, 2010). L'apprentissage de la gestion du temps semble donc un enjeu majeur d'enseignement méthodologique. Cet apprentissage concerne les trois aspects de la métacognition : apprendre à planifier son temps, à le contrôler et à le réguler.

Pour définir le temps d'apprentissage, il est nécessaire d'abord de distinguer (Fisher *et al.*, 1980) :

- Le temps alloué : c'est le temps défini par l'enseignant pour la réalisation de la tâche. Celui-ci peut être très précis, notamment quand il correspond à une tâche réalisée en classe, ou au contraire très vague, quand l'enseignant indique simplement une date de remise des travaux.
- Le temps engagé : c'est le temps prévu par l'élève pour réaliser la tâche, voire pour réaliser chacune des sous-tâches.
- Le temps effectif : c'est le temps passé par l'élève à la réalisation de la tâche, qui n'est pas le temps total, mais celui-ci moins les pauses, moins le temps passé à faire autre chose.

Ces trois temps peuvent plus ou moins se correspondre. Plus ils se correspondent et plus les compétences en gestion de temps sont élevées. Pour enseigner la gestion du temps, il faudrait concevoir des tâches et des situations, fondées sur la prise de conscience et la présentation de méthodes explicites, où les élèves pourraient :

- **Apprendre à évaluer le temps nécessaire** à la réalisation des tâches scolaires types : « pour moi, le temps pour faire un exercice de mathématiques est de 10 minutes », qui est à la fois un temps moyen « ça me prend 10 minutes en moyenne » et une fourchette « ça peut me prendre entre 3 et 15 minutes ». Cet apprentissage est fondé sur la notation du temps passé dans la réalisation de telle tâche pendant quelques jours ou quelques semaines.
- **Apprendre à identifier ses cadres temporels** (Valax, 1999), c'est-à-dire les périodes récurrentes à l'échelle de la journée, de la semaine et du mois, pendant lesquelles on peut réaliser un travail personnel : « je peux travailler tous les jours de 17h30 à 18h30, sauf le mardi parce que j'ai l'entraînement de judo, et le vendredi parce que je préfère me reposer, mais je peux disposer de 2 heures le dimanche, de 15h à 17h ».
- **Apprendre à coordonner** le temps de réalisation des tâches et les cadres temporels, pour réaliser de véritables planifications, à l'aide d'outils, qui peuvent

être très simples (réaliser un semainier), les logiciels de gestion de projet les plus sophistiqués n'étant pas forcément les plus efficaces (Roméro, 2010).

- **Apprendre à contrôler** le temps de réalisation de la tâche en cours, soit par un contrôle du temps à la fin de la tâche « est-ce que je suis en avance ou en retard par rapport au temps prévu pour faire ça ? » ou par un contrôle de l'avancée du travail par intervalles temporels « toutes les 15 minutes, je vérifie si je suis en avance ou en retard par rapport au plan de travail »
- **Apprendre à réguler** le temps, quand après le constat d'un décalage entre le temps prévu et le temps effectif, on doit prendre une décision efficace, soit d'ajustement local « je ferai la prochaine tâche en 10 minutes au lieu de 15 pour rattraper mes 5 minutes de retard », soit par changement de plan de travail voire même par modification du temps engagé.

Dans le travail de groupe, l'apprentissage de la gestion du temps est encore plus difficile car les élèves doivent apprendre à gérer non seulement le temps du groupe mais chacun des temps individuels à l'intérieur du groupe (Roméro, 2010). On sait alors que chacun à tendance à surestimer le temps qu'il consacre au travail collectif et à sous-estimer le temps consacré par les autres.

La gestion du temps mérite donc d'être enseignée tellement son rôle est important dans la réussite des apprentissages. Comme pour les autres apprentissages méthodologiques, il passe sans doute par :

- une première étape directive, où les tâches d'apprentissage que nous proposons sont accompagnées d'un temps alloué précisément défini ;
- une seconde étape consacrée essentiellement à la prise de conscience (chaque élève étant déjà gestionnaire de son temps, même inefficacement) du temps engagé, du temps effectif et de la différence entre les deux pour les tâches scolaires types ;
- une troisième étape d'apport d'outils et de méthodes pour répondre aux difficultés identifiées ;
- une quatrième étape d'autonomisation de l'élève dans sa façon de mettre en œuvre sa propre méthode de gestion du temps, en fonction de son propre rapport au temps.

9.4 Comment apprendre à prendre des notes ?

Apprendre à prendre des notes constitue un enjeu important au cours de la scolarité secondaire. Nous consacrons le chapitre 13 à ce volet des apprentissages. En effet, en prenant des notes, les élèves ne font pas que déléguer à une mémoire externe une fonction de sécurité (prendre des notes pour ne pas oublier). En prenant des notes, les élèves :

- sélectionnent et hiérarchisent les informations entendues ou vues pour parvenir à noter les informations les plus utiles,
- prennent aussi des décisions de mise en forme verbale des informations qu'ils notent et qui ne sont pas une copie ou une transcription stricte de ce qu'ils

lisent ou entendent (Piolat, 2006). Le résultat est très simple : les élèves qui prennent de bonnes notes apprennent mieux.

L'enseignement de la prise de notes vise donc à enseigner la mise en œuvre des processus de sélection, hiérarchisation et mise en forme.

Cela peut passer par des techniques : mots clés, plans, cartes, etc. Les résultats montrent clairement que ces techniques doivent être enseignées à de nombreux élèves qui n'inventent pas spontanément ces techniques, leur maîtrise peut nécessiter un temps important, si bien qu'en début d'apprentissage des plus sophistiquées de ces techniques, comme les cartes heuristiques et conceptuelles, on peut observer un effet neutre ou négatif (les élèves sont plus centrés sur la technique que sur le fond). À terme cependant, quand cette activité est enseignée et soutenue, les résultats sont positifs (cf. la synthèse de Nesbit & Adesope, 2006).

Enfin, les résultats montrent que la maîtrise des techniques de prise de notes ne résout évidemment pas tous les problèmes de compréhension : quand le contenu est très difficile à comprendre, très complexe, un plan ou une carte fournis par l'enseignant aide plus qu'un plan ou une carte élaborés par l'élève lors de la prise de notes (Stull & Mayer, 2007).

9.5 Comment évaluer les stratégies métacognitives des élèves ?

Pour clore cette partie sur les apprentissages métacognitifs, nous voudrions signaler l'existence d'outils d'évaluation des compétences à apprendre des élèves, ou questionnaires d'évaluation métacognitive, qui peuvent être bien utiles pour les enseignants. Cela peut en effet nous permettre de repérer les élèves qui auront le plus besoin de développer leurs compétences dans ce domaine. Il existe de nombreuses démarches, fondées sur les entretiens, les protocoles de verbalisation concomitante ou les questionnaires (par ex. Bannert & Mengelkamp, 2008 ; Desoete, 2008 ; Garrett, Alman & Gardner, 2007).

Depuis les enquêtes menées par l'OCDE à propos du niveau scolaire des élèves de 15 ans en 2006, l'évaluation de ces stratégies est même jugée centrale pour évaluer le niveau des élèves. Par exemple, un outil a été développé par Marsh *et al.* (2006), validé dans de nombreux pays, et il a en plus l'avantage de lier l'évaluation de la métacognition à celui de la motivation. Il est en outre facile à faire passer, puis à coder et à analyser une fois que les élèves ont répondu aux questions. Nous encourageons le lecteur intéressé par ce type d'évaluation à l'utiliser.

SYNTHÈSE

« COMMENT AIDER LES ÉLÈVES À APPRENDRE ? »

On peut aider les élèves à apprendre en les accompagnant dans la réalisation des tâches scolaires ou en leur enseignant la façon de réaliser ces tâches. Ce qui veut dire simplement que, si en philosophie une tâche est de rédiger une dissertation, nous devons pouvoir enseigner aux élèves la réalisation de cette tâche. Les principales aides à la réalisation de tâches scolaires concernent :

- La compréhension : on peut aider ou enseigner des méthodes aux élèves pour qu'ils organisent de façon efficace leur activité de planification, d'auto-régulation et d'évaluation de leurs tâches de compréhension, ainsi que leur activité de traitement des caractéristiques critiques du texte.
- La résolution de problèmes : on peut aider ou enseigner des méthodes de résolution de problèmes en fournissant des consignes métacognitives, en favorisant le travail en groupe (guidé par l'enseignant), en favorisant les tâches d'auto-explication, ou en fournissant directement une aide métacognitive.
- La gestion du temps : on peut aider ou enseigner des méthodes explicites pour évaluer le temps nécessaire à la réalisation des tâches scolaires, identifier ses cadres temporels, coordonner le temps de réalisation des tâches et les cadres temporels, contrôler le temps de réalisation de la tâche en cours et réguler le temps en cas de décalage.
- La prise de notes : on peut enseigner les techniques de prise de notes, des plus élémentaires (mots-clés) aux plus sophistiquées (cartes conceptuelles ou heuristiques).
- L'évaluation des compétences à apprendre des élèves : on peut enfin utiliser des questionnaires d'évaluation métacognitive, qui peuvent être bien utiles pour repérer les élèves qui auront le plus besoin de développer leurs compétences dans ce domaine.

POUR ALLER PLUS LOIN

Perraudeau, M. (2006). *Les stratégies d'apprentissage : comment accompagner les élèves dans l'appropriation des savoirs*. Paris : Armand Colin.

Ritchhart, R., & Perkins, D.N. (2005). « Learning to think : The challenges of teaching thinking ». In K. Holyoak & R.G. Morrison (Eds), *Cambridge handbook of thinking and reasoning*. (pp. 775-802). Cambridge : Cambridge University Press.

Romainville, M. (1993). *Savoir parler de ses méthodes. Métacognition et performance à l'université*. Bruxelles : De Boeck.

Toupiol, G., Balas-Chanel, A., Barth, B.-M., & Brissiaud, R. (2006). *Apprendre et comprendre : place et rôle de la métacognition* dans *l'aide spécialisée*. Paris : Retz.

Vianin, P. (2009). *L'aide stratégique aux élèves en difficulté scolaire. Comment donner à l'élève les clés de sa réussite ?* Bruxelles : De Boeck.

Chapitre 10

Comment évaluer les apprentissages ?

10.1 Qu'est-ce que l'évaluation ?

Évaluer, c'est situer un acte par rapport à une référence. C'est, plus précisément, juger de la différence entre cet acte et cette référence. L'acte peut-être une activité, une performance, une production d'un élève, etc. L'idée généralement acceptée est que cet acte est un indice d'une connaissance ou d'une compétence. On part de ce qui est observable (l'acte, la performance, le comportement) et on infère la connaissance ou la compétence.

La référence peut-être :

- Un acte de l'élève lui-même : on évalue alors le progrès. On peut par exemple comparer la performance de l'élève aujourd'hui à une performance obtenue il y a une semaine, un mois, un trimestre.
- Les performances du groupe classe : on évalue alors une position, un classement.
- Les performances attendues de l'âge de l'élève : on évalue l'acte d'un élève par rapport à celui qui est produit en moyenne par les élèves de son âge. C'est ce que l'on fait dans de très nombreuses évaluations standardisées, du test de Q.I. il y a 100 ans aux évaluations PISA de l'OCDE aujourd'hui.
- Les attendus du programme, du curriculum : on évalue l'acte d'un élève par rapport aux buts d'apprentissage. C'est normalement ce que l'on devrait faire en classe, exclusivement.

On va voir dans la suite de ce chapitre, notamment dans la partie 3, qu'une des difficultés principales de l'évaluation réside dans la relation entre l'acte observé (la performance par exemple) et le but d'apprentissage : peut-on inférer de tel acte que l'élève a élaboré la connaissance but de l'apprentissage ? Un des intérêts de l'approche par compétences réside dans le fait qu'elle définit le but d'apprentissage comme la réalisation d'une tâche. On peut alors évaluer avec moins de craintes : si l'élève réalise la tâche but d'apprentissage, alors il a atteint le but.

Enfin, comme l'évaluation est un jugement de la différence entre un acte et une référence, c'est une mesure. En tant qu'instrument de mesure, l'évaluation consiste donc à attribuer une valeur à cette différence entre acte et référence. Elle doit alors présenter les qualités de tout instrument de mesure : elle doit être non seulement pertinente (mesurer effectivement ce qu'elle prétend mesurer) mais fiable (précise et objective). Dans ce chapitre, nous allons voir que l'évaluation scolaire ayant énormément de mal à présenter ces deux qualités (elle n'est, la plupart du temps, ni pertinente ni fiable), et ayant par ailleurs des effets secondaires souvent néfastes (voir la très documentée synthèse de Butera *et al.*, 2011 sur ce point), il vaut mieux être extrêmement prudent quand on l'utilise. Pour autant, une évaluation de qualité est un outil essentiel à la conception, la mise en œuvre et la régulation d'une situation d'enseignement-apprentissage.

10.2 À quoi servent les évaluations ?

Les principales fonctions de l'évaluation

Les évaluations scolaires sont utilisées à des fins très diverses, des plus légitimes aux plus discutables. Nous voudrions maintenant tenter de faire le tour de ces principales fonctions afin que chacun puisse expliciter de façon claire les buts qu'il poursuit quand il évalue. L'évaluation peut servir à :

Sélectionner : on évalue lors d'un concours par exemple. Il y a *n* places disponibles ; seuls les *n* premiers réussiront à rentrer dans telle école, à exercer telle profession, etc. Dans ce cas, l'évaluation ne doit pas être seulement pertinente et fiable, elle doit en outre être indiscutable car ceux qui ne font pas partie des lauréats peuvent se retourner contre l'évaluation. Une des dérives possibles est alors de rendre l'évaluation totalement indiscutable (ex. un QCM corrigé par ordinateur) quitte à perdre beaucoup de pertinence (ex. ce qu'a été le concours de l'internat en médecine dans les universités françaises, il y a quelques années). Une autre pratique consiste à mettre de très mauvaises notes aux lauréats, pour se plaindre ensuite de leur faible niveau (ex. en 2007, le dernier admissible à l'agrégation d'Allemand était à 4,58/20, en 2008 il était à 5,18, etc.).

Valider : on évalue pour vérifier que le but visé a été atteint. Souvent, de façon très étrange, on a du mal à faire quelque chose d'aussi simple. Plutôt que de dire que le but a été atteint ou non atteint, on met une note, qui semble vouloir dire que seul celle ou celui qui a obtenu la note de 20/20 a effectivement atteint le but. Ce qui voudrait dire en retour que nous avons de grandes difficultés à définir des buts atteignables. Dans les établissements du second degré de nos pays francophones (à l'exception du Canada), nous éprouvons une grande difficulté à ne plus mettre de notes, pour simplement valider l'atteinte du but.

Sanctionner : on évalue pour punir les élèves ou un élève. Comme ceux-ci apprécient généralement peu d'être évalués et notés, l'évaluation est utilisée comme menace, notamment l'évaluation « surprise » et la mauvaise note comme punition. Bien entendu cette utilisation est une perversion de l'évaluation et interdite dans la plupart des institutions scolaires.

Motiver : l'évaluation peut être utilisée comme moteur de l'apprentissage, notamment quand on focalise l'évaluation sur les progrès réalisés par l'élève. Par ailleurs, même si certains élèves parmi les plus performants sont sensibles à l'émulation, la comparaison entre élèves est au total très délétère. Reportez-vous au chapitre 8 sur la motivation pour de plus amples détails.

Aider à apprendre : on évalue pour fournir à l'élève une aide précise et personnalisée à l'apprentissage. En situant son acte par rapport à une référence, on peut dire précisément à l'élève les étapes qu'il doit encore franchir, la connaissance qu'il n'a manifestement pas élaborée, la règle qu'il a oublié de mettre en œuvre, etc. C'est là une des principales, si ce n'est la principale utilité de l'évaluation. Nous reviendrons en détail ci-dessous, dans la partie 10.7 de ce chapitre, consacrée aux diagnostics.

Prendre conscience, réguler son propre apprentissage : de façon très proche de la précédente fonction, il s'agit cette fois-ci non pas d'aider l'élève en lui indiquant ce qui n'a pas fonctionné ou ce qui lui reste à faire, mais à se focaliser sur ce qui a fonctionné, sur ce qui a été réalisé, voire sur la connaissance qui a été élaborée. Nous nous substituons alors aux processus métacognitifs de l'élève. Ceci est particulièrement utile avec les élèves qui ont moins de 9 ou 10 ans pour qui cette opération est souvent hors de portée. C'est aussi très utile avec les élèves les plus en difficulté, les moins confiants, qui ont tendance à attribuer leurs réussites au hasard plutôt qu'à eux-mêmes.

Dépister ou repérer : de plus en plus d'évaluations sont consacrées au dépistage, notamment dans le domaine des troubles du langage et de l'apprentissage. Il s'agit le plus souvent d'une approche standardisée ou semi-standardisée. Cette évaluation permet d'identifier ce que l'on appelle une population à risque, c'est-à-dire l'ensemble des élèves pour lesquels un protocole de diagnostic vaut d'être mis en œuvre. Une des erreurs malheureusement fréquente consiste à confondre dépistage et diagnostic.

Exemple, le ROC outil de repérage des difficultés de lecture

Le ROC a été élaboré par des médecins, des chercheurs et des enseignants de Grenoble, Montpellier et Rennes. Malgré son nom (Repérage Collectif Orthographique) il est surtout utile pour dépister les grandes difficultés de lecture à la fin de l'école primaire et au début de l'enseignement secondaire. C'est un outil standardisé et validé. Il permet de repérer, mais pas de diagnostiquer.

C'est un outil extrêmement utile car il est, non seulement pertinent et fiable, mais rapide à administrer et à coder (pour une classe entière, quelques dizaines de minutes suffisent en tout !). En outre il est accessible à tous et gratuit.

Le livret élève présente simplement : une tâche de jugement orthographique (trouver les erreurs orthographiques dans un texte) et une tâche de dictée.

www.cognisciences.com

Diagnostiquer : au sens strict, un diagnostic est l'établissement de la cause d'un problème, d'un dysfonctionnement. Dit autrement, diagnostiquer c'est *expliquer pourquoi* tel élève a produit tel acte, telle performance. C'est donc une activité extrêmement difficile, car ce qui est visible pour nous, c'est l'acte, c'est la performance. Nous pouvons faire des hypothèses sur les causes de cette performance, notamment des hypothèses en termes de connaissances. Mais, en toute rigueur, nous ne pouvons rien faire d'autre que des hypothèses, car il n'existe pas de modèle validé qui établirait les liens entre performances et connaissances. Cette modestie nous semble devoir caractériser toute évaluation diagnostique.

Évaluer le système, l'établissement, le dispositif : nous sommes parfois sollicités pour participer à une évaluation du système éducatif (ex. PISA), de notre établissement scolaire voire d'un dispositif (ex. une innovation). Ces évaluations sont souvent très intéressantes et conduites avec une grande rigueur méthodologique. Cependant leur interprétation est délicate, car ces dernières n'expliquent généralement rien : elles constatent, c'est tout ! Ces évaluations permettent éventuellement de faire des hypothèses, que l'on pourra peut-être tester. Ce qui la plupart du temps n'est pas fait. Pour autant, il est bien plus utile d'avoir ces évaluations que rien du tout. Et, à une échelle plus réduite, conduire de telles évaluations pour soi est souvent extrêmement utile : lorsque je mets en œuvre une expérimentation pédagogique, un nouveau dispositif dans ma classe, il est intéressant de savoir de manière un peu objective si tout ce travail apporte quelque chose aux élèves, améliore ma façon d'enseigner ou non.

Nous allons maintenant résumer ce que nous venons d'écrire selon deux autres perspectives.

Pour qui évalue-t-on ?

Pour l'enseignant : évaluer ce que font les élèves, leurs progrès, leurs performances, est une bonne manière de savoir si mon enseignement atteint ses objectifs. C'est même sans doute la meilleure manière d'évaluer la qualité de mon travail et donc d'envisager la régulation de celui-ci. Le chapitre 15 est entièrement consacré à l'activité de régulation de la conduite d'un enseignement.

Pour le système : évaluer le système éducatif ou un établissement scolaire, que ce soit lors de comparaisons internationales ou de mesures de taux de réussite à tel ou tel examen est une façon de mesurer la performance ou l'efficacité de celui-ci. Mais, le plus souvent, cela ne permet pas de savoir pourquoi telle performance est bonne ou mauvaise.

Pour l'élève : évaluer l'activité, la performance ou les progrès d'un élève est souvent un excellent moyen d'améliorer et de valider les apprentissages. Ce n'est jamais un bon moyen de juger un élève lui-même ou une quelconque de ses capacités, comme nous allons le voir dans la partie 10.3 de ce chapitre.

Quand évalue-t-on ?

En début d'apprentissage, l'évaluation porte sur l'état des connaissances avant que l'enseignement ne commence. Cette évaluation est doublement intéressante : elle est l'un des points de départ de l'activité de conception de l'enseignement car on n'enseigne jamais qu'à partir des connaissances antérieures des élèves ; elle sert de point de référence pour évaluer les progrès des élèves.

En fin d'apprentissage, l'évaluation concerne généralement la validation de l'apprentissage, et, par comparaison avec un état antérieur, c'est un moyen d'évaluer les progrès.

En cours d'apprentissage, l'évaluation permet de réguler l'apprentissage, que ce soit pour aider l'élève à prendre conscience de ce qu'il a déjà fait (appris, produit, réalisé) ou de ce qui lui reste à faire (à apprendre).

Un effet secondaire positif de l'évaluation

L'effet de l'évaluation ou testing effect est un des plus connus dans le domaine des apprentissages, notamment car il est soutenu par une bonne centaine d'expériences de laboratoires contrôlées. Il se présente au départ comme une idée assez originale : qu'est-ce qui se passe après l'évaluation ? Roediger a découvert cet effet il y a plus de vingt ans (voir la synthèse de Roediger et al. 2011) en comparant simplement des personnes qui avaient été évaluées dans la réalisation d'une tâche avec des personnes qui n'avaient pas été évaluées. Les résultats montrent un effet positif de l'évaluation. L'explication de Roediger est très simple et très fondamentale : l'évaluation est une tâche de mobilisation et d'utilisation des connaissances, elle a donc pour effet de renforcer l'apprentissage. Au total, Koedinger recense 10 effets secondaires positifs de l'évaluation, outre celui que nous venons de mentionner :

- l'évaluation permet d'identifier les lacunes en termes de connaissances,
- l'évaluation conduit les élèves à apprendre plus la fois suivante,
- l'évaluation améliore l'organisation des connaissances,
- l'évaluation améliore le transfert des connaissances,
- l'évaluation permet de mobiliser des connaissances qui n'ont pas été préalablement évaluées,
- l'évaluation améliore le contrôle métacognitif,
- l'évaluation prévient l'interférence avec les contenus préalables quand on aborde un nouveau contenu,
- l'évaluation fournit un retour aux enseignants,
- l'évaluation fréquente encourage les élèves à apprendre.

Toutefois, nous encourageons le lecteur à consulter de façon attentive la synthèse de Roediger, les conditions d'obtention de ces résultats en laboratoire n'étant pas toujours perçues comme convaincantes quand il s'agit de transférer les résultats à la classe.

10.3 Quelle information est fournie par une évaluation ?

Après avoir vu ce qu'était l'apprentissage et les fonctions qu'il pouvait remplir, nous allons maintenant aborder l'objet de l'évaluation et tenter de répondre à la question : que peut-on évaluer ? Généralement, on cherche à évaluer des compétences ou des connaissances. Comme on ne peut pas observer directement les compétences et encore moins les connaissances, on les infère des actes des élèves. C'est pourquoi on préfère parfois évaluer directement les activités et n'en rien inférer. Nous allons maintenant essayer de comprendre quels problèmes sont liés à la réalisation de cette inférence : passer de ce que j'observe de l'activité d'un élève à une hypothèse sur les connaissances qu'il a élaborées.

Quelques problèmes avec l'objet de l'évaluation

Prenons un exemple célèbre, qui a révolutionné l'histoire de la psychologie cognitive (rien que ça !). En 1966, le psychologue anglais Peter Wason a publié un chapitre dans lequel il rend compte d'une expérience *a priori* très simple.

L'expérience de Wason (1966)

On présente à des adultes cultivés quatre cartes.

A B 2 3

Et la consigne suivante : « Quatre cartes, comportant un chiffre sur une face et une lettre sur l'autre, sont disposées à plat sur une table. Une seule face de chaque carte est visible. Les faces visibles sont les suivantes : A, B, 2, 3. Quelle(s) carte(s) devez-vous retourner pour déterminer la ou les carte(s) qui ne respecte(nt) pas la règle suivante : si une carte a un A sur une face, alors elle porte un 2 sur l'autre face. Il ne faut pas retourner de carte inutilement, ni oublier d'en retourner une. »

Quelle est votre réponse ?

Généralement, 80 % des participants à cette expérience ne donnent pas une réponse correcte.

Pourtant, pour trouver la réponse, il faut faire ce simple raisonnement :

- s'il y a autre chose qu'un 2 derrière la carte A ça contredit la règle, donc il faut la retourner,
- peut importe ce qu'il y a derrière la carte B, car la seule lettre concernée par la règle est un A,
- peut importe ce qu'il y a derrière la carte 2, car si il y a un A ça vérifie la règle, s'il y a autre chose qu'un A, cela ne la contredit pas,
- s'il y a un A derrière la carte 3, alors la règle est contredite, il est donc nécessaire de la retourner.

Pourquoi si peu de personnes réussissent à mettre en œuvre ce raisonnement, pourtant si simple ? Ceci est d'autant plus troublant que, quelques années plus tard, des élèves de Peter Wason ont proposé une nouvelle version de cette tâche.

« Quatre personnes sont en train de boire dans un bar et vous disposez des informations suivantes : la première boit une boisson alcoolisée, la seconde a moins de 18 ans, la troisième a plus de 18 ans et la dernière boit une boisson sans alcool. Quelle(s) personne(s) devez-vous interroger sur leur âge ou sur le contenu de leur verre pour vous assurer que tous respectent bien la règle suivante : si une personne boit de l'alcool, elle doit avoir plus de 18 ans. »

Dans ce cas, la plupart des personnes interrogées donnent une réponse correcte.

Pourtant, logiquement, le raisonnement à produire est exactement le même.

Que peut-on inférer de ces performances ? Dans la première version de la tâche, si l'on fait un lien entre réussite à la tâche et connaissance, on est obligé de conclure que 80 % des participants ne savent pas raisonner, même quand le raisonnement à mettre en œuvre est assez élémentaire. Avec la seconde version, on serait pourtant tenté de conclure l'inverse. Des centaines d'articles et réplications de cette expérience ont été publiés. Dans l'interprétation la plus prudente de ces travaux, le consensus actuel permet au moins de dire : des personnes qui habituellement raisonnent correctement sont, avec la première tâche, incapables de raisonner correctement ; et pourtant il n'y a aucun piège dans cette tâche. Gardons à l'esprit pour l'instant que, dans ce cas au moins, on ne peut pas inférer la connaissance des individus en observant leur performance.

Regardons maintenant un autre résultat.

L'expérience de Bastien (1987)

Quatre versions d'un même problème d'ordonnancement de fractions sont proposées à des élèves de 5e. Ces derniers doivent ranger 62/185, 66/170 et 62/170 par ordre croissant.

Une première version du problème est présentée à un premier groupe de 21 élèves avec un énoncé concernant un rapport qualité-prix : ce rapport correspond à une notion « non représentable » (i.e., il n'est pas possible d'élaborer une image mentale d'un tel rapport) et les unités au numérateur et au dénominateur sont différentes. La seconde version du problème est présentée à un autre groupe de 21 élèves avec un énoncé relatif au taux de participation de chanteurs à une chorale : ce rapport correspond à une notion « non représentable » et les unités au numérateur et au dénominateur sont identiques. Le troisième problème concerne des précipitations (représentable ; unités différentes). Le quatrième problème concerne des pentes de ski (représentable ; mêmes unités).
« Représentable » signifie donc qu'une image mentale de la notion peut être élaborée. Les résultats sont les suivants et ils ont été largement répliqués depuis. On donne le nombre d'élèves parmi 21 a avoir trouvé la bonne réponse selon la version du problème.

	Représentable	Non représentable
Mêmes unités	5 élèves	11 élèves
Unités différentes	11 élèves	19 élèves

L'analyse des résultats et de la façon dont les élèves procèdent pour traiter les problèmes montre que, quand le rapport est représentable, certains élèves ne traitent pas ce problème comme un problème mathématique, mais comme un problème « concret » (par exemple, ils dessinent les pentes de ski) ; quand les unités au numérateur et au dénominateur sont identiques, certains élèves n'identifient pas la nature mathématique des objets à traiter (ils font une soustraction au lieu de faire un rapport). Dans le cas contraire, quand le problème n'est pas représentable et que les unités sont différentes au numérateur et au dénominateur (e.g., le problème des rapports qualité-prix), les élèves réussissent le problème. Autrement dit, la façon dont est rédigé l'énoncé influence la stratégie qui est mise en œuvre qui, à son tour, influence le résultat.

Là encore, on voit qu'il est très difficile d'inférer une connaissance (la maîtrise de l'ordonnancement de fractions présentant des numérateurs et dénominateurs communs) en observant les performances. De façon intéressante ici, on voit que dans une condition, presque tous réussissent : c'est la version où les unités sont différentes et où le rapport n'est pas représentable. Ils sont en quelque sorte conduits à traiter le problème sur le bon registre : « c'est un problème de maths et non pas un problème concret ; c'est un problème de fractions et non pas de soustraction ». Dans les autres versions, les élèves seraient gênés par la formulation du problème pour mobiliser la bonne connaissance, la stratégie correcte.

Ces deux résultats, celui de Wason et celui de Bastien, ne sont que deux exemples parmi des centaines d'autres qui montrent la même chose : on ne peut pas inférer une connaissance, en observant simplement la performance. Entre la performance et la connaissance, il y a la tâche. **Selon comment l'élève interprète la tâche, il va parvenir ou non à mobiliser les connaissances nécessaires à la réalisation de la tâche.**

Continuons à examiner ce que l'on peut évaluer au regard d'une troisième expérimentation.

L'expérience de Monteil et Huguet (1991)

Dans cette expérience, la figure de Rey – Osterrieth est proposée à des élèves de début de collège. Il s'agit de regarder la figure pendant 50 minutes et de la reproduire le plus fidèlement possible.

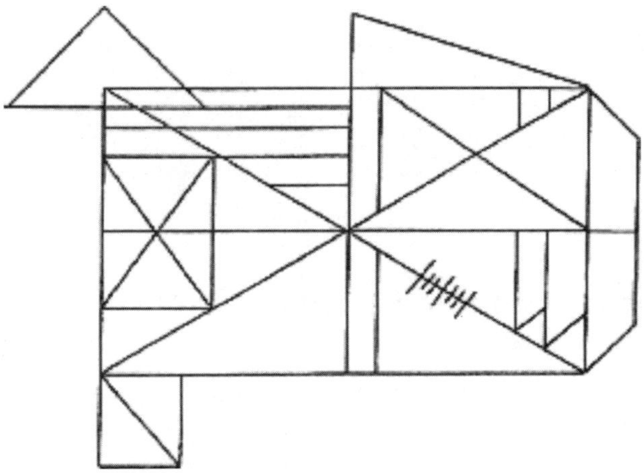

La tâche est proposée à des élèves ayant le statut de « mauvais » ou de « bons » élèves. La tâche est présentée comme étant une épreuve de « dessin » pour la moitié des élèves et comme une épreuve de « géométrie » pour l'autre moitié. La performance est mesurée à partir d'une analyse de la figure en 22 unités et corrigées avec le barème suivant : 2 points sont accordés si l'unité est correctement reproduite et positionnée ; 1 point si elle est soit altérée mais correctement positionnée, soit intacte mais incorrectement positionnée ; 1/2 point si elle est à la fois altérée et incorrectement positionnée ; 0 point si elle est absente ou non. Les résultats montrent que les élèves ont la même performance moyenne (autour de 18/44) quand l'épreuve est présentée comme relevant du dessin. En revanche, quand la tâche est présentée comme relevant de la géométrie, les « bons » élèves obtiennent une moyenne de 21/44 tandis que les « mauvais » obtiennent une moyenne de 16/44. Comme les autres expériences rapportées ci-dessus, cette expérience a été répliquée de nombreuses fois.

Si cette expérience présente un intérêt immense pour comprendre une source des difficultés scolaires, bornons-nous à regarder ce que ce résultat implique pour l'évaluation : **il n'y a toujours pas de lien entre performance et connaissances. Il y a toujours l'interprétation de la tâche entre elles**. Mais cette expérience montre quelque chose de plus : l'interprétation de la tâche contient la représentation que l'élève se fait de lui-même, ses croyances dans sa capacité à réussir ou non la tâche, qui dépendent de la « valeur scolaire » de la discipline. Ceci a été largement confirmé depuis par les expériences conduites autour de l'effet de « menace du stéréotype » (voir la synthèse de Croizet & Leyens, 2003).

Synthèse

- *Si un élève ne réussit pas une tâche qui implique la connaissance A, cela ne permet pas de conclure qu'il n'a pas la connaissance A.*
- *Si un élève réussit une tâche qui implique la connaissance A, cela ne permet pas de conclure qu'il a la connaissance A.*
- *Seule la multiplication des tâches et des modalités de présentation de la tâche permet une approximation du fait que l'élève maîtrise ou pas la connaissance A.*
- *Deux élèves peuvent réussir (ou rater) la même tâche pour des raisons différentes.*
- *Il peut être intéressant d'évaluer par les compétences, mais avec une définition stricte de la notion de compétence : la compétence A' correspond au fait de réaliser régulièrement la tâche A dans telles conditions avec tel niveau de performance. Alors, si un élève réalise régulièrement la tâche A dans telles conditions avec tel niveau de performance, on peut conclure qu'il maîtrise la compétence A'.*

L'importance des formats de connaissances dans l'évaluation

Dans le chapitre 2, nous avons défini la notion de format de connaissance. Nous avons voulu attirer l'attention sur le fait que, pour réaliser une même tâche, deux individus différents pouvaient mobiliser deux connaissances de format différent (par exemple, dans une tâche de diagnostic, l'un mobilise une méthode pendant que l'autre mobilise un automatisme). Dans les exemples que nous avons donnés, nous avons montré que, selon le format de la connaissance mobilisée, la tâche pouvait être réussie ou non. Il nous semble donc important, lorsque l'on conçoit une tâche pour évaluer une connaissance, d'être bien au clair sur le format de cette connaissance. Ainsi, concevoir une évaluation, c'est concevoir une tâche qui correspond précisément au contenu et au format de la connaissance que l'on veut évaluer.

Dans le chapitre 2, nous avons décrit les liens qui associaient certaines tâches à certains formats de connaissance. Ceci peut-être utilisé comme cadre pour concevoir des tâches d'évaluation. Une erreur dans la conception des évaluations consiste simplement à proposer une tâche correspondant au format *x* alors qu'on veut évaluer une connaissance du format *y*. Par exemple, on propose une tâche de rappel exact alors qu'on veut évaluer si les élèves ont compris, i.e. s'ils ont élaboré une connaissance particulière.

Si la connaissance à évaluer est un **automatisme**, c'est sans doute un exercice qui peut être utilisé comme tâche. Si l'on propose une tâche différente de celles utilisées lors de l'apprentissage, on prend le risque d'un diagnostic de type faux-négatif : on infère que l'élève n'a pas élaboré l'automatisme alors qu'il ne l'a simplement pas déclenché.

Si la connaissance à évaluer est un **savoir-faire**, la tâche est la même que pour l'automatisme. C'est l'indicateur qui sera différent : avec l'automatisme, le temps sera un critère important alors qu'avec le savoir-faire ce n'est pas le cas. Réciproquement, on ne peut raisonnablement pas demander à un élève d'élaborer une explication du déroulement d'un automatisme alors que c'est souvent intéressant avec un savoir-faire.

Si la connaissance à évaluer est une **méthode**, c'est sans doute un problème complexe ou une tâche de production qui peut être utilisée. Si l'on veut véritablement évaluer la méthode, c'est une tâche analogue à celles utilisées lors de la phase d'apprentissage qu'il faut utiliser. Dans le cas contraire, si l'on utilise une tâche trop nouvelle, on prend le risque de ne pouvoir savoir si les élèves, qui ne réussissent pas la tâche, ne maîtrisent pas la méthode ou n'ont pas pensé à la mobiliser. Une solution est alors de proposer une tâche nouvelle en indiquant la méthode qui doit être utilisée. Les explicitations sont souvent très pertinentes à recueillir (pourquoi cette méthode ? pourquoi cette étape ?). Une autre solution est de proposer des problèmes résolus (correctement ou pas) : des tâches de diagnostic.

Si la connaissance à évaluer est un **concept**, deux grandes voies peuvent être suivies. On peut tout d'abord proposer une tâche de description du concept : sa dénomination, ses attributs ou propriétés, sa structure, ses relations externes, son évolution, des exemples. Cependant, on court ici le risque d'un diagnostic faux-positif : un élève qui réussirait cette tâche, en apprenant par cœur ce que l'on a vu en cours à propos de ce concept, n'a pas forcément réussi à véritablement conceptualiser. Une autre voie peut donc être de proposer des situations de mobilisation du concept, pour comprendre une situation, analyser un cas, résoudre un problème par exemple. Si cette seconde voie permet de contrer l'obstacle de la mémorisation littérale, elle pose une autre difficulté, que nous avons déjà abordée : le risque du diagnostic faux-négatif, *i.e.* le risque de conclure que l'élève ne maîtrise pas le concept alors qu'il ne l'a simplement pas mobilisé. C'est pourquoi, il est plus prudent d'indiquer quel concept doit être mis en œuvre pour comprendre telle situation lors d'une évaluation.

Si l'on veut évaluer une **connaissance spécifique**, la tâche d'évaluation ressemble fort à celle de l'évaluation d'un concept, avec les mêmes obstacles. Ici cependant, la tâche de compréhension d'une autre situation que celle vue lors de l'apprentissage devient une tâche de transfert... fort risquée pour une évaluation (risque de faux-négatif très élevé).

Si l'on veut évaluer une **trace littérale**, c'est une tâche de rappel exact qui est sans doute la plus pertinente. Si l'on veut vérifier que l'élève a élaboré une trace littérale de la définition de x, la tâche de rappel exact peut correspondre à la consigne : « dites-moi exactement la définition de x ».

Nous allons revenir plus en détail sur ce point dans la suite du présent chapitre. Il nous semble que ce que nous avons souligné précédemment permet en tous cas de renoncer aux tâches de transfert pour réaliser une évaluation.

Quels sont les critères de réussite ?

Récapitulons le raisonnement qui est à l'œuvre dans une évaluation scolaire. Notre but est de juger si un élève a bien élaboré la connaissance-but de l'apprentissage. On conçoit une tâche pour laquelle il est nécessaire de mettre en œuvre la connaissance-but de l'apprentissage. Cette tâche ne présente pas d'autres difficultés que la mise en œuvre de la connaissance. Cette tâche présente de façon explicite le fait que la connaissance doit être mobilisée. On infère alors que si l'élève réalise la tâche, c'est un bon indicateur du fait qu'il maîtrise la connaissance... sans en être complètement sûr, car il se peut que l'élève ait réalisé la tâche en utilisant une autre connaissance. En outre, on n'infère pas du fait que l'élève ne réalise pas la tâche... qu'il ne maîtrise pas la connaissance. Voyons maintenant quels critères peuvent être définis pour apprécier la réalisation de la tâche.

L'atteinte du but de la tâche ? Le premier critère utilisé est simplement le fait que l'élève réalise la tâche conçue pour l'évaluation. On se préoccupe peu de la manière, on admet qu'il a très bien pu réaliser la tâche en utilisant une autre connaissance. Seul le résultat compte ici. Ce type de critère, exclusivement focalisé sur le résultat, présente un inconvénient important, notamment dans les tâches de résolution de problème : on peut passer à côté d'un résultat « faux à cause d'un détail ». L'élève a mobilisé la connaissance visée, il l'a correctement mise en œuvre, mais une erreur de calcul, une erreur dans la simple recopie de son résultat, nous conduit à conclure qu'il n'a pas réussi la tâche (ce qui est vrai) et à en inférer qu'il ne maîtrise pas la connaissance (ce qui est totalement faux). C'est la raison pour laquelle la plupart des enseignants n'utilisent pas strictement ce critère.

La façon d'atteindre le but ? Le second critère, sans exclure l'atteinte du but de la tâche, se focalise sur la manière d'atteindre le but, sur les étapes qui ont été franchies, sur la stratégie utilisée, sur le temps mis pour réaliser la tâche, voire sur les tâtonnements, le nombre d'essais infructueux, etc. L'utilisation de ce type de critère peut être extrêmement intéressante, renseigner beaucoup sur les connaissances des élèves et sur les apprentissages qui sont encore nécessaires pour atteindre le but d'apprentissage visé. Pour utiliser ce type de critère, il est important d'être au clair avec non seulement la connaissance-but de l'apprentissage et le but de la tâche d'évaluation, mais aussi avec la manière optimale de réaliser la tâche. Sans ce référent, explicite et justifié, il devient difficile par définition de conduire un jugement évaluatif. Il est en outre nécessaire de disposer des indicateurs qui permettront de mesurer précisément l'écart entre ce modèle optimal de réalisation de la tâche et la façon dont l'élève aura effectivement réalisé la tâche. Ceci ne nous oblige pas à rester bloqués sur ce modèle optimal de réalisation de la tâche. On peut, par exemple, découvrir grâce à un élève une façon de faire originale, intéressante, à laquelle on n'avait pas pensé. Mais cette explicitation préalable est nécessaire, car, sans elle, cette référence existera de façon implicite. Sans cette explicitation, nous serions en quelque sorte conduits à faire un jugement comme celui-ci : « s'il fait comme moi alors c'est correct ; s'il fait différemment alors ce n'est pas correct ».

La réalisation d'une activité ? À l'opposé de ce que nous venons de décrire, certaines approches de l'évaluation se veulent ouvertes : le but de la tâche est très large, très ouvert, et il n'y a pas de modèle optimal de réalisation de la tâche. Cela peut être le cas quand la tâche relève de la production ou de la résolution de problèmes ouverts. On peut alors être conduit à choisir des critères relativement formels ou externes (par exemple : le document de présentation contiendra tant de pages, il commencera par une introduction, etc.). On peut aussi renoncer à l'utilisation de critères explicites et connus *a priori*. Mais cela requiert de notre part énormément de prise de recul et de maîtrise, pour ne pas prendre le risque d'être soi-même la référence utilisée dans l'élaboration du jugement.

10.4 Quels sont les principaux biais d'évaluation ?

Nous avons présenté dans ce chapitre un certain nombre de problèmes liés à la pertinence et à la fiabilité de l'évaluation. Nous nous focalisons maintenant sur les biais de jugement et de notation qui persistent, malgré une tâche d'évaluation et des critères bien définis (Bonniol, Caverni & Noizet, 1972 ; Noizet & Caverni, 1978 ; Merle, 1996, 1998, 2007). On peut, en effet, voir des fluctuations importantes (de 4 à 6 points sur 20 en moyenne) dans le résultat de l'évaluation quand une même copie est évaluée avec les mêmes critères et le même barème par des enseignants différents, et parfois par le même enseignant... quand la même copie est glissée dans deux tas différents (Aymes, 1979).

La place de la copie. Quand nous évaluons successivement plusieurs copies d'élèves, notre jugement fluctue selon la place de la copie. En effet, si une même copie est placée dans le premier tiers du tas de copies, elle recevra généralement une moins bonne note que si elle est placée dans le second et surtout le troisième tiers. Plus encore, quand une copie moyenne est placée juste après une excellente copie, nous avons tendance à être plus exigeants avec cette deuxième. Réciproquement, nous serons plus indulgents si cette copie moyenne est corrigée juste après une très mauvaise copie.

L'effet de contexte. Une même copie, et plus largement un même élève, ne seront pas notés de la même manière s'ils sont dans une classe (dans un établissement) où globalement les autres élèves sont meilleurs : on aura alors tendance à être plus exigeant. Réciproquement, nous serons moins exigeants avec cette copie ou cet élève s'il fait partie d'une classe (d'un établissement) où globalement les autres élèves sont moins performants.

L'effet de réputation du contexte. Quand un élève change d'établissement, il a tendance à bénéficier ou à subir la réputation de son établissement d'origine. Nous avons tendance à sur-noter les élèves issus d'établissements réputés et à sous-noter ceux qui sont issus d'un « mauvais établissement ». Cet effet est exactement à l'intersection entre l'effet de contexte que nous venons de voir et l'effet de halo que nous allons aborder maintenant.

L'effet de halo. Le fait d'avoir une bonne opinion sur un élève pour une raison ou une autre (il ou elle est en avance sur son âge, ses frères et sœurs étaient de bons élèves, nous avons une bonne opinion de ses parents, des collègues nous on dit qu'il était bon élève, voire même il ou elle est beau) a un effet positif sur sa note. À l'inverse, avoir une mauvaise opinion sur un élève a un effet généralement négatif sur sa note. Certains d'entre nous, conscients de ce biais très connu depuis 40 ans, ont tendance à corriger voire à sur-corriger ce biais et à attribuer une meilleure note à un élève qui nous semble souffrir d'une mauvaise réputation (notons que nous corrigeons l'opinion d'autrui, pas la notre propre). Notons que cet effet est renforcé par l'effet de menace du stéréotype dont nous avons parlé plus haut : l'élève qui subit un effet de halo négatif a tendance à produire de moins bonnes performances quand il sait que son évaluateur connaît sa mauvaise réputation. Au contraire, s'il l'on parvient à inhiber la conscience que l'élève a de sa mauvaise réputation, l'effet négatif sur les performances disparaît.

L'effet du genre. Dans l'enseignement primaire et au début de l'enseignement secondaire, les filles bénéficient d'une bonne réputation qui peut produire un effet de halo positif. Cependant, quand on passe dans la seconde partie de l'enseignement secondaire puis dans l'enseignement supérieur, cet effet de halo peut se renverser sous l'effet de stéréotypes sexistes. Certains enseignants hommes attribuent moins de qualités aux filles dans le domaine des sciences en général et des mathématiques en particulier. En conséquence, une même copie attribuée à un garçon aura en moyenne une meilleure note que si elle est attribuée à une fille... quand on la donne à corriger à plusieurs correcteurs masculins. Espérons que ce résultat date d'une autre époque et qu'il ne sera plus vrai dans quelques années. En attendant ces jours meilleurs, l'effet de menace du stéréotype sexiste fonctionne très bien autour de la « capacité d'abstraction », du « niveau en maths », du « niveau en sciences », etc. à l'encontre des filles.

L'effet de l'âge de l'enseignant. En début de carrière, certains d'entre nous ont tendance à être très exigeants, cette exigence s'assouplissant quelque peu avec les années d'expérience.

La précision des critères. Un barème très précis, où chaque question est notée au point ou au demi-point, ne protège pas des biais d'évaluation. C'est même tout le contraire. Une même copie corrigée avec un barème au point (chaque question est divisée en sous-questions pour atteindre le barème : une question = un point) génère plus de différences qu'un barème large (les grandes questions sont notées avec un barème à 4 ou 5 points). La raison est liée au fait qu'avec un barème au point, nous sommes plus enclins à attribuer 0 ou 1 à une question. Avec un barème large, nous hésitons plus à attribuer 0 ou 5. Or une somme de vingt 0 est égale à 0...

Le piège de la réponse attendue. Quand nous avons précisément une idée de la tâche que l'élève doit réaliser, de la manière dont il doit la réaliser, nous nous fermons parfois à la possibilité qu'une autre réponse correcte existe, qu'une autre manière de faire est pertinente. Nous avons tendance alors à juger non pas du fait que la réponse de l'élève soit correcte ou incorrecte, mais du fait qu'elle correspond ou pas à notre attente. Cet effet est particulièrement contre-productif quand nous attendons comme réponse un mot, une phrase précise, bouchant nos oreilles à tout autre mot. L'élève a bien compris que nous attendions un autre mot et que nous étions devenus subitement sourds. Parfois il ou elle se met alors à procéder au hasard, espérant qu'un mot miracle nous guérira de notre surdité.

« Étouffer sous la pression »

ou comment les bons élèves peuvent parfois pâtir encore plus que les autres des situations d'évaluation.

Sian Beilock (2010) a découvert un effet paradoxal, intéressant et contre-intuitif, connu sous le nom de « choking under pressure » : quand on compare des élèves « bons » avec des élèves « faibles » dans deux conditions, « sous pression » ou « sans pression », on voit que les élèves faibles ont une performance assez peu détériorée par la pression. Au contraire, les élèves « forts » voient leurs performances détériorées par la pression. La série d'expériences qu'elle a consacrée à cet effet montre que les élèves « forts », qui sont connus pour pouvoir utiliser des stratégies sophistiquées pour résoudre des problèmes difficiles, sont en situation « sans pression » tout à fait capables d'utiliser ces stratégies sophistiquées. Quand on introduit une pression dans la situation (pression sociale par exemple), ils vont avoir tendance à préférer des stratégies plus simples, y compris quand celles-ci sont en réalité inappropriées. Beilock a aussi montré que le simple fait de demander aux élèves d'écrire pendant 10 minutes un texte à propos de la pression qu'ils ressentaient... faisait disparaître l'effet négatif de la pression. Pour Beilock, on aurait là un effet d'interférence d'une émotion négative sur nos ressources attentionnelles, et, comme c'est souvent le cas avec les émotions négatives, le fait d'écrire à leur propos permet de diminuer l'intensité de l'interférence qu'elles provoquent.

10.5 Comment évaluer ?

Il existe quatre grandes façons d'évaluer les apprentissages.

De façon non intrusive. Nous pouvons évaluer les apprentissages pendant que les élèves apprennent, pendant qu'ils travaillent. L'évaluation ne correspond pas alors à une tâche spécifique attribuée à l'élève. C'est l'enseignant qui s'attribue comme tâche d'évaluer, alors que l'élève reste sur sa tâche d'apprentissage. Cette évaluation non-intrusive peut être mise en œuvre tout au long de la journée, de la semaine et de l'année. Elle est particulièrement privilégiée dans les classes où les élèves sont très jeunes, mais il n'y a aucune raison de ne pas la généraliser. On a pu penser à une certaine époque que ces évaluations étaient moins objectives que les autres, mais la connaissance que nous avons aujourd'hui des biais d'évaluation nous conduit à penser que les évaluations non intrusives ne sont pas plus biaisées que les autres. Au moins, avec cette approche, les élèves consacrent-ils plus de temps à apprendre et moins de temps à être évalués. L'enseignant consacre plus de temps à concevoir son enseignement et moins de temps à corriger des copies.

De façon intrusive. La façon la plus classique d'évaluer les apprentissages consiste à prescrire des tâches spécifiques pour l'évaluation. Les élèves arrêtent d'apprendre pour être évalués. Ce peut même être perçu comme une perte de temps pour les apprentissages. Il est alors nécessaire d'être très clair sur le bénéfice qu'il y a à tirer de cette évaluation.

Dans le cas où l'on décide qu'il est nécessaire de faire une évaluation intrusive, il semble important d'établir un contrat clair avec les élèves, leur indiquant avant l'évaluation :

- Qu'est-ce qui va être évalué ?
- Avec quelle activité ?
- Selon quels critères ?

De façon standardisée. Une autre pratique d'évaluation, toujours intrusive, consiste à utiliser des outils d'évaluation que nous n'avons pas nous-mêmes conçus. Par exemple, nous faisons passer un « examen blanc » à nos élèves. Cette façon d'évaluer est très utile quand elle remplit la fonction de situer chaque élève par rapport aux attendus d'une échéance prochaine. Pour les enseignants, cette approche est tout aussi utile, non pas pour situer un élève mais une classe ou pour évaluer l'efficacité de leur enseignement. Par exemple, pour sortir du domaine des strictes connaissances scolaires de l'examen blanc, je peux vouloir évaluer la motivation de mes élèves, ou bien leurs connaissances métacognitives. Il est très utile alors d'utiliser un outil non seulement déjà fait mais standardisé : je pourrais ainsi situer ma classe ou mon enseignement par rapport à une référence externe.

Un exemple d'évaluation standardisée utile

Il y a quelques années, l'un entre nous a été sollicité par les enseignants d'une école qui souhaitaient améliorer leurs façons de travailler. Ils étaient en effet très ennuyés par le fait que leurs élèves avaient globalement un faible niveau et leur école globalement une mauvaise réputation. Avant de commencer à travailler ensemble, nous avons simplement comparé les résultats des élèves sortant de cette école avec ceux des élèves sortant des autres écoles de la même circonscription. Nous avons utilisé les résultats sur cinq années à l'évaluation à l'entrée en 6e : la même évaluation standardisée passée par l'ensemble des élèves de la même circonscription. Une belle surprise nous attendait : tous les résultats montraient que depuis des années cette école avait les meilleures performances de la circonscription. Ce que les outils internes d'évaluation empêchaient de voir.

De l'intérêt de l'autoévaluation. La dernière forme d'évaluation consiste à impliquer les élèves eux-mêmes dans le processus d'évaluation. On peut éventuellement aider les élèves à réaliser cette autoévaluation, notamment pour les élèves les plus jeunes ou les plus en difficulté. On peut aussi proposer aux élèves de confronter leur autoévaluation à l'évaluation que nous avons faite. Mettre en œuvre des situations d'autoévaluation contribue non seulement au développement de la capacité métacognitive à s'auto-évaluer mais aussi au développement de la motivation centrée sur la maîtrise et l'apprentissage.

10.6 Les principaux diagnostics

Une fois que l'évaluation est réalisée, nous nous demandons généralement ce qui peut en être exploité, quelle information est fournie, quel diagnostic peut être fait ? Cela demande un effort de notre part, que nous oublions parfois de faire, nous arrêtant à la performance de l'élève. Voici donc une liste des principaux diagnostics qui peuvent être inférés d'une évaluation :

L'élève ne travaille pas. C'est le cas quand l'élève n'a pas réalisé la tâche, n'a pas essayé de la réaliser et ceci était manifeste avant même la tâche d'évaluation. On ne sait pas pourquoi l'élève ne travaille pas.

L'élève est persuadé qu'il ne peut pas y arriver. L'élève n'a pas essayé de réaliser la tâche, ou a abandonné très rapidement. Quand on l'interroge à ce propos, il explique qu'il ne se sent pas capable, qu'il est « nul » dans cette discipline, ou qu'il n'a pas du tout compris cette notion. On ne sait pas pourquoi il pense cela à propos de lui-même.

L'élève n'a pas la connaissance nécessaire à la réalisation de la tâche. L'élève essaie de réaliser la tâche mais n'y parvient pas. Quand on lui dit que pour réaliser cette tâche il faut mobiliser telle connaissance, cela ne change rien à la situation.

Quand on l'interroge à propos de cette connaissance, il n'est pas capable d'en dire plus. On ne sait pas pourquoi il n'a pas élaboré cette connaissance, mais en continuant le dialogue, notamment sur ce qu'il sait dans ce domaine, on peut commencer à émettre des hypothèses sur la cause de cette méconnaissance.

L'élève a la connaissance mais ne parvient pas à la mobiliser. L'élève essaie de réaliser la tâche mais n'y parvient pas. Quand on lui dit que pour réaliser cette tâche il faut mobiliser telle connaissance, cela change tout. Il est maintenant capable de réaliser la tâche. Cette situation peut correspondre à des degrés différents de difficulté de mobilisation. Le degré le plus léger est représenté par « le mot sur le bout de la langue » : le simple fait de dire un mot à l'élève lui permet de mobiliser la connaissance. À l'autre extrémité se trouvent les cas où l'élève n'a pas seulement une difficulté à identifier la connaissance pertinente (le format déclaratif de la connaissance) mais aussi une difficulté à la mettre en œuvre (la forme procédurale de la connaissance n'est manifestement pas complètement élaborée).

L'élève mobilise une autre connaissance à la place. L'élève essaie de réaliser la tâche mais n'y parvient pas car la connaissance qu'il mobilise n'est pas pertinente. Dans cette situation, le diagnostic peut s'orienter vers un élément très superficiel : c'est un mot de l'énoncé, un simple aspect de la consigne, qui l'a conduit à mobiliser une connaissance inappropriée. C'est un diagnostic extrêmement fréquent. L'autre situation est plus difficile, car il s'agit cette fois d'un élément profond : ce n'est pas un mot de l'énoncé mais bien le contenu complet de l'énoncé qui a orienté l'élève vers une connaissance inappropriée. Il se peut alors que le domaine de validité de la connaissance soit erroné.

L'élève mobilise la bonne connaissance mais fait une erreur de mise en œuvre. L'élève essaie de réaliser la tâche et mobilise une connaissance pertinente. C'est au cours de la mise en œuvre de la connaissance qu'une erreur est produite. Ceci est généralement dû à un problème attentionnel, qui peut correspondre soit à une interférence (l'attention de l'élève a été attirée par autre chose au mauvais moment) soit au fait que la mise en œuvre de la connaissance est encore très coûteuse, la connaissance n'est pas encore suffisamment automatisée, voire simplement pas encore suffisamment maîtrisée.

L'élève évalue mal l'atteinte du but. L'élève essaie de réaliser la tâche et mobilise une connaissance pertinente. Mais il arrête avant d'avoir fini, ou, au contraire, continue alors que le but a été atteint. Le diagnostic peut alors s'orienter vers le versant cognitif (on est en début d'apprentissage, la connaissance n'est pas encore bien maîtrisée, en particulier l'appariement situation – procédure) soit vers le versant métacognitif (l'élève ne sait pas encore que quand on a fini une tâche il faut relire la consigne et vérifier que ce qui a été atteint correspond bien à ce qui était attendu).

SYNTHÈSE

« COMMENT ÉVALUER LES APPRENTISSAGES ? »

Ce chapitre sur l'évaluation abordait un des aspects les plus délicats et les plus difficiles du métier d'enseignant. Voici ce qui, à notre sens, peut-être retenu de ce chapitre :

- Être très prudent avec les évaluations en général et les notes en particulier (ne jamais acquérir de certitude à ce propos si ce n'est que nous sommes encore plus faillibles dans ce domaine que dans les autres).
- Un diagnostic n'est jamais qu'une hypothèse de travail, qui ne demande qu'à être réfutée, à tout moment.
- Bien connaître les biais d'évaluation et de jugement.
- Ménager la plus grande place aux évaluations non-intrusives, par observation.
- Contractualiser clairement les évaluations intrusives.
- Utiliser l'évaluation pour aider les élèves à apprendre, pour réguler leur apprentissage et notre enseignement.
- Encourager la conception de l'erreur comme inhérente à l'apprentissage.
- Multiplier les formes d'évaluation pour véritablement diagnostiquer.
- Être clair sur le contenu et sur le format de la connaissance visée par l'évaluation.
- Utiliser l'évaluation comme moteur de progrès et de motivation.
- Centrer le retour, fait à partir de l'évaluation vers l'élève, sur la connaissance plutôt que sur la performance.
- Faire des évaluations privées, non publiques.

POUR ALLER PLUS LOIN

Antibi, A. (2003). *La Constante macabre*. Toulouse : Math'Adore.

Bressoux, P. & Pansu, P. (Éds), (2003). *Quand les enseignants jugent leurs élèves*. Paris : PUF.

Butera, F., Buchs, C., & Darnon, C. (Éds), (2011). *L'évaluation une menace ?* Paris : PUF.

Merle, P. (1998). *Sociologie de l'évaluation scolaire*. Paris : PUF.

Talbot, L. (2009). *L'évaluation formative. Comment évaluer pour remédier aux difficultés d'apprentissage ?* Paris : Armand Colin.

Partie 4

Comment planifier mon enseignement ?

Point de repère n° 4

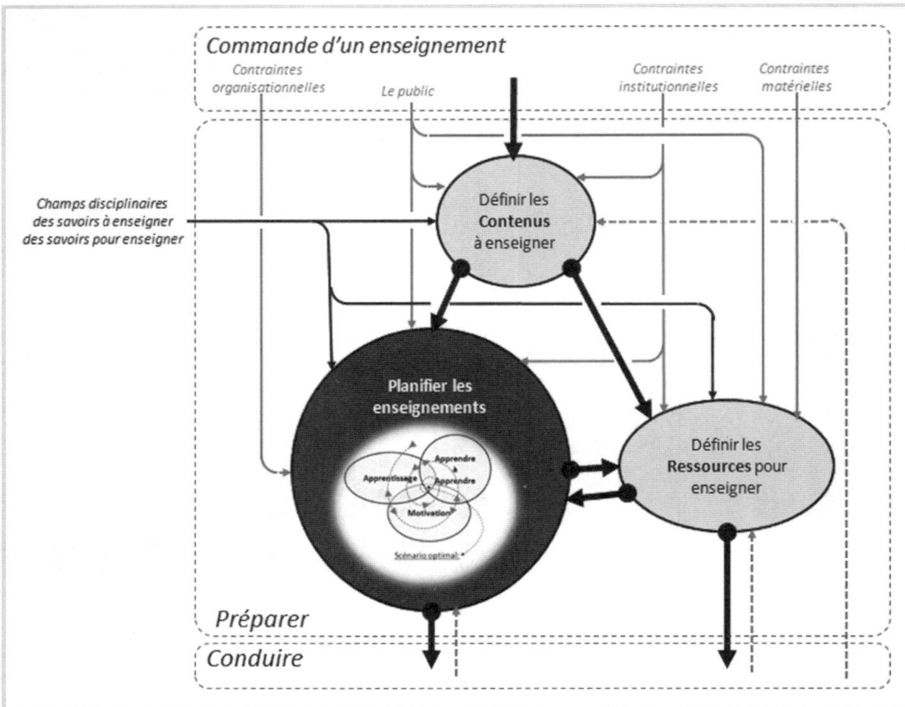

La planification est le processus qui consiste à établir un besoin puis à déterminer le meilleur moyen possible de satisfaire ce besoin, ceci dans un cadre stratégique nous permettant d'identifier les priorités et de déterminer quels sont nos principes de mise en œuvre. Planifier, c'est penser au futur, c'est faire quelque chose maintenant pour le futur. Ce qui ne signifie pas nécessairement que tout va fonctionner comme prévu. C'est même improbable. Mais si nous avons planifié correctement, notre capacité à nous adapter, sans compromettre notre objectif général, sera bien plus importante.

Planifier, c'est éviter de naviguer à vue et d'être surpris par la tempête. C'est s'engager dans une démarche rationnelle de conception pour préparer efficacement la mise en œuvre de l'enseignement. C'est s'engager dans l'écriture d'un plan d'action décrivant la manière d'enseigner, pour exclure le caprice, l'improvisation et le hasard.

Ce support de planification, qu'est le plan d'action, précise dans le temps l'agencement des activités des élèves et de l'enseignant, des ressources, des manières de faire susceptibles d'influer favorablement sur l'apprentissage des élèves. Nous abordons maintenant les principes régissant la planification :

- Comment élaborer un plan d'action ?
- Existe-t-il des plans d'action déjà prêts ?

Chapitre 11

Comment élaborer un plan d'action ?

11.1 Pourquoi un plan d'action ?

La planification d'un enseignement est comparable à la préparation d'une course en montagne. L'action d'un enseignant renvoie à celle d'un guide de haute montagne, qui planifie sa course, après avoir étudié le terrain, pris en compte les conditions météo, le niveau des randonneurs, leur motivation, leur capacité à tirer des leçons d'une expérience...

L'enseignement des savoirs définis par un programme nécessite d'élaborer une **progression** en fonction d'un projet, qui établit un ordre dans les apprentissages, un itinéraire et des étapes parmi les notions, tout en tenant compte des points de passage obligés. Cette progression s'efforce de déterminer un enchaînement précis d'étapes d'enseignement-apprentissage, de façon à éviter l'empilement et la juxtaposition de notions. [Terminologie de l'Éducation – BO n° 35 du 17 septembre 1992, p. 2484].

Planifier revient à décrire la manière d'investiguer le champ notionnel en prenant en compte, d'une part, les processus d'apprentissage, la motivation des élèves et la métacognition et d'autre part, les recommandations institutionnelles en termes d'approches didactiques disciplinaires et de démarches d'enseignement.

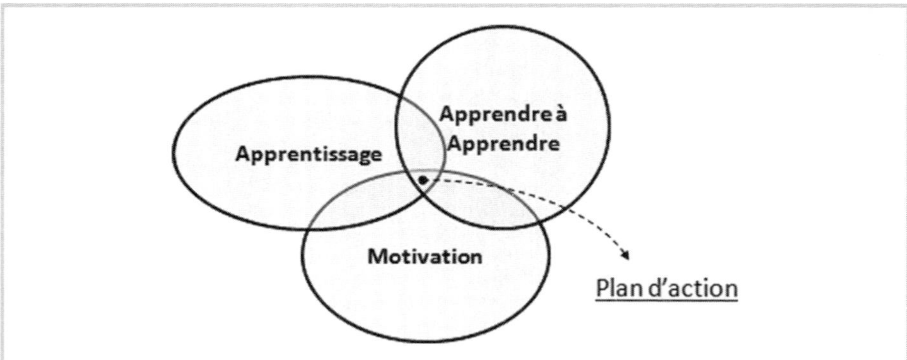

Figure 17

Les trois piliers du plan d'action

Le plan d'action, support de la planification, est une prévision qui ne signifie pas une progression réelle. Il ne s'agit pas de tailler dans le marbre une succession d'actions dont l'enseignant s'interdira de sortir. Mais plutôt de prévoir des « possibles » qui seront mis en place, avec opportunisme, en fonction des évènements réels de la classe (De Vecchi & Giordan 2002).

Quand on compare les enseignants novices aux autres (experts ou expérimentés), on constate que (Dessus, 1995, p. 21) :

- « les experts produisent des planifications toujours « meilleures » que les novices. Elles sont plus précises, plus structurées, plus profondes, plus longues, plus souples, plus automatisées, etc. ;

- les routines (ou scripts) semblent jouer un rôle important, non seulement en phase interactive, mais aussi dans le pré-actif, où les représentations de ces routines semblent être consignées dans les planifications ;
- toutefois, le type de connaissance que les sujets extraient de la situation proposée est au moins aussi crucial que les routines qu'ils peuvent déclencher par la suite ;
- les novices ont tendance à plus se centrer sur les étudiants et leurs caractéristiques ».

Chez les novices, l'adaptation est limitée et porte principalement sur la composante « Apprentissage ». Chez un enseignant expert, le plan d'action se caractérise par une progression envisagée. L'adaptation porte sur toutes les composantes (Borko & Livingstone, 1989 ; Perterson & Comeau, 1987 ; Tochon, 1993).

11.2 Qu'est-ce qu'un plan d'action ?

Le plan d'action s'attache à décrire la phase d'enseignement-apprentissage au travers d'une chronologie d'étapes caractérisées par un but, des tâches favorisant les apprentissages et des ressources matérielles. Les buts peuvent être de nature cognitive et/ou motivationnelle et/ou métacognitive. Ils peuvent renvoyer respectivement :

- à un format et un processus d'apprentissage
- à la composante Engagement, Effort ou Persévérance de la motivation
- à la Planification, au Contrôle ou à la Régulation d'un objet de la métacognition.

Les tâches et les ressources constituent les moyens mis en œuvre pour permettre à l'élève d'atteindre le but fixé. La définition des tâches concerne le rôle de l'enseignant qui accompagne l'élève tout au long du processus et l'action de l'élève qui conduit le processus visé.

Les ressources matérielles correspondent aux documents, aux supports pédagogiques, aux matériels utilisés par les élèves ou le professeur.

L'efficacité de la phase d'enseignement-apprentissage est conditionnée par des changements de posture chez l'élève. En amont, ce changement de posture, « passage de l'individu à l'élève », vise à faire accepter à l'élève la situation d'apprentissage par instruction. En aval, ce changement de posture, « passage de l'élève à l'individu », concerne les bénéfices de l'apprentissage : en quoi cette nouvelle connaissance lui permet-elle de mieux comprendre ou de mieux agir sur le monde dans lequel il vit ?

La figure 18 propose un schéma d'architecture d'un plan d'action.

Face au défi que représente la complexité des contenus d'enseignement, l'enjeu est bien évidemment d'élaborer un parcours de formation qui soit plus systémique, visant la solidité des apprentissages à long terme. Il ne s'agit pas de proposer un enseignement linéaire et cloisonné mais bien une progressivité des apprentissages conditionnée par le critère d'antériorité. L'enseignement du savoir ne peut nullement se réduire à un apport exhaustif, amené d'un seul tenant. On cherchera, au contraire, à aborder divers aspects de ce savoir par touches successives et à revenir plusieurs fois, mais à des niveaux d'étude différents, sur ce qui doit être compris et assimilé.

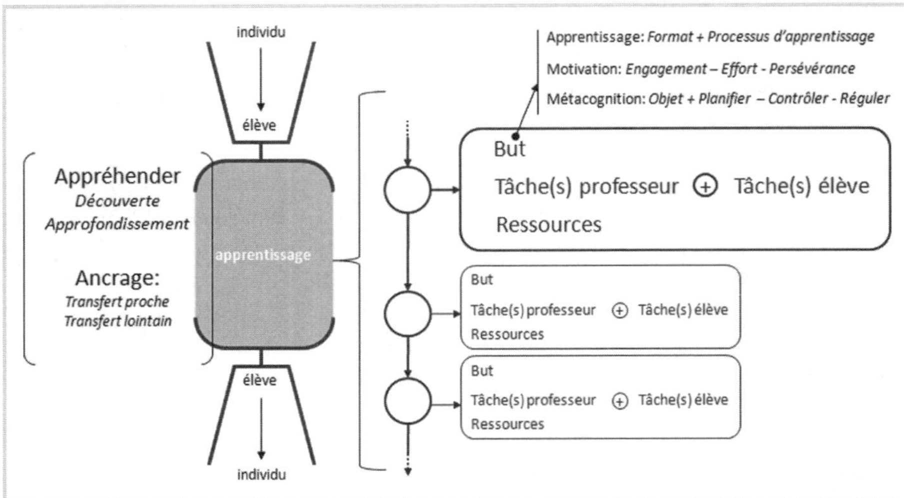

Figure 18
Un schéma d'architecture d'un plan d'action

Le principe consiste donc à définir des « approximations successives » en s'appuyant sur les niveaux d'information précédemment établis (dans la définition du savoir scolaire), en partant des acquis et en élargissant progressivement le champ de la compréhension et de la compétence :

- en gérant les antériorités entre les savoirs ;
- en dosant la granularité des contenus ;
- en gérant le transfert.

Aussi, le parcours d'enseignement-apprentissage peut-il articuler progressivement, la manière d'appréhender et d'ancrer le savoir à acquérir. Nous distinguons 4 phases clés :

La découverte du savoir. Cette phase a pour objectif(s) spécifique(s) de permettre à l'élève d'appréhender le savoir en discernant la raison d'être, la fonction et les principes clés associés. Ce savoir pourra être de nature déclarative (lois, principe, structure, organisation) ou méthodologique (règle, méthode de décodage d'objet technique, démarche de modélisation, guide de choix, procédures de calcul, procédures de mise en œuvre).

L'approfondissement du savoir. Complémentaire à la phase de découverte, mais sans lui faire forcément suite, cette phase propose de développer divers aspects du savoir. La recherche sous-tendue de l'exhaustivité pourra être abordée par touches successives, à des niveaux et moments d'étude différents.

Le transfert proche (apprendre à « manipuler » le savoir). Cette phase d'application est purement *fonctionnelle : il s'agit d'apprendre à manipuler le savoir.* Elle vise l'acquisition du mode d'emploi et des manipulations associées au savoir. Les savoirs en cours d'acquisition seront mobilisés dans des situations analogues ou proches de celles de la phase de découverte : l'enjeu premier consiste à s'entraîner. Cette phase est fondamentalement conditionnée par le niveau d'automatisation (ou de contrôle) des savoir-faire induits. Il s'agit en quelque sorte de développer une autonomie d'action.

Le transfert lointain. Au cours de cette phase, l'élève apprend à reconnaître dans une situation problème les savoirs qui vont être utiles à sa résolution. Il identifiera ainsi le domaine d'application de chacun de ces savoirs. Il s'agit d'une logique d'usage (appelée aussi transfert lointain) qui vise à développer une autonomie de décision. Ainsi, par voie de conséquence, l'autre enjeu fondamental de ce type de phase réside dans la mise en perspective des règles générales d'utilisation (les connaissances conditionnelles ou méta-méthodes) des savoirs en fonction des catégories de problèmes généraux (conception, diagnostic, analyse de système, contrôle,...). Cet enjeu, trop souvent ignoré, porte très clairement sur ce qui concerne le « quand » et le « pourquoi » d'un savoir. Ces connaissances réfèrent aux conditions de l'action, c'est-à-dire aux raisons du choix de telle ou telle démarche ou stratégie (Boisvert, 1999).

11.3 Les échelles de planification

L'enseignement des savoirs définis par un programme nécessite d'élaborer une **programmation didactique** (Reuter *et al.* 2007, p. 186) à différentes échelles.

Selon la durée de la période d'enseignement, on distingue trois types de programmation :

- Les programmations de longue durée : **progressions.** Ces dernières se préoccupent de la distribution chronologique de séquences et prend en compte le calendrier scolaire (il peut être essentiel que des séquences ne soient pas coupées par des vacances).
- Les programmations de durée moyenne : **stratégies de séquence.** Elles ont pour limite la planification d'une action de formation organisée autour d'activités pédagogiques (cours, travaux dirigés et travaux pratiques) pour atteindre un but d'apprentissage.
- Les programmations de courte durée : **scénarios de séance.** Ces dernières s'attachent à définir le processus de conduite d'une activité pédagogique en termes de tâches élève, tâches professeurs et d'utilisation des ressources les mieux adaptées.

Chacune de ces programmations se distingue les unes des autres par le niveau de maîtrise des paramètres dimensionnant (contraintes matérielles et temporelles, les caractéristiques du public, etc.), des tenants et des aboutissants des trois piliers d'une bonne planification. Ils dépendent aussi d'éléments extérieurs plus ou moins nombreux selon la situation. La motivation, par exemple, dépendante de nombreux facteurs extérieurs à la situation d'enseignement, sera plus délicate à définir lors d'une planification annuelle alors quelle sera plus facilement maîtrisable à l'échelle d'une séance. Le métacognitif peut dépendre des autres disciplines si l'on veut mettre en place des démarches générales (comment apprendre une leçon, ...), le domaine de validité n'est pas toujours maîtrisé (apprendre sa leçon en français = apprendre une leçon en math ?) et nécessite une collaboration inter(trans)disciplinaire.

11.4 Principe général de conception d'un plan d'action

L'activité de conception d'un plan d'action, quelle que soit l'échelle de la programmation, vise à définir :

- la dimension temps (Quand ?),
- la finalité en termes de connaissance et de processus d'apprentissage (Quoi ?), de motivation (Pourquoi ?) ou métacognition, c'est-à-dire de manière d'atteindre les buts fixés (Comment ?),
- les ressources humaines (Qui ?) et matérielles (À l'aide de Quoi ?),
- les obstacles possibles (Risques ?).

Dans cette perspective, nous proposons une démarche de conception qui relève d'une approche systémique centrée sur les apprentissages et tenant, nécessairement, compte de la motivation, de la métacognition et de l'évaluation. La démarche prend en compte chacun des volets selon un processus spiralaire, nécessitant de nombreux allers et retours, de façon à converger vers un plan d'action optimal.

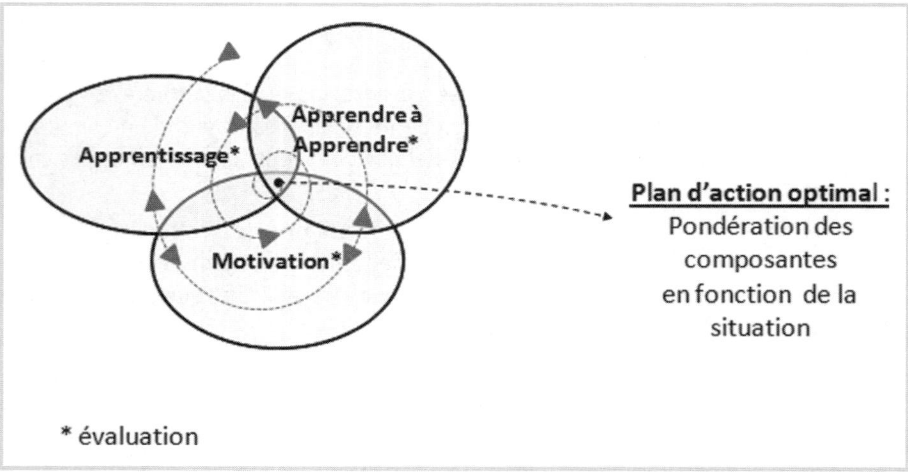

Figure 19
Modélisation d'une démarche d'élaboration d'un plan d'action

Le plan d'action optimal est un compromis, entre la prise en compte pondérée des trois volets et l'intégration des contraintes matérielles et temporelles.

Le processus de conception s'articule autour de trois temps, dans l'ordre suivant :

- esquisser un parcours d'investigation du savoir scolaire compatible avec les relations d'antériorité entre les composantes du savoir scolaire et les objectifs de formation. Cette organisation se veut immatérielle et intemporelle,
- enrichir cette esquisse par une définition systématique des buts et des moyens associés, en termes d'apprentissage, de motivation et de métacognition,
- intégrer les contraintes organisationnelles et matérielles,
- prendre en compte le retour d'expérience afin de réguler.

Notre proposons une déclinaison de l'architecture générale d'un plan d'action, qui peut constituer un repère pour son élaboration. Elle s'articule autour des étapes suivantes :

- motiver les élèves pour les apprentissages à venir,
- évaluer leurs connaissances à propos du savoir (préconception, connaissances...),
- permettre d'appréhender le savoir, c'est-à-dire réduire l'écart entre le savoir et la connaissance,
- permettre d'appréhender les démarches pour apprendre (métacognition),
- faire prendre conscience à l'élève de l'écart entre le savoir et sa connaissance,
- motiver les élèves pour les apprentissages à venir.

Une check-list (d'après Tricot & Plégat-Soutjis, 2003)

Afin de mener à bien ce processus, on pourra s'appuyer sur les questions suivantes en apportant des réponses appropriées :

1- Quel est le contexte ?

1.1. Qui sont les élèves ?

Quelles sont les connaissances antérieures des élèves dans le domaine ?

Quelles sont les stratégies d'apprentissage utilisées par les élèves ?

Quelles sont les connaissances antérieures, les expériences, des élèves dans ce type de dispositif de formation ?

Quels sont les motifs des élèves pour suivre cette formation ?

1.2. Dans quelles conditions apprennent-ils ?

Quelles contraintes matérielles pèsent sur les élèves ?

Quelles contraintes spatiales ? Temporelles ?

1.3. Quelles sont les spécificités de l'enseignement dispensé ?

Quelles sont les approches didactiques spécifiées ?

Quelles sont les démarches et activités pédagogiques préconisées ?

Quelles sont les ressources matérielles de référence ?

2. Quelles sont les connaissances à acquérir ?

2.1. Quels sont les contenus des connaissances ?

Quelle connaissance va être construite par l'apprenant ?

Cette connaissance à acquérir est-elle radicalement nouvelle ?

Est-elle reliée à une connaissance antérieure (avec modification de cet existant ou non) ?

2.2. Quelle est l'architecture générale

L'architecture générale est-elle arborescente, en réseau, linéaire ?

L'architecture générale est-elle rationnelle ou fonctionnelle ?

L'architecture générale est-elle simple ou complexe ?

2.3. Quels sont le(s) format(s) des connaissances ?

3. Comment faire acquérir les connaissances ?

3.1. Quelles sont les progressions possibles parmi les contenus ?

3.2. Quelles sont les activités d'apprentissage ?

Comment favoriser les apprentissages ?

Comment motiver les élèves ?

Comment aider les élèves à apprendre ?

3.3. Quelles sont les ressources à utiliser et à élaborer ?

3.4. Quand et comment réguler l'activité des élèves ?

3.6. Quand et comment évaluer les connaissances ?

11.5 L'activité spécifique de planification selon l'échelle

Selon les échelles de planification, la centration diffère et la clarification du plan d'action change de niveau de formulation. Ce changement d'échelle apparaît comme le passage d'une approche générale de l'investigation des savoirs, basée sur une clarification de nature stratégique, à une définition des actions concrètes à mener par les élèves et l'enseignant.

- **Lors de l'élaboration d'une progression**, l'activité de conception est centrée sur l'articulation des contenus clés d'un programme. Le but est de dégager une organisation séquentielle de ces contenus. Cette dernière est contrainte par des critères d'antériorité des apprentissages et de traitement de la complexité, par les enjeux de la discipline ou de la formation et bien sûr par les données organisationnelles.
- **L'élaboration de la stratégie de séquence** a pour cadre la progression, et donc des contenus organisés. La conception est centrée sur la définition et l'articulation des BUTS d'apprentissage, motivationnels et métacognitif. Elle conduit à une organisation en termes de séances d'enseignement pour lesquelles des tâches d'apprentissage et des ressources auront été sélectionnées.
- **Le scénario de la séance** a pour cadre la stratégie de séquence, et donc des BUTS organisés et des tâches d'apprentissage sélectionnées. La conception est centrée sur la formulation de l'action concrète inhérente à la tâche d'apprentissage (« l'observable ») favorisant un processus d'apprentissage

(« le sous-jacent »). On s'attache à décrire les tâches d'apprentissage et d'enseignement en clarifiant les liens entre les actions de l'enseignant, les actions de(s) l'élève(s) et les ressources matérielles.

Comment planifier l'année ?

Tout en mobilisant les repères et principes généraux de conception d'un plan d'action précisés précédemment, la planification de l'année a pour périmètre la recherche d'un parcours d'investigation stratégique des savoirs scolaires.

Définir les enjeux du programme

Le programme permet de comprendre un aspect du monde et/ou d'agir sur un aspect de ce monde. Les enjeux peuvent être liés soit à l'apprentissage d'un métier, soit à la résolution de problèmes de la vie quotidienne (compter, lire...). Ils peuvent être à courts, moyens et longs termes. La définition des enjeux peut être établie soit à partir de repères institutionnels, soit à partir d'une analyse de pratiques sociales ou professionnelles de référence.

Établir le niveau d'organisation des savoirs entre eux

- en caractérisant leur relation en termes d'antériorité, de complémentarité ou encore approfondissement. Selon les disciplines c'est plus ou moins facile. Par exemple en mathématique, c'est facile, la structure de la matière l'impose,
- en pondérant les savoirs les uns par rapport aux autres. Il faut accepter dans un programme scolaire de ne pas tout traiter avec la même attention. Il faut assumer qu'il faille définir des priorités, qu'il y ait des points du programme qui soient secondaires.

La prise en compte du niveau d'interaction d'un savoir donné avec d'autres savoirs et de son niveau de criticité doivent aider.

La criticité exprime le caractère fondamental d'un concept qui, s'il n'est pas bien assimilé, entraînera des difficultés d'apprentissages ultérieures importantes, même si son niveau de complexité n'est pas très élevé.

Identifier les contraintes organisationnelles

- Quelles sont les périodes de l'année : période de vacances, d'examen, les saisons, les événements scolaires ou civils,... ?
- Quels est l'emploi du temps des élèves ? de l'enseignant ?
- Quelles sont les disponibilités des locaux, des matériels ?

Exemple

Dans le cas d'une formation professionnelle telle que la maintenance des équipements industriels, il est possible d'envisager la planification de l'année comme une réponse progressive à 2 questions centrales mais néanmoins en interaction :

Qu'est-ce que la maintenance ?

Qu'est-ce qu'un équipement industriel ?

La maintenance se caractérise, notamment, par plusieurs actions : la surveillance, l'inspection, le contrôle, le diagnostic. Outre le fait que l'on puisse établir des niveaux de complexité différents entre ces actions, on peut également identifier différents niveaux de maîtrise de ces actions : observer une action, mener une action avec assistance, mener une action sans assistance, mener une action partiellement, ou totalement, concevoir une action.

L'enseignement des contenus relatifs à l'équipement industriel, quant à lui, peut être envisagé comme une investigation systémique.

Sur cette base, on élaborera une programmation qui associe la progressivité dans l'apprentissage des actions de maintenance et l'approfondissement de la connaissance de ce qu'est un équipement industriel. Il s'agit d'enrichir au fur et à mesure la connaissance et de susciter un intérêt croissant, en mobilisant des acquis solides.

Cette programmation pourra, par exemple, au cours de la première période (phase de découverte) répondre aux questions « C'est quoi la maintenance d'un bien ? », « C'est quoi un bien ? », « C'est quoi la surveillance d'un bien ? ». On y proposera des activités d'observation et de réalisation partielle d'action de surveillance. Ces actions ne nécessiteront pas des savoir-faire de haute technicité mais utiliseront des appareillages de haute technicité (caméra thermique, télésurveillance...).

Outre le fait d'apporter une première réponse aux deux questions centrales (but d'apprentissage), cette phase a, avant tout, pour but d'engager les élèves dans la formation (but de motivation).

Comment planifier une séquence ?

La planification d'une séquence d'enseignement-apprentissage repose également sûr sur les repères et principes généraux de conception d'un plan d'action précisés précédemment. Mais nous proposons de l'enrichir d'une démarche spécifique permettant de déterminer les buts d'apprentissage (formats de connaissance visés et processus d'apprentissage).

Lorsqu'on conçoit une situation d'enseignement-apprentissage, ce sont plusieurs formats de connaissance qui sont visés et plusieurs processus d'apprentissage qui seront mis en œuvre. Dès lors, l'activité centrale de la planification d'une séquence porte sur la recherche d'un parcours d'apprentissage qui différencie les cheminements didactiques en fonction des formats de connaissance à élaborer par les élèves.

Il s'agit d'élaborer un parcours d'enseignement à partir d'une combinaison « raisonnée » de processus d'apprentissage.

Le processus de conception, utilisant le cadre de référence, s'articule autour des grandes étapes suivantes :

Caractériser les formats de connaissance

- Quels sont les formats de la connaissance à enseigner ?
- Avec quel niveau de détail doit-elle être élaborée ?
- Avec quel niveau de généralité ?
- Est-ce une difficulté, un obstacle pour les élèves ?
- Est-ce une nouveauté ou au contraire cette connaissance fait-elle appel ou correspond-t-elle à des connaissances préalables ?

Identifier un potentiel de processus d'apprentissage

Il s'agit de rechercher l'ensemble des processus d'apprentissage permettant d'élaborer un format de connaissance donné, que ce soit par élaboration ou par transformation d'un autre format.

Élaborer un parcours d'enseignement

Le travail consiste :

- tout d'abord à établir un schéma didactique mettant en lien les formats et les processus d'apprentissage à mettre en œuvre pour élaborer les connaissances visées. En d'autres termes, par quel apprentissage commencer ? Qu'est-ce qui suivra ? Comment mettre en lien les différents buts d'apprentissage précédemment identifiés en fonction des relations qu'ils entretiennent avec les autres formats ?
- Ce schéma sera ensuite traduit en termes de tâches d'apprentissage et organisés en activités pédagogiques.

Les choix retenus dépendent :

- des connaissances antérieures des élèves pour identifier quel processus d'apprentissage ou quel format peut être un obstacle aux autres, ou au contraire les faciliter,
- des habitudes des élèves en matière d'apprentissage, leur rapport à l'école, les démarches préalablement apprises, ...
- des modalités et des démarches d'enseignement préconisées au niveau de la didactique de la discipline.

Illustration de la démarche spécifique de planification

Exemple visant l'apprentissage d'un concept et d'une méthode associée.

1- Caractériser les formats de connaissance (contenus à enseigner)

Quels sont les formats de la connaissance à enseigner ?

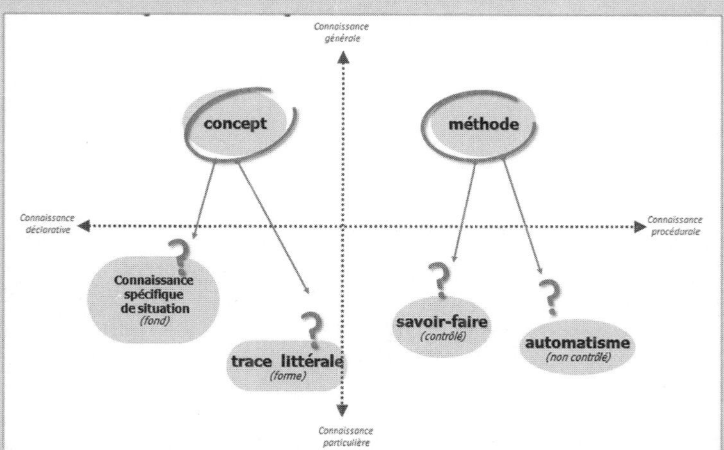

2- Identifier un potentiel de processus d'apprentissage

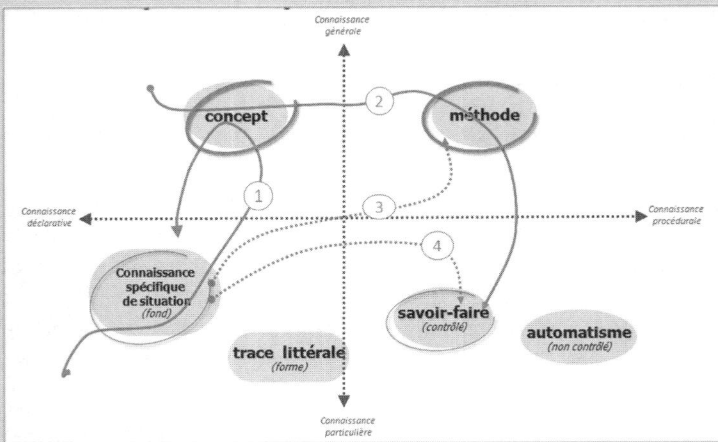

Les connaissances générales présentant des difficultés pour les élèves, on décide de leur faire acquérir aussi des connaissances particulières. On établit un parcours qui combine processus de conceptualisation et processus de compréhension pour l'acquisition du concept : parcours 1. Quant à l'acquisition des connaissances procédurales, on se propose d'identifier tous les processus de procéduralisation qui peuvent être conduits à partir des différents formats de connaissances déclaratives précédemment retenus : du concept à la méthode puis de la méthode au savoir-faire (parcours 2), de la connaissance spécifique à la méthode (parcours 3), de la représentation au savoir-faire (parcours 4).

3- Élaborer un parcours d'enseignement

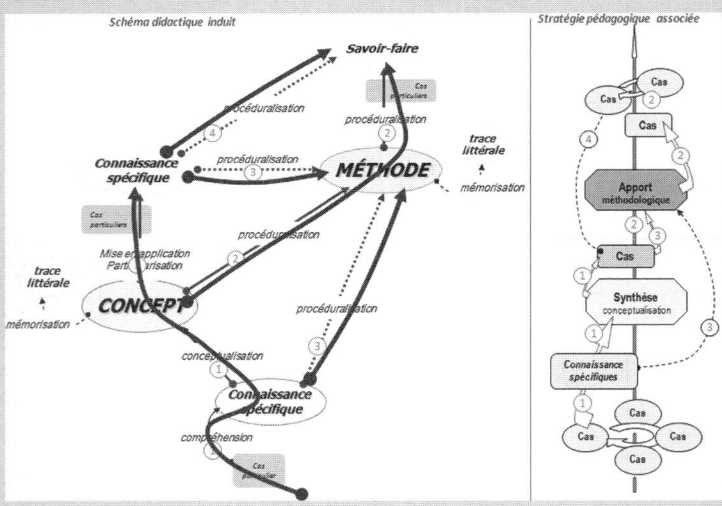

Ce parcours visera tout d'abord l'acquisition des connaissances déclaratives : du particulier au général suivi d'un transfert à divers cas particuliers, sans oublier les traces littérales associées. Cette première étape s'appuie sur la proximité nécessaire avec les connaissances antérieures des élèves. L'acquisition des connaissances procédurales sera conduite selon un axe qui va du général au particulier (de la méthode au savoir-faire). Cependant, afin que les élèves comprennent la situation dans laquelle on leur demande d'agir, (l'état initial, l'état but et les étapes qui séparent les deux) chacun des formats de connaissances procédurales visés fera l'objet d'un traitement combiné de processus de procéduralisation. Ce schéma pourrait se traduire en une organisation pédagogique (présentée sur la figure de droite ci-dessus), suite des choix de tâches et leur mode d'organisation (le temps, l'organisation sociale et le lieu les plus à même de servir les tâches).

L'exemple suivant propose d'illustrer la planification (hors volet motivationnel et méta-cognitif) d'une séquence d'enseignement-apprentissage centrée sur l'élaboration d'un format de connaissance (le concept de poésie) selon un processus d'apprentissage.

Exemple : Qu'est-ce qu'une poésie ?

L'exemple propose d'étudier la planification d'une séquence de français au collège ayant pour objet le concept de poésie. Les objectifs de cette séquence sont de découvrir les principales caractéristiques du langage poétique et les formes variées des textes poétiques.

La poésie est un genre littéraire caractéristique par sa forme, que l'on oppose au récit et au théâtre.

Le langage poétique est un langage particulier, qualifié à la fois de musical, imagé et libre.

La musique du poème se fonde sur des jeux sonores (rimes, nombre de syllabes, répétitions telles que assonances et allitérations) et des rythmes (longueur des vers, pause, rejet ou enjambement).

Le langage poétique se reconnaît également par son caractère imagé. La signification des mots n'apparaît pas toujours immédiatement. Le sens du poème se construit dans un jeu d'associations qui repose sur des figures de style comme la comparaison, la métaphore, l'animalisation, la personnification.

Enfin, le langage poétique est libre parce qu'il joue avec les mots et les constructions de phrases pour bâtir, aussi, le sens du poème.

Les textes poétiques peuvent présenter des formes régulières ou libres. Un poème à forme régulière est composé selon un schéma précis. Il est constitué de vers regroupés en un nombre définis de strophes. Il existe des formes fixes comme le sonnet, la ballade, l'ode... On trouve aussi des poèmes en vers libres dont aucune loi ne régit la forme. Néanmoins, ils peuvent être sous contraintes de sonorité, de mise en page et de rythme (calligramme).

Selon les recommandations institutionnelles, une séquence en français regroupe des activités de lecture, d'écriture, d'expression écrite et orale, de maîtrise de la langue.

Les textes étudiés ou les textes lus constituent ou comportent des modèles, qui conduisent les élèves à déterminer et analyser les codes du langage poétique et des textes poétiques. Le travail d'écriture est utilisé comme exercice d'application et d'utilisation de ces connaissances. Il a pour objet, non de former des auteurs, mais de contribuer à l'acquisition du concept de poésie et à la maîtrise de la langue.

L'enseignement à planifier vise donc l'acquisition d'un concept. Le projet de séquence proposé s'appuie sur la conduite d'un processus de conceptualisation. Il s'agira d'enrichir le concept de poésie, « présent » chez l'élève, en clarifiant les deux attributs que sont la particularité du langage poétique et la forme des textes poétiques.

La séquence est organisée de manière à proposer un enrichissement progressif du concept (cf figure). La première séance permettra d'appréhender de manière globale la poésie : poser la structure et l'organisation des attributs du concept et distinguer le langage poétique des autres langages.

Les séances suivantes approfondiront la connaissance en précisant les concepts que sont le langage musical, le langage imagé, le langage libre et les formes des textes poétiques.

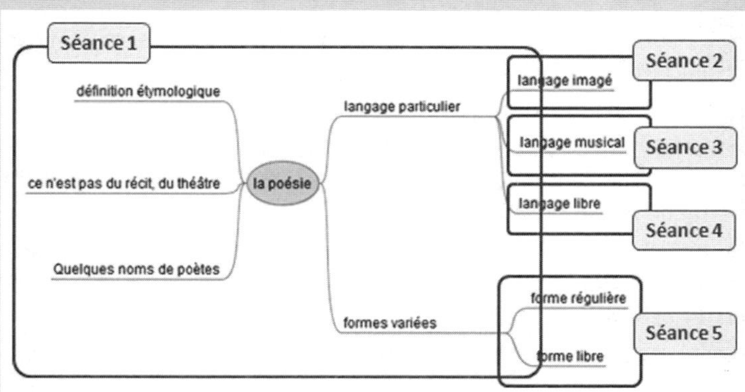

Chacune des séances a comme but d'apprentissage l'élaboration d'un concept. On privilégie des tâches de dialogue pour favoriser l'apprentissage. Cependant, la stratégie de conduite du processus de conceptualisation de la première séance se distingue des autres.

Cette première séance a, en effet, un double enjeu, celui d'engager les élèves dans l'apprentissage (but de motivation) et de poser l'ossature du concept (but d'apprentissage). Dans un premier temps, on envisage d'étudier (lire, puis écouter, et enfin dire), un texte de Fabien Marsaud (Grand Corps Malade) auteur et slameur français. Le rôle de cette activité est de favoriser l'émergence des connaissances antérieures et de donner à la poésie un caractère actuel et familier. Dans un second temps, on propose de comparer des textes poétiques de formes variées, et si possible, connus des élèves. On retient des tâches de questionnement pour atteindre les buts.

Pour les autres séances, l'approche sera plutôt de type inductif : identification de traits communs par comparaison de textes poétiques, catégorisation et institutionnalisation du contenu. On privilégiera des tâches de co-élaboration. L'ensemble des textes à comparer devra être exemplaire sur le plan didactique par leur typicalité.

Chacune de ces séances sera ponctuée d'activité d'écriture sous forme libre ou contrainte. L'enjeu de ces tâches de production est de favoriser la compréhension du nouveau savoir. Il n'est pas d'acquérir un savoir-faire d'auteur de poème qui relève d'un apprentissage complexe.

Comment planifier une séance ?

L'élaboration du plan d'action d'une séance consiste à opérationnaliser la conduite du processus d'apprentissage en clarifiant et précisant l'activité d'enseignement-apprentissage en termes de tâche et de leur mode d'organisation (nous renvoyons ici le lecteur au chapitre 7).

La planification d'une séance s'attachera à caractériser de façon concrète pour des buts donnés :

- les tâches proposées aux élèves et les résultats ou performances attendus,
- les tâches dévolues à l'enseignant et leur limite,
- les ressources matérielles et organisationnelles (temps, espace, équipement, tableau, document ...),
- les liens entre les actions de l'enseignant, les actions de(s) l'élève(s) et les ressources matérielles.

Une check-list

Pour élaborer un scénario d'apprentissage, on pourra compléter le questionnement général par les questions suivantes en apportant des réponses appropriées :

1 – Dans quel cadre s'inscrit la séance ?

Quelle est la place de la séance dans le parcours d'apprentissage défini lors de la planification de la séquence (quelles sont les antériorités, quelles sont les suites ? s'agit il d'une phase de découverte, de transfert... ?) ?

Quelle est la finalité de la séance dans le parcours d'apprentissage (élaborer des connaissances spécifiques en vue d'une phase de comparaison puis généralisation prévue lors de séances ultérieurs ? Application d'une procédure ?...) ?

À quel type d'activité se rapporte-t-elle (cours, travaux dirigés, travaux pratiques) ?

2 – Quelles sont les activités d'enseignement/apprentissage ?

Quel est le but d'apprentissage (format de connaissance et processus d'apprentissage) ?

Comment favoriser la mise en œuvre des processus d'apprentissage ?

Quelles tâches faire faire aux élèves ?

Quelles sont les performances attendues (actions, résultat, durée, qualité, ...) ?

Sera-t-il possible de réaliser des travaux en commun, d'échanger, de demander de l'aide ?

En quoi ces tâches sont-elles motivantes ?

Quelles tâches sont dévolues à l'enseignant ?

3 – Quelles sont les ressources à utiliser et à élaborer ?

Quels documents techniques et quels matériels de formation seront accessibles à l'élève ? Dans quelles conditions ? Quand ?

Avec quoi doit repartir l'élève pour que l'objectif soit atteint ?

4 – Comment réguler l'activité des élèves ?

Quels sont les risques de défaillance de l'activité ? (Motivation, apprentissage, méta cognitif).

Quel est le contexte externe à la situation d'enseignement/apprentissage ? Qu'on fait les élèves avant d'arriver dans la salle ? Que vont-ils faire après ?

Est-ce qu'un tuteur (y compris vous) répondra aux questions, aux difficultés ? Où, quand, comment ?

Y aura-t-il un dispositif de régulation interne au dispositif (QCM) ?

Les élèves auront-ils un carnet de bord ?

5 – Comment évaluer les connaissances ?

L'évaluation est-elle connue des élèves ?

L'évaluation mesure-t-elle la performance ou le progrès ?

En quoi cette évaluation va-t-elle favoriser les apprentissages futurs ?

Sur quelles tâches l'évaluation est-elle fondée ?

Exemple : Qu'est-ce qu'une solution technique ?

Etudions l'exemple d'une séance d'enseignement-apprentissage qui contribue à l'approfondissement (extension) du concept de solution technique pour des élèves de collège.

Les connaissances acquises doivent permettre à l'élève d'identifier la solution technique retenue pour réaliser une fonction de service (Objectif 1) et de comparer sur différents objets techniques, les solutions retenues pour répondre à une même fonction de service (Objectif 2).

Selon les préconisations institutionnelles, cet enseignement technologique prend appui sur le domaine d'application que sont les ouvrages d'art.

1 – Dans quel cadre s'inscrit la séance ?

La stratégie de séquence retenue propose d'élaborer ce concept général tout d'abord à partir de connaissances spécifiques relatives à des objets techniques comme les ponts, avant d'être étendu par application à d'autres ouvrages d'art comme les tunnels puis à des bâtiments.

La séance à planifier débute la séquence d'enseignement et propose donc d'étudier le domaine particulier des ponts. D'une durée d'une heure environ, en classe entière, sa finalité est de faire acquérir une définition du concept de pont, dont certains attributs permettront aux élèves de mieux appréhender à terme les concepts de solution technique et de fonction de service.

Le processus d'apprentissage consiste à relier une connaissance spécifique à la connaissance générale. La connaissance spécifique, par son caractère typique, constitue un prototype du concept ; les processus de généralisation ou de particularisation s'en trouvent favorisés.

Dans cette perspective, et en cohérence avec les contraintes didactiques de la discipline, on a défini, pour le concept de pont, le savoir scolaire de la manière suivante :

- Sa raison d'être : « la construction de ponts est devenue indispensable pour créer de nouvelles voies de communication ».
- Sa fonction de service : « Un pont est un ouvrage d'art destiné à supporter une voie de communication (route, une voie ferrée, un canal, ou une canalisation...) tout en permettant le franchissement d'un obstacle (cours d'eau, ...) en passant par-dessus »
- Sa constitution : « Les éléments principaux d'un pont sont le tablier, la travée et les piles de pont. Le tablier est l'élément qui permet le franchissement de l'obstacle. Les éléments soutenant le tablier sont appelés piles de pont. La travée est la partie du tablier qui est comprise entre deux appuis (deux piles) ; la longueur d'une travée est appelée portée ».
- Des solutions techniques (classification) : « Il existe différentes familles de ponts : des ponts à voutes, des ponts en arc, des ponts à poutres, des ponts suspendus et des ponts à haubans. Selon les cas, le tablier (la voie de communication) est supporté ou suspendu ».
- Des spécificités : « Un pont peut être mobile ou fixe. Il peut aussi être provisoire (pont de bateaux) ».
- Une approche historique : « L'évolution des ponts au cours des siècles ».

Ce contenu d'enseignement correspond à un premier niveau d'information. Un second niveau d'information (d'approfondissement) traitera des spécificités structurelles des grandes catégories de ponts.

Par ailleurs, l'enjeu de l'enseignement de la technologie au collège vise la compréhension du monde créé par l'homme. Aussi, toute activité d'enseignement doit contribuer à l'acquisition d'une démarche d'analyse technologique. Elle renvoie à un questionnement particulier à mettre en œuvre pour comprendre l'objet technique : Pourquoi existe-t-il ? À quoi sert-il ? Comment et de quoi est-il constitué ? Comment fonctionne-t-il ? Quelles sont ces performances ? Comment les besoins et solutions technologiques ont-ils évolué au cours du temps ?

L'acquisition de cette connaissance procédurale découverte l'année précédente se poursuit cette année.

2 – Quelles sont les activités d'enseignement-apprentissage ?

Cette séance d'enseignement-apprentissage a pour principal but l'acquisition du concept technologique de pont par un processus de conceptualisation. Plus spécifiquement ici, on enrichit le concept par ajout d'attributs et modifications d'attributs. Le processus d'apprentissage sera favorisé, tout d'abord, par des activités d'explicitation des préconceptions suivies d'activités de comparaison de cas (identification de traits communs puis catégorisation) pour permettre l'élaboration ou modification des attributs.

Mais l'enjeu porte sur les concepts de fonction de service et de solutions techniques associées. Dans ce cas aussi, le processus d'apprentissage est la conceptualisation. Le principe retenu consiste à utiliser des attributs définitoires du pont pour favoriser l'acquisition de ces concepts. En comprenant des situations particulières (« cet objet est un pont à hauban »), l'élève élabore des instances du concept (« un pont à hauban est une solution technique »), en l'enrichissant. Le risque ici est que l'élève confonde l'instance et le concept. Cette hypothèse devra être levée lors des séances suivantes au cours desquelles les concepts seront explicités et appliqués à d'autres ouvrages d'art et bâtiments.

On peut aisément supposer que tous les élèves possèdent une connaissance implicite du concept de pont. De ce fait, la difficulté de cet enseignement-apprentissage est double. Elle réside tout d'abord dans l'explicitation technologique de ce concept alors qu'une connaissance implicite du concept commun de ponts existe chez l'élève. D'autre part, les élèves risquent de porter peu d'intérêt pour cet apprentissage (et donc réaliser les tâches d'apprentissage proposées mais ne pas modifier leur connaissance).

Afin d'atteindre les buts d'apprentissage visés, on se propose d'organiser la séance autour de quatre activités clés :

- motiver les élèves pour l'apprentissage du concept technologique de pont ;

- caractériser les attributs de ce concept technologique ;
- institutionnaliser le savoir ;
- évaluer le niveau de compréhension du nouveau savoir.

Ces activités clés seront précédées d'une phase qui permettra d'engager favorablement l'élève dans la situation d'enseignement-apprentissage. Elles seront suivies d'une phase qui donnera du sens à la nouvelle acquisition.

Pour réussir les activités d'apprentissage, en adéquation avec les préconisations pédagogiques institutionnelles, on a principalement retenu des tâches qui favorisent le conflit socio-cognitif.

Nourri de toute cette réflexion, on peut esquisser un plan d'action :

Phase d'engagement dans la situation d'enseignement-apprentissage :

- Centrer l'attention de l'élève sur l'objet de l'apprentissage du jour : les ponts, un type d'ouvrage d'art.
  Proposer d'étudier une « situation énigme » dans laquelle un objet semble ressembler à un pont, mais l'incertitude est présente. Cette tâche d'étude de cas consistera à comprendre la photo d'un ouvrage existant (par exemple, le Falkirk Wheel (Ecosse) ou le pont rotatif de Gateshead (Angleterre)). Cette photo sera projetée dès l'entrée des élèves dans la salle de classe de manière à capter leur attention, susciter leur curiosité et favoriser ainsi leur engagement dans la tâche d'étude.
- Permettre aux élèves de mobiliser des connaissances utiles à l'acquisition du nouveau savoir :
  Une fois l'interrogation posée, « Est-ce un pont ou pas ? », les élèves seront invités à préparer leur point de vue en étayant leur réponse. L'enseignant, au travers d'une tâche de questionnement, provoquera l'activation de la démarche d'analyse technologique pour résoudre le problème posé et faciliter la recherche des attributs du concept de pont.

Activité 1 : Motiver les élèves pour l'apprentissage du concept technologique de pont

Le but de motivation est orienté vers la maîtrise du savoir. Le processus de motivation repose sur la prise de conscience chez l'élève que sa connaissance implicite est limitée et qu'elle ne lui permet pas de définir tous les ponts. On organisera une tâche de co-élaboration pour forcer l'explicitation des connaissances implicites et créer un conflit socio cognitif.

L'engagement dans la tâche d'explicitation de la connaissance primaire repose bien évidemment sur son caractère atteignable (facile) et perçu comme tel par l'élève. Ce dernier pourra expliciter sa connaissance avec des mots et/ou des dessins.

Le conflit cognitif pourra être conforté par une tâche d'étude de photos de ponts particulièr (comme par exemple, le Pont-canal de Briare enjambant la Loire).

Activité 2 : Caractériser les attributs du concept de pont

Le processus de conceptualisation sera initié par une tâche de questionnement afin d'identifier tout d'abord le nombre et la nature des attributs à rechercher (catégorisation des communs). Il s'agit de prendre appui sur une partie du questionnement de la démarche d'analyse technologique d'un objet technique : Pourquoi existe-t-il ? À quoi sert-il ? Comment et de quoi il est constitué ?

Chacune des réponses à ces questions permettra de définir un attribut du concept. Leur recherche s'effectuera dans le cadre d'une tâche d'étude d'un document présentant des photos de ponts. Il s'agira par un travail de comparaison d'identifier des traits communs et de les catégoriser. Cette tâche sera réalisée en co-élaboration. Dans un premier temps, la confrontation de points de vue sera organisée au sein de groupes, puis entre les groupes. Un rapporteur, désigné par groupe, consignera sa proposition au tableau. L'enseignant organisera une confrontation entre toutes les propositions pour élaborer une réponse commune et validée de tous.

Activité 3 : Institutionnaliser le savoir

Cette activité reposera sur une tâche « d'écoute de cours ». L'enseignant exposera la formulation institutionnelle du concept de pont tout en organisant sa confrontation avec les formulations finales élaborées par la classe. Le but est de favoriser la compréhension de la formulation institutionnelle. Une trace écrite à compléter facilitera la prise de notes. Les compléments pourront être des éléments de la trace tableau.

Les concepts de solution technique et fonction de service seront abordés uniquement en tant qu'étiquette d'attributs du concept de pont.

Activité 4 : Évaluer le niveau de compréhension du savoir

Cette activité s'appuiera sur une tâche de diagnostic et de détection d'erreurs. Les élèves seront confrontés à des photos de ponts mais aussi d'autres types ouvrages d'art. La plupart des cas étudiés poseront des difficultés d'identification ou de caractérisation (par exemple, le pont de Tancarville ou encore le viaduc de Garabit). L'enseignant évaluera leur capacité à reconnaître un pont et à le caractériser en utilisant des éléments de la trace écrite ou de la trace tableau.

Phase « donner du sens à la nouvelle acquisition »

Il s'agit d'inviter les élèves à utiliser leur nouvelle acquisition pour mieux comprendre le monde, construit par l'homme, qui les entoure. On proposera une tâche de production (et résolution de problème) en co-élaboration : « Élaborer un exposé de présentation des ponts de sa ville (ou de la ville voisine) », à l'aide d'un diaporama, et travailler ainsi d'autres objectifs du programme.

Afin de rendre opérationnel le plan d'action, il reste à préciser les actions concrètes (des différents acteurs), leur résultat et leurs conditions d'exécution. Ce travail nécessite d'organiser les tâches et de définir des ressources à utiliser et de les élaborer.

3 – Quelles sont les ressources à utiliser et à élaborer ?

La salle de classe :

- Afin de favoriser la confrontation de points de vue entre les élèves et l'interaction sociale entre les élèves et avec le professeur, la classe sera organisée en groupes de travail de 4 élèves, disposés en vis à vis. Un rapporteur et un secrétaire seront désignés pour chacun des groupes et pour chacune des tâches.
- Le tableau devra pouvoir recueillir les propositions des élèves et les rendre visible de tous. Il proposera aussi une zone pour élaborer les réponses communes.
- Un dispositif de vidéo-projection sera utilisé pour projeter des ressources numériques.

Les documents distribués aux élèves :

- Une trace écrite formalisant le savoir institutionnel sera distribuée aux élèves.
  Cette trace proposera des illustrations qui viendront accompagner la formulation linguistique. On respectera le principe : « L'illustration ne se suffit pas pour se dispenser de comprendre la notion. La notion est difficilement compréhensible sans l'illustration ».
- La trace tableau sera prise en photo (ou numérisée) et viendra complémenter le document institutionnel.
- Un document papier comportant des photos de ponts sera proposé pour rechercher les attributs du concept de pont. Le choix des illustrations devra permettre aux élèves d'identifier aisément les attributs et les éléments qui les caractérisent.
- Un document papier définissant les attendus de l'exposé « les ponts de ma ville ». Ce document possèdera des aides métacognitives significatives.

Les documents montrés aux élèves :

- Un document numérique pour accompagner la phase d'engagement dans l'activité d'enseignement-apprentissage : il traitera de la situation énigme et de la démarche d'analyse technologique.
- Un document numérique proposant les photos (en couleur) nécessaires aux différentes activités des tâches d'études. On y trouvera des ponts de la ville, de la région, du pays et enfin des ponts célèbres du monde entier.
- Un document numérique d'accompagnement de l'exposé du savoir institutionnel. Il doit permettre la compréhension du contenu et favoriser la prise de notes des élèves.
- Un document numérique pour évaluer le niveau de compréhension du savoir.
- Un document numérique pour accompagner la phase « donner du sens au nouvel apprentissage ».

11.6 Pourquoi écrire sa planification ?

Écrire pour se contraindre à planifier

Rédiger un plan d'action de façon précise c'est d'abord une contrainte, car c'est une activité qui est coûteuse en temps. C'est ensuite coûteux en termes cognitifs : en planifiant on s'oblige à se poser des questions et à tenter de leur trouver une réponse, de façon suffisamment claire et précise pour que l'on soit capable de l'écrire. Écrire son plan d'action est donc d'abord un subterfuge pour se forcer soi-même à concevoir de façon approfondie son enseignement. En ce sens, le plan d'action rédigé n'est qu'une trace de l'activité de planification et de conception. Se forcer à laisser cette trace, c'est s'obliger à réaliser le travail de conception sous-jacent.

Écrire pour optimiser son enseignement

La seconde fonction de la rédaction du plan d'action réside dans le fait que le plan rédigé fournit un outil pour mesurer de façon sereine l'écart entre ce qui était prévu et ce qui a été réalisé. Avec un plan rédigé on peut ainsi réguler son activité, quelle que soit l'échelle : au cours d'une séance, le plan nous permet de voir que nous sommes en train de dépasser le temps prévu pour tel exercice. Ce temps supplémentaire est-il utile ? Ou au contraire, est-il un indice du fait que cet exercice est trop difficile pour que les élèves réalisent l'apprentissage visé ? Au cours d'une séquence ou d'une année, le plan nous permet aussi de réguler notre activité et nous conduit parfois à faire des choix, mais de façon raisonnée, pondérée.

Sans cet outil pour évaluer soi-même l'écart entre le prévu et le réalisé, nous nous conduisons comme des humains ordinaires dans les situations de la vie courante : nous attribuons les problèmes aux humains et à leurs qualités plutôt que de raisonner sur les buts et les moyens. Nous voulons dire plus simplement que sans un plan rédigé, clair et précis, notre régulation va être centrée :

- Soit sur nous-mêmes : « je suis nul », « je suis toujours en retard », « je n'y arriverais jamais ».
- Soit sur autrui : « les élèves sont nuls », « ils n'ont pas bien travaillé aujourd'hui », « comme bien des jeunes aujourd'hui, ils n'arrivent pas à se concentrer, c'est pour ça qu'ils n'ont pas fini leur travail », voire « les imbéciles qui font les programmes ont encore une fois trop chargé la barque », etc.

Nous ne voulons pas dire que ces explications sont nécessairement fausses, mais qu'elles ne servent globalement à rien pour réguler son action de façon efficace. Écrire un plan d'action permet de se poser la question : « pourquoi mon enseignement ne s'est-il pas déroulé comme JE l'avais prévu et qu'est-ce que JE peux faire pour améliorer les choses, si elles doivent être améliorées ? ».

Écrire pour mettre à disposition mon enseignement

Rédiger son plan d'action est utile pour le partager avec nos collègues, qui pourront y prendre telle idée, telle tâche, telle progression. En retour, nous pourrons prendre chez eux des idées, des tâches, des progressions. Ces emprunts aux collègues sont souvent très ponctuels, car leur situation n'est jamais la même que la notre. Mais, pour prendre un exemple, si emprunter une seule diapositive à un collègue est un moyen pour gagner une heure, c'est une heure de gagnée pour faire autre chose. Ces partages entre enseignants se développent de plus en plus, grâce à Internet, pour devenir une des ressources principales des enseignants et pour même déboucher sur la rédaction collective de manuels scolaires, etc. (Clouet *et al.*, 2009 ; Caviale & Bruillard, 2009).

Enfin, on rédige parfois son enseignement par obligation et parce que cela va servir de support à notre propre évaluation.

11.7 Exemple détaillé : formation à l'utilisation d'un Tableau Blanc Interactif

Etudions l'exemple de la planification d'une séquence de formation à l'utilisation d'un Tableau Blanc Interactif (ou TBI) à destination d'enseignants. Cet exemple illustre une planification visant plusieurs formats de connaissance et plusieurs processus d'apprentissage.

Ce dispositif de formation pour adultes, d'une douzaine d'heures, répond à une commande institutionnelle dans le cadre de la formation continue d'enseignants. L'objectif est de savoir utiliser en classe les nouveaux outils (tableau interactif, classe virtuelle...). Les connaissances acquises doivent permettre aux enseignants d'adapter leur pédagogie aux nouvelles technologies.

Le tableau blanc interactif (TBI), ou tableau numérique interactif (TNI), parfois tableau pédagogique interactif (TPI) est l'un des éléments d'un dispositif interactif de visualisation collective, lequel s'accompagne d'un ordinateur, d'un vidéoprojecteur et d'un logiciel qui met à disposition de nombreuses fonctionnalités. Ce dispositif permet de projeter l'écran de l'ordinateur et de piloter ce dernier à partir du tableau à l'aide d'un stylet ou du doigt, selon les modèles.

Il y a trois niveaux de fonctionnalités d'un tel dispositif :

- Tableau de papier électronique : le tableau permet le transfert d'un tracé dans la mémoire de l'ordinateur.
- Écran d'ordinateur géant et tactile (fonctions souris) permettant l'accès à toutes les applications de l'informatique, indépendantes ou en réseau.
- Combinaison des applications et des tracés qui se superposent, interfèrent, se mémorisent, etc.

Les applications du TBI se retrouvent dans le domaine des entreprises (conférences et réunions), ou dans le domaine scolaire. (Source : *Ingénierie éducatif audiovisuel multimédia — CNDP réseau, www.crdp-lyon.cndp.fr*)

Dans le domaine de l'enseignement, un TBI est avant tout une ressource pédagogique. Par le niveau d'interactivité qu'elle propose, cette innovation technologique vient soutenir quelques innovations pédagogiques. Elles concernent notamment la présentation et l'annotation des ressources, le retour sur le processus d'enseignement, la résolution de problèmes, la création et l'exploration guidée, individuelle ou collective (La Vitrine technologie éducation – février 2011).

Elles renvoient à différentes situations didactiques avec TBI référencées sous différentes étiquettes comme par exemple « *Le travail sur vidéo* », « *Le mind mapping* », « *Le livre numérique* » ou encore « *La résolution de problème* ».

Caractérisation du champ notionnel

De manière globale, le champ notionnel s'articule autour de connaissances déclaratives et procédurales. La figure ci-dessous propose un panorama du champ notionnel. Pour des raisons de clarté, la figure ne présente que les intitulés des différents formats de connaissance (Cet exemple se veut représentatif mais pas exhaustif.)

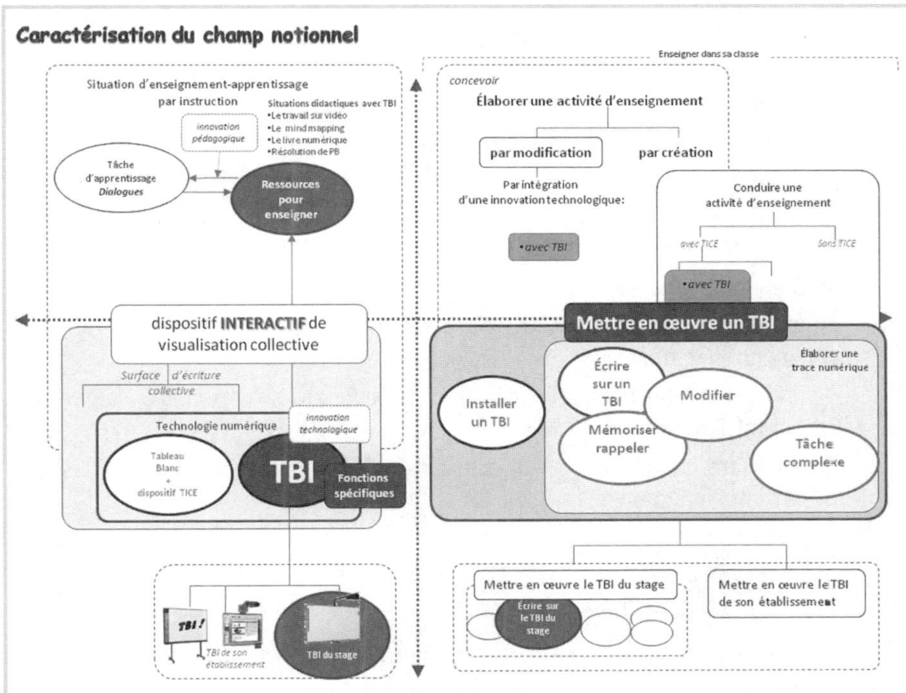

Au cœur des connaissances déclaratives, on trouve le concept de TBI, instance du concept de dispositif interactif de visualisation collective. Il constitue une connaissance spécifique du concept de « ressources pour enseigner », lui-même composante (attribut) du concept « situation d'enseignement ». Chaque TBI, que ce soit celui utilisé au cours du stage ou celui acheté par l'établissement scolaire, de marque différente, est une connaissance spécifique du concept de TBI.

Chacun de ces formats déclaratifs renvoie à des formats procéduraux. On y distingue une démarche générale de mise en œuvre d'un TBI, articulée autour de procédures d'installation et d'élaboration d'une trace numérique (écriture, mémorisation et rappel, modification ou combinaison de ces savoir-faire (tâche complexe)).

Il est à noter que cette démarche constitue un savoir-faire précurseur (au sens de Bastien) à l'apprentissage d'une conduite d'une activité d'enseignement avec TBI. Dans le cadre particulier de ce stage de formation, elle renvoie à une démarche de conception par modification d'une activité d'enseignement.

Par ailleurs, « savoir utiliser le TBI du stage » est un savoir-faire différent de celui de « savoir utiliser le TBI qui se trouve dans son établissement », qui est d'une autre marque. Ces savoir-faire sont des formats procéduraux particuliers au regard de la démarche générale de mise en œuvre d'un TBI. Ils se déclinent eux-mêmes en savoir-faire plus spécifiques comme celui de « savoir écrire sur l'écran ». Cette connaissance procédurale particulière a la caractéristique d'être déjà acquise par le public à former. Tout au plus, elle nécessite une petite adaptation du savoir-faire « savoir écrire au tableau ».

Les objectifs possibles de formation

En réponse à la commande institutionnelle, et fort du travail de caractérisation du champ notionnel, il est possible de dégager un panel d'objectifs de formation comme par exemple :

- Comprendre le TBI du stage (comprendre le TBI de son établissement).
- Appréhender une démarche d'utilisation du TBI du stage (de son établissement).
- Elaborer le concept de TBI (caractérisation intrinsèque et extrinsèque).
- Appréhender une démarche d'utilisation du TBI.
- Appréhender une démarche d'utilisation du TBI, dans une situation d'enseignement spécifique.
- Appréhender une démarche de conception d'une situation d'enseignement intégrant l'utilisation du TBI.
- Comprendre les domaines d'utilisation du TBI dans l'enseignement (Liste de situations didactiques).

Identification des processus d'apprentissage envisageables

La figure 20 présente un ensemble ordonné de processus d'apprentissage visant à élaborer les formats de connaissance préalablement identifiés et répondant aux objectifs envisagés.

On peut distinguer des processus de transformation de formats déclaratifs :

- Du particulier vers le général :
  - Processus 1 : élaboration du concept de TBI via un processus de conceptualisation à partir des formats spécifiques.
- Du général vers le particulier :
  - Processus 2 : élaboration de connaissances spécifiques d'un TBI via un processus de compréhension par mise en application.

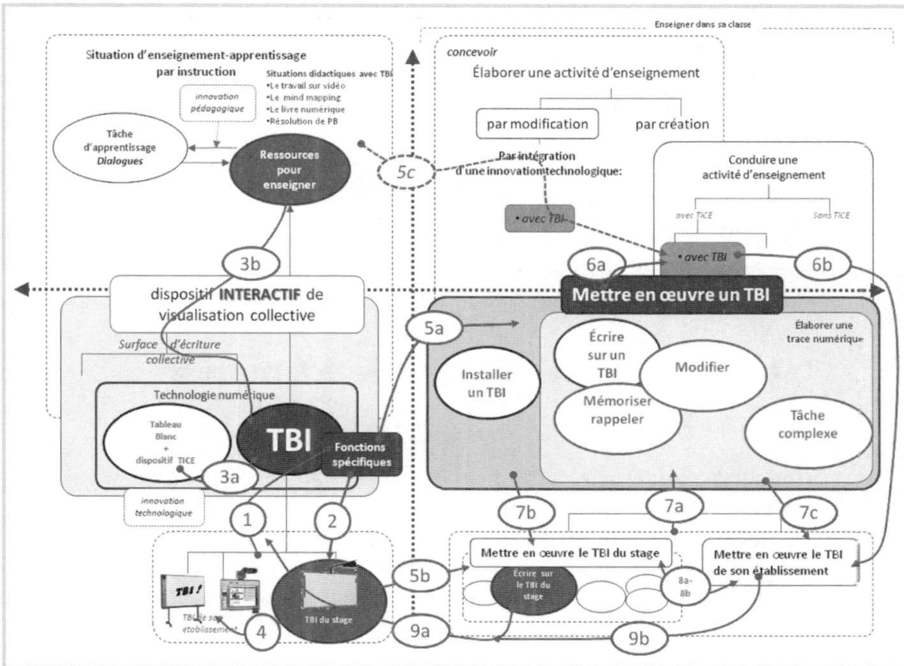

Figure 20

Présentation ordonnée des processus d'apprentissages visés pour la formation à l'utilisation du TBI

  - Processus 3 : élaboration du concept de TBI via un processus de compréhension par mise en application.
- Du particulier vers le particulier :
  - Processus 4 : élaboration de connaissances spécifiques du TBI de son établissement via un processus de compréhension par analogie.

On peut discerner des processus de transformation de formats procéduraux :

- Du particulier vers le général : élaboration d'une démarche via
  - Processus 7a : un processus de procéduralisation à partir de savoir-faire.
  - Processus 6a : un processus de procéduralisation par enrichissement de la procédure.
- Du général vers le particulier : élaboration d'un savoir-faire via
  - Processus 7b et 7c : un processus de procéduralisation par mise en application.
  - Processus 6b : un processus de procéduralisation par mise en application.
- Du particulier vers le particulier :
  - Processus 8a et 8b : élaboration d'un savoir-faire via un processus de procéduralisation par adaptation.

On peut retenir des processus de transformation de formats déclaratifs en formats procéduraux :

- Processus 5a : élaboration d'une démarche via un processus de procéduralisation à partir d'attributs du concept.

- Processus 5b : élaboration d'un savoir-faire via un processus de procéduralisation à partir d'attributs d'un format spécifique.
- Processus 5c : élaboration d'une démarche de conduite d'une activité d'enseignement via un processus de procéduralisation à partir d'attributs du concept.

Enfin, on peut distinguer des processus de transformation de formats procéduraux en format déclaratif :

- Processus 9a et 9b : élaboration d'une connaissance spécifique puis générale via un processus de compréhension par prise de conscience.

Élaboration du parcours de formation

Prise en compte des contraintes

La formation se déroule sur 2 demi-journées, dans un lieu différent de celui de l'établissement d'enseignement des différents stagiaires. On utilisera deux dispositifs TBI, mais un seul sera disponible par demi-journée. Ces contraintes matérielles et temporelles obligent à faire des choix :

- Parmi les objectifs cités, on décide d'élaborer un parcours de formation-apprentissage qui vise à faire acquérir, en toute compréhension, une démarche générale de mise en œuvre pédagogique d'un TBI. Les connaissances acquises devront permettre aux stagiaires d'acquérir les savoir-faire nécessaires à une mise en œuvre pédagogique (utilisation du TBI dans une situation d'enseignement) du TBI de leur établissement.
- On choisit d'augmenter le temps de formation en mettant en place un « travail à la maison » entre les deux sessions.
- Afin de favoriser la réussite de la formation, on décide de connaître les attentes du public en termes d'apprentissage, mais aussi leur motivation réelle. Pour cela, on proposera aux stagiaires (dans une phase préliminaire) de renseigner un questionnaire permettant d'évaluer, d'une part, le niveau de familiarité avec le TBI (matériel de l'établissement, niveau de maîtrise) et d'autre part l'utilité de cette formation (but de maîtrise ou de performance).

Élaboration d'un schéma didactique

La stratégie retenue consistera d'abord à former, en compréhension, les stagiaires à l'utilisation en général d'un TBI puis à transférer ces connaissances à des situations pédagogiques (sur le principe qu'il est préférable d'apprendre à lire (savoir-faire précurseur) avant d'apprendre à résoudre un problème de mathématique) [processus 6a]. La démarche générale de mise en œuvre d'un TBI sera élaborée à partir du concept de TBI via un processus de procéduralisation [processus 5a], *cf.* figure page 188.

Préparation à l'élaboration du concept de TBI : compréhension du TBI du stage

On propose de débuter la formation par des acquisitions de connaissances spécifiques au TBI utilisé pour le stage : on appréhendera la constitution et quelques fonctionnalités du TBI en s'appuyant sur des savoir-faire élémentaires via un processus de compréhension [par prise de conscience, processus 9a]. Ces savoir-faire seront choisis pour permettre leur acquisition par adaptation (ou imitation) de savoir-faire déjà acquis : écrire, mémoriser, rappeler, modifier. Ces nouveaux savoir-faire devront contribuer, par adaptation, à l'élaboration de savoir-faire spécifiques au TBI de l'établissement [processus 8a].

Élaboration du concept de TBI

Dans le cas présent, le concept de TBI ne doit pas être considéré comme une connaissance nouvelle, mais comme une connaissance à modifier. Les stagiaires connaissent au moins son étiquette et éventuellement certains de ses attributs. La modification de ce concept reposera sur une combinaison de trois processus :

- On s'appuiera sur un processus de particularisation du concept de « ressources pour enseigner », pour la caractérisation extrinsèque de ce concept [processus 3b].
- Sa caractérisation intrinsèque sera réalisée par modification du concept « tableau blanc + dispositifs TICE » en s'appuyant sur le concept d'innovation technologique [processus 3a].
- Le TBI du stage constituera une instance typique au concept de TBI. Cette proximité entre instance et attributs du concept permettra de conduire un processus de généralisation à partir d'un cas [processus 1] et ainsi gagner du temps.

On utilisera les deux modèles de TBI du stage pour contribuer à l'ancrage du concept de TBI par transfert proche. L'ensemble des connaissances acquises permettra d'élaborer ou de compléter des connaissances spécifiques à tous modèles de TBI [processus 2 et 4].

Élaboration de la démarche générale d'utilisation d'un TBI

La démarche générale, quant à elle, sera appréhendée en deux temps : d'abord les procédures élémentaires d'élaboration d'une trace numérique (installer, écrire, mémoriser, rappeler) puis les procédures complexes combinant ces procédures élémentaires [processus 5a]. L'intersession devra permettre aux stagiaires d'appliquer la démarche au dispositif de leur établissement et de commencer ainsi à élaborer leur propre savoir-faire [processus 7c]. On pourra les inviter à mettre en œuvre des exemples d'activités d'enseignement proposées par des sites ressources [processus 6b].

Ce parcours d'apprentissage sera précédé d'une phase qui permettra d'engager favorablement le stagiaire dans la situation de formation-apprentissage et sera complété par des phases qui donneront du sens aux nouvelles acquisitions.

Les tâches proposées axeront clairement la motivation des stagiaires sur l'utilité de la formation en termes de progrès. Pour cela, on proposera, en tout premier lieu, une activité élémentaire qui leur permettra de « mettre la main à pâte », et ceci facilement, afin de favoriser leur engagement dans la formation. On utilisera cette même activité, en tout début de seconde journée, pour mesurer le progrès et favoriser leur persévérance dans la formation. On s'appuiera sur la phase de conceptualisation pour permettre aux stagiaires de mesurer l'effort réel à fournir pour apprendre (modification du concept). On proposera un discours métacognitif pour gérer la charge cognitive tout au long de la formation sur le volet « comment apprendre à apprendre » : qu'est-ce qu'un concept ? Comment apprend-t-on par modification de ses connaissances ? Qu'est-ce que le transfert ? Etc.

Nous avons décidé d'articuler notre planification autour de 5 séances (de différente durée) réparties sur 2 demi-journées. Chacune des séances contribue à l'élaboration d'une connaissance différente.

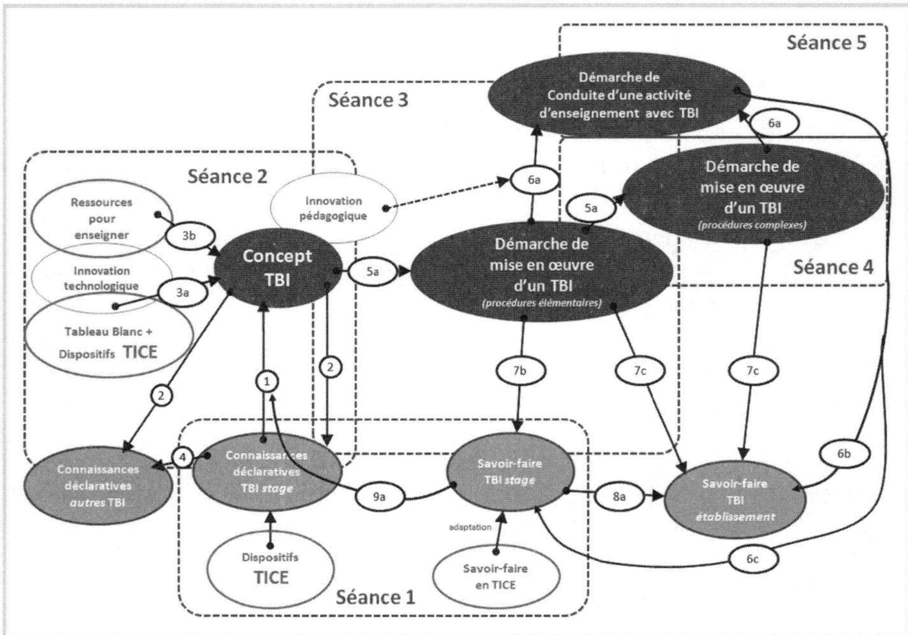

Opérationnalisation de la stratégie

Une recherche optimale entre les contraintes organisationnelles et les tâches adaptées pour favoriser les apprentissages visés, nous conduit au plan suivant :

QUELQUES SEMAINES AVANT LA FORMATION

Étape 0 : évaluation des attentes et motivations réelles
BUT d'apprentissage : Évaluation du niveau de familiarité avec le TBI (matériel de l'établissement, niveau de maîtrise...) et ses connaissances TICE. Tâche stagiaire : recherche d'information et renseignement d'un questionnaire. Tâche formateur : choix et élaboration des tâches stagiaires. **BUT de motivation** : Évaluation de l'utilité de cette formation (but de maîtrise ou de performance). Tâche stagiaire : renseigner un questionnaire d'évaluation des motivations (par exemple le questionnaire des Buts d'accomplissement de soi). Tâche formateur : choix et élaboration des tâches stagiaires.

Première demi-journée

Séance 1 : 30 minutes
Étape 1 : engager les stagiaires dans la formation.
BUT d'apprentissage : Acquisition d'un savoir-faire élémentaire (écrire sur le TBI du stage) par adaptation. Préparation compréhension TBI du stage. **BUT de motivation** : Engagement dans la formation par réussite de la première activité Tâche d'apprentissage : Résoudre un PB ou un exercice. Tâche stagiaire : « renseigner le tableau projeté sur le TBI » et enregistrer.

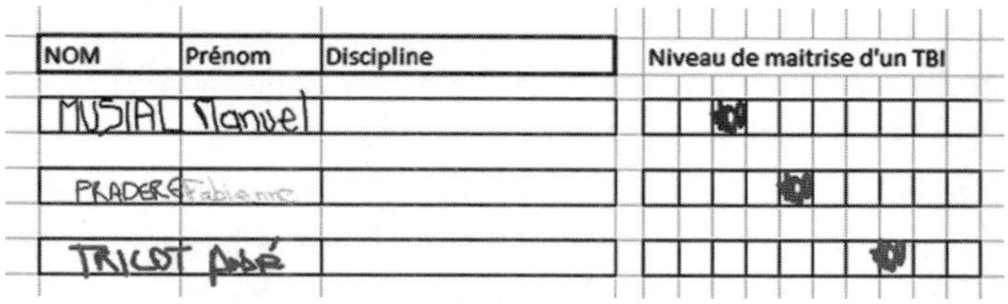

Tâche formateur : Étayage de la tâche stagiaire ; évaluation de ses connaissances et du SAE.

Étape 2 : comprendre le TBI du stage et initier la caractérisation extrinsèque du concept de TBI
BUT d'apprentissage : Comprendre l'architecture fonctionnelle du TBI du stage par application des connaissances TICE du stagiaire et par compréhension de savoir-faire (prise de conscience de l'action) [processus 9a]. Appréhender la caractérisation externe d'un TBI [processus 9a]. **BUT de motivation** : Engagement dans la formation : utilité et faisabilité de la formation. Tâche d'apprentissage : Étude de cas (TBI stage), tâches de dialogue (co-élaboration et questionnement).

Étape 3 : présentation de la formation
BUT métacognitif : Comprendre la stratégie de formation. **BUT de motivation** : Accepter l'effort nécessaire pour se former. Tâche d'apprentissage : Tâche d'étude (écoute de cours).

Séance 2 : 1h00
Étape 4 : élaboration du concept de TBI : caractérisation intrinsèque
BUT d'apprentissage : Catégorisation : Identification du TBI du stage comme un exemple modèle [processus 1]. Élaboration du concept de TBI (attributs, structure et organisation) à partir du concept « tableau blanc + dispositifs TICE » et en s'appuyant sur le concept d'innovation technologique [processus 3a]. TBI = intégration des fonctionnalités du « tableau blanc + dispositifs TICE » ancrage du concept par transfert des connaissances au TBI du stage [processus 2] **BUT de motivation** : Effort dans la formation : faisabilité de la formation. Tâche d'apprentissage : Tâche d'étude (écoute de cours).

Étape 5 : élaboration du concept de TBI : caractérisation extrinsèque
BUT d'apprentissage : Processus de prise de conscience à partir du savoir-faire [processus 9a]. Processus de particularisation du concept de « ressources pour enseigner » [processus 3b].
BUT de motivation : Persévérance dans la formation : utilité de la formation.
Tâche d'apprentissage : Tâche d'étude : écoute de cours et étude de cas (vidéo d'une séance d'enseignement avec TBI).

Étape 6 : application du concept de TBI
BUT d'apprentissage : Comprendre le TBI de son établissement par application du concept de TBI [processus 2].Comprendre le TBI du stage par application du concept de TBI [processus 2]. Comprendre le TBI de son établissement par analogie au TBI du stage [processus 4] : à envisager pour la régulation de la conduite.
BUT de motivation : Persévérance dans la formation : utilité de la formation.
Tâche d'apprentissage : Tâche d'étude de cas : à partir de la notice d'utilisation du TBI de l'établissement. Tâche d'étude de cas : étude du TBI du stage + tâche de dialogue.

Séance 3 : 1h30
Étape 7 : élaboration de la démarche de mise en œuvre d'un TBI (procédures élémentaires)
BUT d'apprentissage : Élaboration de la démarche à partir des fonctionnalités du TBI [processus 5a]. Comprendre la forme déclarative de la démarche par transfert au TBI du stage.
BUT de motivation (Persévérance dans la formation) : utilité et faisabilité de la formation.
Tâche d'apprentissage : Tâche d'étude (écoute de cours : présentation de la démarche). Tâche de résolution de PB résolus (en fonction des attentes des stagiaires).

Étape 8 : enrichissement de la démarche de conduite d'activité d'enseignement
BUT d'apprentissage : Comprendre la forme déclarative de la démarche à partir d'une étude de cas et à partir de la démarche de mise en œuvre d'un TBI.
BUT de motivation (Persévérance dans la formation) : utilité et faisabilité de la formation.
Tâche d'apprentissage : Tâche d'étude (écoute de cours : présentation de la démarche de conduite d'activité d'enseignement). Etude de cas : vidéo d'une séance d'enseignement avec TBI.

Intersession :
Étape 0b : évaluation des apprentissages et motivations réelles.
BUT d'apprentissage : Évaluation des connaissances acquises suite à la formation. Tâche stagiaire : Renseigner un QCM informatisé. Tâche formateur : Choix et élaboration des tâches stagiaires.
BUT de motivation : Évaluation de l'utilité de cette formation (but de maîtrise ou de performance). Tâche stagiaire : Renseigner un questionnaire d'évaluation des motivations (par exemple le questionnaire des Buts d'accomplissement de soi). Tâche formateur : Choix et élaboration des tâches stagiaires.

Étape 6b : application du concept de TBI
BUT d'apprentissage : Comprendre le TBI de son établissement par application du concept de TBI [processus 2]. Comprendre le TBI de son établissement par analogie au TBI du stage [processus 4]. **BUT de motivation** :Persévérance dans la formation : utilité de la formation. Tâche d'apprentissage : Tâche de recherche d'information à partir de la notice d'utilisation du TBI de l'établissement. Tâche d'étude de cas du TBI de l'établissement.

Étape 7b : application de la démarche de mise en œuvre d'un TBI (procédures élémentaires)
BUT d'apprentissage : Élaboration de savoir-faire spécifiques au TBI de son établissement par application de la démarche générale [processus 7c] ; par adaptation de savoir-faire spécifiques au TBI du stage [processus 8a]. **BUT de motivation** (Persévérance dans la formation) : utilité de la formation. Tâche d'apprentissage : Tâche de résolution de PB fermés : exercices d'entrainement (en fonction des attentes des stagiaires).

Étape 8b : application de la démarche de conduite d'une activité d'enseignement
BUT d'apprentissage : Élaboration de savoir-faire par application d'une technique [processus 6b]. **BUT de motivation** (Persévérance dans la formation) : utilité et faisabilité de la formation. Tâche d'apprentissage : Étude de cas : analyse de scénario de séance d'enseignement avec TBI par confrontation à la démarche de conduite. Tâche de résolution de PB résolus : mise en œuvre d'un scénario d'enseignement avec TBI.

Étape 0c : évaluation des apprentissages en intersession
BUT d'apprentissage : Évaluation du concept de TBI et démarche de mise en œuvre pédagogique d'un TBI. Tâche stagiaire : Renseigner un QCM informatisé. Tâche formateur : Évaluation des connaissances des stagiaires ; choix et élaboration des tâches stagiaires.

SECONDE DEMI-JOURNÉE : CHANGEMENT DE TBI

Séance 4 : 1h30
Étape 9 : engager les stagiaires dans la formation
BUT d'apprentissage : Évaluation du concept de TBI et de démarche de mise en œuvre pédagogique d'un TBI. **BUT de motivation** : Engagement dans la formation par mesure du progrès. Tâche d'apprentissage : Résoudre un PB ou un exercice. Tâche stagiaire : Rappel de données, « renseigner le tableau projeté sur le TBI » et enregistrer.

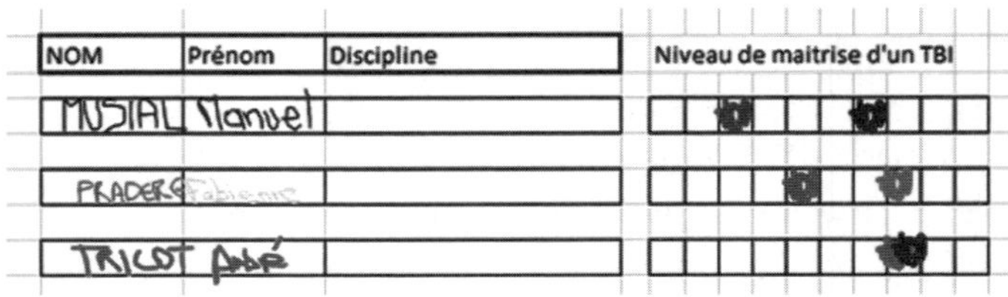

Tâche formateur : étayage de la tâche stagiaire ; évaluation de ses connaissances et du SAE.

Étape 10 : élaboration de la démarche de mise en œuvre pédagogique d'un TBI (procédures complexes)
BUT apprentissage : Élaboration de la démarche à partir des procédures élémentaires [processus 5a]. Comprendre la forme déclarative de la démarche par transfert au TBI du stage [processus 7a] **BUT motivation** (Persévérance dans la formation) : utilité et faisabilité de la formation. Tâche apprentissage : Tâche d'étude (écoute de cours). Tâche de résolution de PB résolus (en fonction des attentes des stagiaires)

Séance 5 : 1h30
Etape 11 : approfondissement de la démarche de conduite pédagogique avec un TBI
BUT d'apprentissage : Enrichissement de la démarche à partir d'une situation d'enseignement avec TBI [processus 6a]. Elaborer des savoir-faire de conduite à une situation didactique spécifique [processus 6c] BUT de motivation : Persévérance dans la formation : utilité et faisabilité de la formation. Tâche apprentissage : Tâche de résolution de PB résolus : mise en œuvre d'un scénario de situations didactiques : « Le travail sur vidéo », « Le mind mapping », « Le livre numérique » ou encore « La résolution de problème (en fonction des attentes des stagiaires).

SYNTHÈSE

« COMMENT ÉLABORER UN PLAN D'ACTION ? »

Planifier son enseignement consiste à décrire ce que l'on va faire et ce que les élèves vont faire, soit établir une chronologie d'étapes caractérisées par un but, des tâches favorisant les apprentissages et des ressources matérielles.

Les buts peuvent être de nature cognitive et/ou motivationnelle et/ou métacognitive.

Les tâches et les ressources constituent les moyens mis en œuvre pour permettre à l'élève d'atteindre le but fixé.

Les ressources matérielles correspondent aux documents, aux supports pédagogiques, aux matériels utilisés par les élèves et/ou l'enseignant.

Le parcours d'enseignement-apprentissage se construit progressivement autour de quatre phases clés :

- La découverte du savoir ;
- L'approfondissement du savoir ;
- Le transfert proche ;
- Le transfert lointain.

Les échelles de planification se définissent selon la durée de la période d'enseignement :

Les progressions, qui peuvent concerner un trimestre, une année, sont centrées sur l'articulation des contenus clés d'un programme, en fonction notamment des connaissances antérieures des élèves. Leur conception consiste à :

a) définir les enjeux du programme ;

b) établir le niveau d'organisation des savoirs entre eux ;

c) identifier les contraintes organisationnelles.

Les stratégies de séquence, qui se déroulent généralement sur quelques semaines, sont centrées sur la définition et l'articulation des buts d'apprentissage, motivationnels et métacognitif, la définition des tâches et des ressources. Leur conception consiste à :

a) caractériser les formats de connaissance ;

b) identifier un potentiel de processus d'apprentissage ;

c) élaborer un parcours d'enseignement.

Les scénarios de séance qui correspondent à un temps continu avec les élèves, par exemple une heure ou trois heures, sont centrés sur la formulation de l'action concrète et les ressources inhérentes à la tâche d'apprentissage, pour l'enseignant et les élèves. Leur conception consiste à définir :

- les tâches proposées aux élèves et les résultats ou performances attendus,
- les tâches dévolues à l'enseignant et leur limite,
- les ressources matérielles et organisationnelles.

L'activité de conception d'un plan d'action vise donc à définir :

- la dimension temps (Quand ?),
- la finalité en termes de connaissance et de processus d'apprentissage (Quoi ?), de motivation (Pourquoi ?) ou métacognition, i.e. de manière d'atteindre les buts fixés (Comment ?),
- les ressources humaines (Qui ?) et matérielles (À l'aide de Quoi ?),
- les obstacles possibles (Risques ?).

Il est utile de rédiger sa planification, pour se contraindre à planifier, optimiser son enseignement et partager avec les collègues.

POUR ALLER PLUS LOIN

De Vecchi, G., & Giordan, A. (2002). *L'enseignement scientifique, comment faire pour que « ça marche » ?* Paris : Delagrave.

Boisvert, J. (1999). *La formation de la pensée critique*. Bruxelles : De Boeck.

Tricot, A., & Plégat-Soutjis, F. (2003). Pour une approche ergonomique de la conception d'un dispositif de formation à distance utilisant les TIC. *STICEF, 10*, [http://sticef.org]

Tochon, F.V. (1993). *L'enseignant expert*. Paris : Nathan.

Viau, R. (Ed.), (1993). *La planification de l'enseignement, deux approches, deux visions ?* Québec : CRP.

Chapitre 12

Existe-t-il des plans d'action déjà prêts ?

Bien qu'il existe de multiples façons de faire, la pratique d'un enseignant repose sur des situations d'enseignement typiques que l'on peut qualifier de canoniques. Par exemple, faire faire des exercices, présenter une expérience, faire un exposé, faire une démonstration, utiliser une analogie, organiser un débat, etc.

Ces situations se caractérisent par un couple de tâches enseignantes et de tâches élèves au service d'un but qui peut être cognitif (format de connaissance) ou motivationnel. La manière d'atteindre le but, quant à elle, peut s'appuyer, pour partie ou à la fois, sur des processus d'apprentissage, de métacognition et de motivation.

À une autre échelle, on trouve des démarches d'enseignement constituées d'un ensemble organisé de situations d'enseignement. On peut relever par exemple la démarche d'investigation, l'enseignement par projet, ou encore des processus réglés plus spécifiques à un domaine, tels que la « démarche stratégique pour enseigner la littérature » proposé par Richard et Lecavalier (2009).

Ce chapitre a donc pour objectif de recenser les plans d'action déjà prêts, de les analyser à l'aide de notre cadre de référence (voir synthèse du chapitre 2) pour mettre en évidence leurs intérêts et leurs limites. En procédant ainsi, nous espérons vous fournir un outil d'aide à la prise de décision d'utiliser ou ne pas utiliser tel plan d'action. La plupart de ces plans d'action sont sous-tendus par des tâches d'apprentissage, que nous avons particulièrement décrites dans le chapitre 7.

12.1 Que se cache-t-il derrière certaines pratiques d'enseignement ?

Il nous semble important de caractériser ces situations d'enseignement-apprentissage, afin d'être en capacité d'en maîtriser les tenants et les aboutissants et d'en connaître les limites. « *J'utilise les études de cas pour cet apprentissage, parce que cela donne aux élèves une meilleure capacité à transférer leurs connaissances* ».

La caractérisation des situations et des démarches d'enseignement-apprentissage passe par l'identification de buts et des processus pour l'atteindre.

Que se cache-t-il derrière « faire un exposé, une conférence » ?

Ces situations, que l'on qualifie souvent de magistrales, correspondent à des tâches pour lesquelles l'élève doit écouter une explication, lire une description, regarder un schéma, analyser une vidéo... Certains pédagogues, peut-être parce qu'ils ne voient pas les élèves agir, qualifient parfois ces situations de « passives ». Pourtant ce sont des situations d'apprentissage par compréhension. Elles sont certainement plus difficiles à contrôler, que ce soit par l'enseignant (il est plus difficile de voir qu'un élève écoute et ne comprend pas, que de voir un élève qui résout un problème et n'y arrive pas), ou par l'élève lui-même (comment être certain que l'on ne comprend pas correctement quelque chose ? Il est beaucoup plus évident de se rendre compte que l'on n'arrive pas à résoudre un problème) (Chanquoy, Tricot & Sweller, 2007).

Pour ces situations d'apprentissage, les connaissances spécifiques constituent le format central. L'enseignant énonce la forme déclarative du savoir et doit trouver les bons exemples, les bonnes analogies, des modalités complémentaires qui favoriseront la compréhension. Si l'apport est préparatoire à une séance d'entrainement de type travaux dirigés ou travaux pratiques, l'enjeu sera de faire comprendre la forme déclarative de la procédure. Dans ce cas, on favorisera le processus de procéduralisation en prenant appui sur le concept associé.

La conceptualisation est possible. Mais elle est conditionnée par le niveau de connaissances des élèves dans le domaine conceptuel visé : seuls les concepts très proches des connaissances préalables des élèves semblent pouvoir être abordés de la sorte.

Le recours à un apport magistral de type exposé ou conférence se justifie par les contraintes organisationnelles : on n'a pas le temps de faire mieux. Mais cela implique de « prendre les élèves là où ils sont réellement ». Le vocabulaire et les structures syntaxiques utilisés doivent être adaptés aux élèves, et la structure argumentative connue d'eux.

Une des principales difficultés de ce type de situation réside dans la prise de notes. Il s'avère fondamental pour l'élève de savoir apprendre à apprendre : savoir écouter, synthétiser, prendre des notes...

En tant que tel l'exposé ou la conférence ne sont que des dispositifs de prise d'informations ; une modalité pour apprendre, du même registre que la recherche documentaire. Un de ces principaux défauts est que la motivation est basse et les élèves sont peu impliqués. On ne peut donc faire l'économie d'un dispositif motivationnel particulièrement soigné. Par exemple, une conférence pourra commencer par un problème qui permettra la prise de conscience du déficit de connaissance chez l'élève. Un feed-back sera fourni sur l'acquisition des connaissances tout au long de la séance.

La préparation de ce type de situation d'enseignement concerne donc aussi la régulation de l'apprentissage des élèves : observer et interpréter l'attitude des élèves, autoriser des questions pendant ou à la fin de l'intervention, susciter les questions...

Que se cache-t-il derrière « faire une démonstration » ?

Faire une démonstration (en toute rigueur nous devrions dire une « monstration ») permet aux élèves d'observer le fonctionnement d'un raisonnement logique, d'un appareil ou d'un geste. Il s'agit bien là d'une tâche d'étude.

La démonstration d'un geste ou d'un appareil est une situation courante en éducation physique et sportive, ou en formation professionnelle comme la coiffure, la carrosserie, la restauration ou encore bien d'autres.

Cet apprentissage par instruction contribue à l'acquisition d'un savoir-faire, par imitation. Durant l'observation, l'élève stocke en mémoire l'image mentale, visuelle et auditive, encodée en images et en mots, de ce qu'il perçoit. Ce modèle, cette « trace de référence » (Sheffield, 1961), constitue une forme de la procédure de guidage, (forme déclarative d'une connaissance procédurale spécifique) qu'il utilisera pour produire la réponse motrice (comme la notice d'un LEGO). L'image visuelle devient un instrument d'anticipation et de correction de l'action. En ce sens, la démonstration de l'enseignant vise à proposer cette trace de référence, image à reproduire, par simplification, exagération et/ou déformation. Il faut s'assurer qu'elle reste atteignable et utilisable par l'élève.

Ce modèle mobilisé par simulation mentale contribuerait à l'automatisation du savoir-faire (comme le font en phase de préparation les pilotes de voltige aérienne ou les skieurs de haut niveau). L'acquisition du geste repose bien-sûr sur une pratique physique répétitive. Toutefois, soulignons deux faits :

- la démonstration d'un geste ou d'un appareil ne se fait que très rarement sans parole, le discours sur le geste ou l'appareil venant soutenir la compréhension, l'apprentissage par imitation peut très bien dépasser les aspects strictement procéduraux ;
- l'effet d'imagination (Leahy & Sweller, 2004, 2005, 2007) découvert récemment montre que dans les apprentissages procéduraux, le fait d'imaginer le geste plutôt que de le réaliser peut être une alternative très efficace si elle est temporaire. Comme nous venons de le souligner, cet effet est bien connu et depuis fort longtemps dans l'entraînement des sportifs de haut niveau.

La démonstration d'un raisonnement est une situation typique d'une séance de cours magistral ou d'une séance de correction d'exercices (en mathématiques ou en sciences physiques, par exemple). Cette tâche d'étude peut participer soit à l'acquisition d'un concept (par exemple, un théorème mathématique) ou à l'acquisition d'un raisonnement spécifique qui constitue un savoir-faire permettant de résoudre une catégorie singulière de problèmes (résoudre un type d'équation trigonométrique, retrouver la formule d'une loi physique). Dans ce cas, comme pour la démonstration d'un geste, l'observation de la prestation de l'enseignant doit permettre à l'élève d'élaborer une « trace de référence ». Aussi, les tâches de ce dernier visent à mettre en perspective les sous-buts et les liens qu'ils entretiennent entre eux, la nature des procédures utilisées et leurs conditions de mobilisation. Cette image mentale, qui peut être visuelle et ou auditive, est à dissocier de la « trace écrite », qui n'est que la solution au problème. Cette dernière constitue, par sa forme, une référence au regard de canons institutionnels de rédaction.

Un des obstacles à l'atteinte du but procédural (de l'observation) d'une démonstration est qu'elle devienne l'enjeu d'un rapport de force et que le professeur utilise cette démonstration comme un tour de force pour installer son autorité.

Que se cache-t-il derrière « faire une expérience » ?

Dans cette situation, l'enseignant réalise une expérience devant les élèves. Nous nous intéressons ici au cas où les phénomènes observés constituent l'objet de l'apprentissage, et non le protocole expérimental (nous renvoyons lecteur au paragraphe « *faire une démonstration* »). Cette situation concerne donc l'élaboration d'une connaissance spécifique de situation via un processus de compréhension. L'enseignant choisit une expérience qui mettra en exergue un maximum de propriétés définitoires de la connaissance générale (la preuve par l'exemple). Plus la connaissance spécifique est typique, plus elle constitue un prototype du concept, plus les processus de généralisation ou de particularisation s'en trouvent favorisés.

Néanmoins la portée de cette situation d'apprentissage par compréhension reste limitée à l'illustration d'un concept. Si l'on désire découvrir le concept, il s'avère nécessaire de multiplier les connaissances spécifiques, avant d'entamer véritablement un processus de conceptualisation.

Que se cache-t-il derrière « faire une visite d'un musée » ?

On s'intéresse ici aux situations d'enseignement-apprentissage de type visite d'un musée, d'un site, ou encore d'une exposition. Le format central concerne des connaissances spécifiques de situation. Les processus d'apprentissage mis en jeu relèvent de la compréhension et dépendent des connaissances antérieures. Sur le plan motivationnel, l'engagement des élèves dans les tâches à réaliser (observer, écouter, lire, localiser, distinguer, etc.) est en général favorisé, ce qui n'est pas forcément le cas pour la persévérance. En effet, cette situation n'est qu'une transposition d'un enseignement magistral de type exposé ou conférence, mais on est plus dans la classe.

Cependant il est possible d'envisager de conduire un processus de conceptualisation si les conditions matérielles l'autorisent. Par exemple, la visite d'un musée peut permettre d'être confronté à de nombreux objets et donc d'engager les tâches de catégorisation, puis de caractérisation des attributs, etc. Néanmoins, les conditions organisationnelles ne favorisent guère la formalisation écrite du savoir appréhendé. Cette dernière doit souvent être reportée à une situation de classe, au risque de ne faire appel qu'aux souvenirs.

Que se cache-t-il derrière « préparer un exposé » ?

La préparation d'un exposé relève d'une tâche de résolution de problème (souvent mal défini).

L'élève élabore lui-même son objectif, à partir d'un objectif plus large défini par le professeur. Ces situations d'apprentissage par exploration empruntent, sans s'y réduire, un certain nombre de processus aux apprentissages par l'action et par instruction. En effet, elles proposent aux élèves de résoudre un problème de sélection d'informations dans un espace documentaire et de comprendre les documents sélectionnés, pour élaborer une représentation synthétique de leur contenu. Préparer un exposé possède donc trois objectifs d'apprentissage : apprendre à rechercher de l'information, acquérir un contenu déclaratif et apprendre à restituer un contenu.

Les activités des élèves s'articulent autour de la gestion de la tâche (élaboration d'une représentation du but, évolution de celle-ci en fonction des documents traités), de l'élaboration et de la gestion d'une stratégie de rechercher d'informations, et enfin du traitement de contenus. Nous ajouterons que trois mécanismes de gestion cognitive (processus métacognitifs) sont mis en œuvre : la planification, le contrôle, et la régulation. En effet, l'élaboration d'un plan d'action s'avère ici absolument nécessaire dans la mesure où seule une décomposition en sous-buts peut permettre de réaliser l'objectif. Cette étape est critique car complexe. En effet, élaborer un plan nécessite d'évoquer et de sélectionner des procédures, de les décomposer, mais surtout d'évaluer les résultats intermédiaires obtenus grâce à ces procédures. Un autre aspect critique réside dans le recueil des données : identifier les éléments pertinents par rapport au but.

Pour rechercher de l'information, l'élève doit d'abord prendre conscience du besoin d'information, c'est-à-dire de son manque de connaissances. Cette prise de conscience implique la mobilisation de connaissances antérieures. Il est en effet nécessaire d'avoir des connaissances pour prendre conscience que l'on manque de connaissances.

Trois niveaux d'aide devraient être proposés pour les apprentissages par exploration : les aides à la gestion de la tâche, les aides à la sélection d'informations et les aides à la compréhension.

- Les aides à la gestion de la tâche : il s'agit essentiellement d'aider l'élève à se représenter de façon opérationnelle le but qu'il poursuit ; dans certains cas, il faudra aider le sujet à faire évoluer cette représentation, tandis que dans d'autres, il faut l'aider à maintenir cette représentation stable.
- Les aides à la sélection d'informations doivent à notre sens concerner deux aspects principaux : l'identification claire des catégories d'informations à l'intérieur desquelles l'élève fait un choix et la facilitation de leur accès.
- Les aides à la compréhension portent sur le vocabulaire et les structures syntaxiques et argumentatives des contenus sélectionnés. Mais la compréhension des liens semble être un problème particulièrement sensible dans ce contexte d'apprentissage.

Enfin, l'élève doit apprendre à restituer l'information, c'est-à-dire apprendre à rédiger, à mettre en forme les documents de présentation, préparer la présentation orale, etc.

En conclusion, préparer un exposé est une situation d'apprentissage particulièrement intéressante par ses aspects motivationnels (l'élève définit son but lui-même) et socio-cognitifs (les échanges entre les élèves sont favorisés). La difficulté de cette situation d'enseignement-apprentissage réside dans la gestion de la charge cognitive. Si la recherche d'information devient l'enjeu majeur, la réussite de cette tâche n'impliquera pas forcément d'apprentissage pour l'élève.

Par ailleurs, le problème majeur de cette situation d'enseignement-apprentissage vient sûrement du fait que l'on ne sait pas forcément très bien décrire l'ensemble des connaissances impliquées dans l'apprentissage de la recherche d'information, ni ce que sont les compétences documentaires mobilisées dans ces situations. La préparation d'un exposé est sans doute une des tâches les moins bien définies.

Que se cache-t-il derrière « faire faire des exercices » ?

Nous abordons ici une des activités considérées comme centrale de l'acte d'enseigner. Au cours de ces sessions de travail, les élèves accomplissent des devoirs planifiés de type exercices d'application (mathématiques ou des gestes techniques, par exemple) ou problèmes dont la solution est unique et définie. Les savoirs ont été préalablement enseignés.

On distingue ici les exercices de reconnaissance et les exercices d'application de procédures :

- Les exercices de reconnaissance relèvent de l'application de concepts. Par exemple, reconnaître des carrés dans une géométrique compliquée. Ces exercices visent à renforcer le concept et à étendre son domaine de validité.
- Les exercices d'application de procédures, quant à eux, font suite à l'enseignement de ces mêmes procédures de façon déclarative (via une explication) ou procédurale (via une (dé)monstration).

Pour ces apprentissages par l'action, les tâches des élèves consistent à : lire l'énoncé, comprendre l'énoncé, identifier la procédure à mettre en œuvre, appliquer cette procédure, vérifier le résultat.

En tant que situations d'enseignement-apprentissage, les activités visent dans un premier temps le renforcement de la procédure : comprendre la forme déclarative puis mieux combiner ces connaissances pour aller vers une exécution plus directe des actions (mentales ou physiques) à effectuer. Ainsi au début, les situations problèmes sont très familières à celle présentée lors de la phase d'enseignement initial. Puis progressivement, par transfert proche, cette familiarité est diminuée. Par exemple, dans le cas du théorème de Pythagore, la position du triangle sera progressivement modifiée.

La répétition des situations identiques favorise l'automatisation des connaissances (par exemple, la lecture de schéma, l'application de formules ou de procédures, la pratique d'un geste). Pour ces situations que l'on peut qualifier d'exécution, nous devons veiller à ce que l'élève ne dérive pas vers des résolutions par analogie. *A contrario*, la multiplicité des situations très différentes les unes des autres contribue à la mise en place de connaissances dont la mise en œuvre reste sous contrôle. Mais une variabilité trop excessive des caractéristiques des exemples peut nuire aux apprentissages. Il semble maintenant bien établi qu'elle doit être progressive, et qu'elle concerne les connaissances procédurales avec un grand domaine de validité, *i.e.* les méthodes (Paas & van Merrienböer, 1994 ; Quilici & Mayer, 1996).

Cette pratique d'exercices décontextualisés prépare mal, toutefois, à la résolution de problèmes et d'autant plus ceux de la vie réelle. Ces dernières situations correspondent à des situations de transfert lointain. Les élèves éprouvent des difficultés à reconnaître une catégorie de problèmes dans la situation-problème présentée et des difficultés à choisir une démarche de résolution. Comparativement aux situations de transfert proche, ce ne sont plus uniquement les aspects superficiels des situations problème qui ont changé mais des aspects bien plus en profondeur comme la structure. Par exemple, il s'agirait d'appliquer le théorème de Pythagore dans un problème de géographie. Au plan mathématique, la situation n'est plus la même. La dictée, un sujet d'examen, le rallye maths sont aussi des situations de résolution de problème typiques de ces difficultés. Dans le cas de la résolution de problème, bien que la solution soit unique, la situation n'est pas familière, ce qui nécessite de la comprendre, de la catégoriser (déterminer la classe de problème), afin de trouver la procédure à appliquer. Ces situations d'enseignement-apprentissage traitent donc du domaine de validité de la connaissance, le « quand » et le « pourquoi » la mobiliser.

Pour toutes ces situations, notre première tâche d'enseignant est de concevoir des exercices (ou des problèmes) dont la rédaction et la pertinence doivent être remarquables. La corrélation avec les objectifs doit être évidente, la formulation (guidance de l'élève) et la présentation d'une grande qualité. L'élaboration de la consigne est critique dans la mesure où celle-ci guide l'élaboration de la représentation du but et peut induire l'élaboration d'une représentation inadéquate, par exemple par l'adoption de fausses contraintes dans les procédures de résolution (de très nombreuses études ont été conduites sur le thème). De simples définitions de mots difficiles ou ambigus, ainsi qu'une représentation imagée de la situation à traiter pourraient aussi aider à comprendre le sujet.

D'autre part, selon la théorie de la charge cognitive (Chanquoy *et al.*, 2008), les effets du problème résolu, de complémentation de problème et de renversement dû à l'expertise peuvent être combinés pour produire un effet pédagogique : l'effet de disparition progressive du guidage. Si, comme suggéré par l'effet de renversement dû à l'expertise, les élèves ont moins besoin d'être guidés au fur et à mesure que s'accroît l'expertise, une séquence appropriée d'enseignement pourrait consister en des problèmes initialement résolus, suivis par des problèmes à compléter, et enfin par des problèmes proposés sans aucune aide. Cette séquence avec un accompagnement de plus en plus faible devrait être plus efficace qu'un enseignement pour lequel seulement une des trois techniques serait utilisée, à durée égale.

Notre tâche est d'accompagner activement les élèves dans leur travail, leur suggérer de nouvelles stratégies et leur fournir les explications nécessaires. Cette activité fondamentale de régulation repose sur l'identification et la caractérisation des erreurs chez l'élève (erreur de choix de procédure, erreur d'application, voir le chapitre 10.7).

Une aide ponctuelle à l'élaboration d'une représentation opérationnelle peut intervenir sous la forme d'un pointage des propriétés critiques de la situation, ce qui permettrait de bien catégoriser le problème. Des situations analogues pourraient être proposées, permettant un transfert analogique lorsque celui-ci est possible, c'est-à-dire lorsque l'apprenant a des connaissances antérieures qui le permettent.

Le feedback étant l'élément essentiel de la régulation de ce type d'apprentissage, il doit exister (peut-être seulement à la demande) à toutes les étapes et non pas uniquement de façon différée, en final, sous la forme d'une réussite ou d'un échec. Il peut s'agir, par exemple, d'informations explicites en termes d'écart au but, de buts négatifs à éviter, de sous-buts, d'hypothèses alternatives (par exemple le chapitre 7 de Mayer, 2008).

Que se cache-t-il derrière les démarches d'enseignement par « découverte » ?

Ces situations d'apprentissages par l'action sont choisies pour résoudre des problèmes de motivation et d'engagement des élèves dans les apprentissages. Elles correspondent aux situations telles que le projet, les problèmes mal définis, dans lesquelles il est proposé à l'élève de résoudre un problème particulièrement complexe et/ou long à résoudre. L'hypothèse qui sous-tend ces situations est que l'action de l'individu dans la situation va permettre de générer des connaissances. Les élèves, regroupés par équipes, travaillent ensemble à résoudre un problème généralement validé par l'enseignant, problème pour lequel ils n'ont reçu aucune formation particulière, de façon à faire des apprentissages de contenu et de savoir-faire, à découvrir des notions nouvelles de façon active (il s'instruit lui-même) en y étant poussé par les nécessités du problème soumis (*Wikipédia*). La tâche de l'équipe est habituellement d'expliquer les phénomènes sous-jacents au problème et de tenter de le résoudre dans un processus non linéaire. La démarche est guidée par l'enseignant qui joue un rôle de facilitateur. Ceci est différent d'une étude de cas ou d'une résolution de problème, en ce sens que la bonne ou la mauvaise réponse n'est pas importante. Il n'y a pas une réponse. Un élève peut trouver une solution différente qui serait très acceptable.

L'enseignement par projet

Cette démarche propose à un groupe d'élèves de réaliser un projet concret. L'apprentissage par projet ou par enquête (*inquiry learning*) permet une adaptation flexible aux instructions et sont compatibles avec la manière dont fonctionnent les structures cognitives des élèves (Schmidt *et al.*, 2007).

Comparativement à un enseignement par instruction, les principaux avantages concernent le développement des habiletés de haut niveau cognitif comme l'analyse, la synthèse, etc., et des savoirs-être individuels et collectifs comme l'apprentissage de la négociation et de la résolution des conflits, le développement de la réactivité face à des imprévus/difficultés, le développement de l'autonomie, de la créativité, de la responsabilité, la prise de conscience de ses capacités professionnelles, de la confiance en soi, de la fierté. On note aussi une augmentation de la motivation intrinsèque des élèves.

Cependant, des synthèses de la littérature dans le domaine montrent (Dochy *et al.*, 2003) que l'enseignement par projet a des effets différents sur les types de connaissances. Son effet positif sur les savoir-faire des élèves semble immédiat et durable. Par contre, les élèves ont des connaissances déclaratives moindres, mais se souviennent mieux des connaissances acquises.

Que se cache-t-il derrière la démarche d'investigation ?

Parmi les situations d'enseignement par découverte, on trouve la démarche d'investigation couramment utilisée dans l'enseignement des sciences et des technologies. Elle favorise une pédagogie qui s'appuie sur le concret et l'action, qui va du particulier au général. Elle porte aussi bien sur l'acquisition de connaissances déclaratives que procédurales (White & Frederickson, 1998).

Dans ce type de situation, l'élève s'implique en tant qu'acteur dans la résolution des problèmes posés. Ainsi, progressivement, la compréhension obtenue par la recherche d'hypothèses, le raisonnement, l'expérimentation et la résolution de problèmes concrets font passer du questionnement à la connaissance.

Il existe une forme institutionnelle de cette démarche (en France, Programmes du collège en SVT, Bulletin officiel spécial n° 6 du 28 août 2008) que l'on se propose d'analyser.

Cette démarche s'articule autour de sept moments essentiels :

1. le choix d'une situation-problème par le professeur ;
2. l'appropriation du problème par les élèves ;
3. la formulation de conjectures, d'hypothèses explicatives, de protocoles possibles ;
4. l'investigation ou la résolution du problème conduite par les élèves (selon les disciplines) ;
5. l'échange argumenté autour des propositions élaborées ;
6. l'acquisition et la structuration des connaissances ; par une confrontation au savoir,
7. la mobilisation des connaissances.

Analyse globale de la démarche

L'étape 1 est dédiée au professeur et concerne la conception des différentes tâches de chaque étape de la démarche. Elle s'appuie sur les conceptions ou les représentations des élèves, et vise à les mettre en porte-à-faux au travers de la résolution d'une situation-problème. L'enseignant doit donc :

- être conscient des idées et de ce que comprennent leurs élèves du sujet traité, connaître les cheminements conceptuels possibles pour ce sujet,
- être sensible aux progrès des élèves dans leur apprentissage,
- être capable de concevoir des tâches d'apprentissage susceptibles de soutenir et d'encourager ces progrès,
- être capable de s'organiser et de mener un enseignement propice à l'apparition de tous ces phénomènes,
- et enfin être suffisamment sûr de bien maîtriser le sujet étudié pour pouvoir évaluer les différents points de vue et y réagir (Duit, 1991).

Les étapes 2 à 5 s'attachent à faire travailler l'élève sur ses connaissances : à les élaborer, à les modifier, à les ébranler, à les transformer. Cette phase correspond au modèle allostérique de Giordan (1995), le « faire avec pour aller contre ». On est clairement centré sur la connaissance. Ces temps sont des « temps élèves ».

L'étape 6 correspond au temps de la formalisation, de l'institutionnalisation. Ce temps est un « temps professeur » clairement centré sur le savoir.

L'étape 7 propose une mise en application du nouveau savoir, qui vient d'être institutionnalisé. On vise son renforcement par compréhension et l'extension du domaine de validité de la connaissance.

Analyse du volet « apprentissage »

Cette démarche d'enseignement s'appuie sur un processus de conceptualisation particulier : le changement conceptuel. Ce changement conceptuel n'est pas simple à provoquer. Il doit amener un gain, sinon le concept préalable, qui avait de bonnes raisons d'être là, ne sera pas remplacé, d'où la pertinence de la situation problème.

Bien qu'elle se caractérise par ce processus central de changement conceptuel, la démarche d'investigation s'appuie sur des processus cognitifs ou motivationnels qui sont nécessaires à la réussite de la transformation des connaissances initiales. Plus globalement, elle vise à donner du sens à la situation, à impliquer les élèves, notamment à travers une situation authentique et sociale (e.g. Brown, Collins & Duguid, 1989). Cette situation problème doit favoriser la prise de conscience de leurs croyances et présuppositions, et de leurs possibles incohérences, notamment par la discussion entre pairs. Elle pourra, par exemple s'appuyer sur (Duit, 1991) :

- les événements qui mettent en évidence une contradiction,
- le conflit entre les idées,
- le conflit entre les idées et le savoir.

Étude de cas : La masse de l'air

Étudions l'exemple d'une démarche d'investigation, menée en sciences physiques au collège, portant sur la masse de l'air. Elle est initiée par la question « le ballon dégonflé pèse-t-il plus ou moins lourd que le ballon gonflé ? ». Le programme définit le savoir à enseigner comme suit : « Un volume de gaz possède une masse. Un litre d'air a une masse d'environ un gramme dans les conditions usuelles de température et de pression ».

Dans ce cas, l'apprentissage peut correspondre à acquérir une des caractéristiques d'un concept, un de ses attributs : l'air a une masse. Il s'agirait là d'une étape d'un processus (analytique) de conceptualisation par explorations successives des caractéristiques d'un concept. Le caractère primaire (acquis par apprentissage naturel) de cette connaissance (l'air, dans le cas présent) faciliterait cette approche.

Mais par ailleurs, l'apprentissage peut correspondre à l'acquisition d'une connaissance spécifique au regard d'un autre concept (par exemple, la masse d'un gaz comme l'air). Dans ce cas, l'extension de cette caractéristique de l'air à l'ensemble des gaz (la généralisation) ne va pas de soi, surtout du point de vue de la démarche scientifique dont l'enseignement est sous-jacent. Il s'avère nécessaire de proposer un processus de généralisation qui s'appuie sur des données massiques d'autres gaz. (Éventuellement, issues d'expériences menées par les élèves). Dans le cas contraire, on ne fait que présenter un exemple avant la règle générale : il ne s'agit ici que d'un effet « Canada dry » du processus de conceptualisation par généralisation.

Il s'agit peut-être d'une stratégie « boiteuse » mais qui, comme l'analogie, permet de gagner du temps. Elle a le mérite de renvoyer à la fonction de l'exemple traité. L'exemple « modèle » facilite la compréhension (notamment avec une approche descendante). La difficulté est de trouver l'exemple proche des élèves, et que l'on peut généraliser à partir d'un cas (même si c'est probablement bien dangereux).

Analyse du volet métacognitif

Dans un registre plus métacognitif, cette démarche peut correspondre à un contenu d'enseignement à part entière. On s'inscrit, dès lors, dans une perspective à long terme de former des esprits à la démarche scientifique. Deux stratégies d'enseignement peuvent être choisies. La première consiste à se contenter d'une pratique répétitive de cette démarche et espérer une acquisition consciente et explicite chez l'élève (par infusion lente). La responsabilité est dévolue à l'élève. Dans la seconde, on peut se montrer plus efficient en conduisant une procéduralisation explicite de cette démarche, en proposant un contenu méthodologique à apprendre pour chacune des étapes. C'est-à-dire, par exemple, expliciter et formaliser le processus qui permet de « formuler des hypothèses », « élaborer un protocole expérimental », « réaliser un schéma d'expérience », « rendre compte des résultats » ...

Analyse du volet motivationnel

Parce qu'elle est souvent choisie pour faire face à des problèmes motivationnels, la réussite de la démarche d'investigation est conditionnée à certaines exigences. Sur le plan de la persévérance dans l'exécution des tâches d'apprentissage proposées, elle exige de la part des élèves de nombreux efforts comme écouter, évaluer et donner un sens aux points de vue des autres. Sur le plan de l'engagement, sa réussite dépend aussi de certaines acceptations chez l'élève, plus difficiles à percevoir pour l'enseignant, comme le défi intellectuel ou encore la sollicitation intellectuelle (Duit, 1991).

Dans cette approche, l'élève est placé dans une situation de défi intellectuel et c'est bien là tout l'intérêt de l'exercice. « Des élèves brillants réagissent au conflit cognitif avec enthousiasme » et apprécient « l'effet de surprise » de la méthode et la confrontation avec des problèmes nouveaux. « Par contre, des élèves en difficulté semblent développer des images dévalorisantes d'eux-mêmes, une attitude négative par rapport à l'école et aux travaux qu'on leur propose et une forme d'anxiété » (Dreyfus *et al.*, 1990).

Vosniadou (2007), propose de trouver des solutions au règlement de ce défi intellectuel, pour les élèves en difficulté, dans la théorie de la charge cognitive (Sweller *et al.*, 2011) : réduire au maximum les efforts inutiles, qui ne sont pas centrés sur l'apprentissage. Dans le cas de la sollicitation intellectuelle, un élève ayant une conception de l'apprentissage essentiellement transmissive peut trouver peu judicieux qu'on lui demande d'évaluer son approche de certains phénomènes ainsi que celle des autres : « Pourquoi me le demander ? Donnez-moi simplement la réponse ».

Aussi dans toutes ces situations, nous devons savoir créer un environnement pédagogique dans lequel les élèves ont confiance en eux et peuvent exprimer et discuter ouvertement leurs opinions.

Pour conclure

Parce que cette démarche a fait l'objet d'une formalisation du protocole à suivre, son utilisation nécessite une attention toute particulière. Nous devons notamment être attentifs à la définition de l'objectif d'apprentissage visé. La démarche d'investigation est porteuse d'espoir : apporter un sentiment de réussite et espoir de développer l'autonomie des élèves. Mais en même temps elle est complexe et il ne faudrait pas s'y jeter à corps perdu sans en saisir les principales règles, mais s'y lancer progressivement et à petites doses. Il faut laisser le temps aux enseignants et aux élèves de s'habituer à ce mode de fonctionnement.

12.2 Qu'est-ce qui régit toutes ces démarches ? Quelles sont les grandes catégories de démarches ?

Les démarches d'enseignement s'organisent autour de stratégies qui lient le particulier et le général ou le déclaratif et le procédural. On peut ainsi distinguer quatre grandes catégories de démarches.

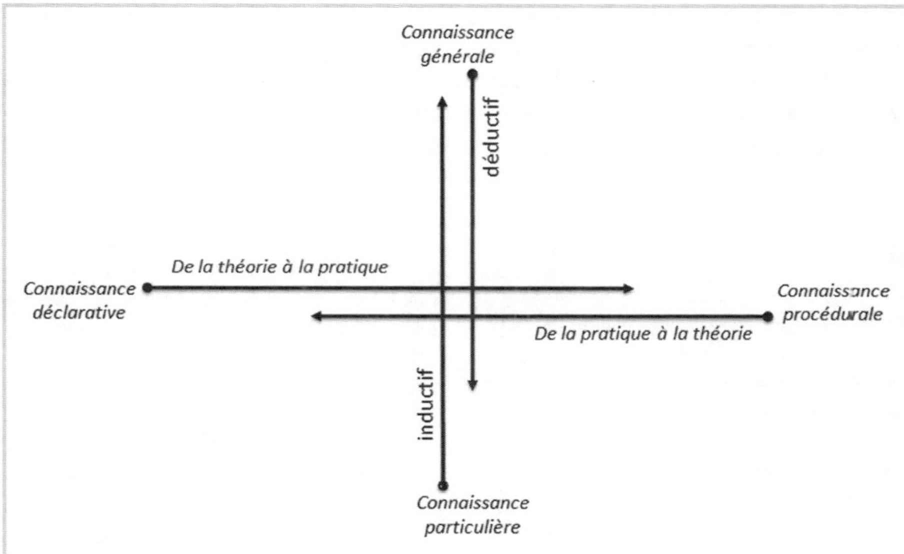

« L'approche déductive »

Elle fait appel à un raisonnement qui va du général au particulier. Le professeur présente d'abord une règle, puis propose des exercices d'application. Cette approche correspond à la représentation communément admise d'une situation d'enseignement *(« le maître énonce / l'élève applique, le maître montre / l'élève fait »)*.

Il s'agit d'un processus de particularisation qui s'appuie sur des connaissances générales pour élaborer des connaissances spécifiques. Cette démarche peut concerner des connaissances déclaratives ; on *parlera* alors de processus de mise en application. Ce processus peut concerner des connaissances procédurales, on *parlera* alors de processus de procéduralisation par mise en application.

La démarche déductive propose un accès rapide à la connaissance ; cependant, elle met en œuvre le processus de mise en application qui offre une garantie limitée de résultat. Le choix de cas particuliers pertinents constitue une réelle difficulté (exemples et contre exemples), le mauvais choix engendrant des représentations erronées, des concepts faux (cf. phénomène de « pliage » de la situation : nous sommes parfois conduits à déformer une situation un peu trop vite choisie pour qu'elle corresponde au concept que nous voulons illustrer).

« L'approche inductive »

Elle fait appel à un raisonnement qui va du particulier au général. Le professeur propose d'étudier des cas particuliers, à partir desquels les élèves vont reconstituer la règle, le principe général, ou la démarche.

Les démarches de découverte telles que la démarche d'investigation, la main à la pâte, la démarche de projet, relèvent de cette approche inductive.

Le processus de généralisation sous-jacent s'appuie sur des connaissances spécifiques pour élaborer des connaissances générales. Cette démarche peut concerner des connaissances déclaratives *via* des processus de conceptualisation, ou des connaissances procédurales *via* des processus de procéduralisation. Barth (1987, 2004) propose une démarche structurée pour conduire le processus de conceptualisation en situation d'enseignement. Cette démarche s'articule autour de phases de perception, de comparaison, d'inférence et de vérification d'une règle particulière, et de sa généralisation.

Exemple : Le principe de la radiographie

Étudions l'exemple de l'enseignement du principe de la radiographie à des élèves de lycée. Ces derniers possèdent la connaissance anatomique du corps requise.

L'activité débutera par l'observation de plusieurs photos de personne en situation d'examen radiographique. Chaque élève devra élaborer un schéma qu'il légendera, décrivant le principe de la prise d'un cliché radiographique. Le professeur invitera, à tour de rôle certains élèves, à communiquer leur pensée aux autres, dire ce qu'ils ont trouvé et consigner leur schéma au tableau. Les cas représentatifs auront été sélectionnés par le professeur, lors d'une inspection non intrusive. Le professeur veillera, dans cette phase, à ne pas émettre de jugement de valeurs, ne pas pénaliser les erreurs, laisser à chacun la possibilité de s'exprimer et de faire part de ses observations.

L'enseignant orchestrera alors une activité de comparaison entre les différents schémas. Cette étape doit permettre aux élèves de distinguer des ressemblances ou des différences portées par les propositions particulières. Il conduira ensuite les élèves à identifier des similarités malgré les différences, et à retenir celles dont la relation est constante dans tous les cas particuliers. Suite à ces inférences, l'ensemble de la classe, sous la conduite du professeur, formalise une proposition ayant valeur de loi (loi 1). Cette première abstraction sera vérifiée dans l'activité suivante.

Cette dernière s'appuie sur l'étude de plusieurs clichés radiographiques (main, pieds, thorax, mâchoire, bassin, estomac, ...). Certains clichés porteront la trace d'objets tels que prothèse, corps étrangers, liquide opaque, ... Le professeur proposera d'observer ces clichés radiographiques. Chaque élève devra interpréter chacun des clichés en identifiant les éléments qu'il reconnaît. Il précisera aussi, selon lui, la relation existant entre « les rayons X » et la « trace » des différents éléments sur le cliché. Comme précédemment, le professeur organisera une phase de restitution des interprétations de certains élèves puis une phase de comparaison afin de caractériser la relation entre « les rayons X » et la « trace » des différents éléments sur le cliché. Il favorisera l'élaboration de catégories à partir de zone de couleur, de nature anatomique, de corps étranger.

Toujours sous la conduite du professeur, l'ensemble de la classe, formalisera une proposition ayant valeur de loi, qui pourra être :

- Les rayons X traversent facilement la matière qualifiée de molle, comme les muscles et les viscères (cœur, poumons, tube digestif...). Cette matière apparaît en gris sur le cliché.
- Les rayons X sont facilement absorbés par la matière dure comme les os, composés de cristaux de calcium durs et résistants. Cette matière apparaît en blanc sur le cliché.
- Lorsque les rayons X traversent une matière de faible épaisseur, la trace apparaît en noir.

- Lorsque les rayons X ne traversent pas de matière, la trace apparaît en noir.
- Donc, les rayons sont plus ou moins arrêtés par la matière (loi 2). Ce qui constitue une seconde abstraction.

En synthèse, en s'appuyant sur les deux lois établies (abstraction), le professeur formalisera et énoncera le principe de la radiographie (abstraction généralisante). Cependant, la compréhension de la différence entre un tissu mou et un tissu dur n'est pas compatible avec le niveau de connaissance des élèves (elle fait appel à des connaissances sur la composition atomique de la matière et des phénomènes physiques relatifs aux ondes).

Le professeur devra en tenir compte pour formaliser le savoir. L'énoncé proposé ci-après est un compromis entre le savoir universitaire et les attendus du programme.

« La radiographie utilise les rayons X. Ils ont les mêmes propriétés que les rayons lumineux tels qu'on les connaît, c'est à dire qu'ils permettent d'imprégner une plaque photographique. Ils ont en plus la faculté de traverser totalement ou partiellement certains corps. C'est grâce à ce phénomène que l'image obtenue apparaît plus ou moins noire. Dans le cas de la radiographie du corps humain, les rayons vont rencontrer soit des organes, soit des muscles ou encore des os. Les rayons vont aisément passer à travers les organes et les muscles qui auront donc une apparence fort sombre. À l'inverse, lorsque les rayons rencontreront des os, ils vont être totalement arrêtés. Il n'y aura donc aucune impression sur la plaque et celle-ci restera blanche. Il en est généralement de même lorsque les rayons rencontrent des corps étrangers ».

Afin de vérifier la constance de la proposition, le professeur confrontera les élèves à des clichés radiographiques d'animaux, des clichés aux rayons X des bagages lors de contrôles aéroportuaires, des clichés de camions lors de contrôle douaniers, ...

En situation d'enseignement, comme on peut le remarquer dans cet exemple, l'élève ne conduit pas seul, de façon autonome, le processus d'apprentissage. En fait, la démarche inductive relève d'avantage d'une philosophie. Elle est comparable à la construction d'un puzzle où l'élève et l'enseignant mettent leur talent au service l'un de l'autre pour construire l'image finale. La conduite du processus relève de la responsabilité de l'enseignant et non de celle de l'élève. Contrairement aux apprentissages naturels, l'élève n'enclenche pas seul les mécanismes de généralisation (catégorisation, étiquetage, caractérisation...). Cependant, la difficulté pour le professeur réside dans le fait de discerner, au cours de la conduite du processus, la « proposition élève » pertinente : celle qui va permettre d'avancer vers la connaissance (l'élève propose – l'enseignant dispose). D'autre part sur le plan didactique, c'est à l'enseignant d'arrêter un niveau de généralité (qui peut être définit par un programme comme au lycée, ou à l'université par les limites des connaissances des étudiants).

L'entrée par le particulier est très intéressante pour l'apprentissage, même si la crainte (légitime) est de penser que le cas particulier d'entrée reste attaché à la connaissance. Par ce biais, l'accès à la connaissance passe par une profondeur de traitement (un nombre d'opérations mentales) importante de la part de l'élève et participe donc à un ancrage à plus long terme. Par ailleurs, en permettant à l'élève de découvrir par lui-même le « pourquoi du comment » ou l'origine d'une connaissance factuelle, elle offre la possibilité de développer conjointement compréhension et intérêt.

« De la théorie à la pratique »

Souvent nous veillons à ce que les élèves comprennent la situation, la structure, le fonctionnement d'un objet, avant d'apprendre à agir dessus. Par exemple, comprendre le concept de texte narratif avant d'apprendre à élaborer un conte.

Cette approche se caractérise par la transformation du format déclaratif en format procédural. Elle est régie par le principe suivant : la compréhension de l'objet fonde la compréhension de l'action sur cet objet. Elle exclut la juxtaposition des deux formats. Elle ne correspond pas non plus à la compréhension de la forme déclarative de la procédure.

L'intérêt de cette approche réside dans le fait que la régulation de l'action sur un objet peut se faire grâce à la compréhension de cet objet. Par exemple, comprendre le concept du polygone de sustentation (relatif à la stabilité d'un objet) contribue à mieux maîtriser la mise sur chandelles d'un véhicule.

La connaissance déclarative, la « théorie » caractérisant l'objet, n'est certes pas indispensable à l'apprentissage de l'action sur cet objet (la pratique), mais elle permet assurément d'agir en compréhension, de réguler de façon plus autonome.

« De la pratique à la théorie »

De façon réciproque à la précédente, cette approche lie le procédural au déclaratif. Elle fait appel au processus de prise de conscience. Par exemple, faire émerger le concept d'émulsion instable à la suite de l'apprentissage de l'élaboration d'une mayonnaise. Comme précédemment, ce type d'approche contribue à une meilleure régulation de l'action grâce à la compréhension de l'objet sur lequel on agit.

Comme le sous-tend l'exemple de l'élaboration d'une mayonnaise, la prise de conscience porte sur une connaissance déclarative de niveau supérieur à celui caractérisant l'objet sur lequel on agit. En effet, il ne s'agit pas, uniquement, de préciser les attributs caractérisant une mayonnaise mais bien d'appréhender le concept d'émulsion. Le niveau de régulation de l'action est conditionné par cette montée en généralité, via une méthode de niveau supérieur au savoir-faire (réaliser une émulsion).

De plus, ce type d'approche contribue à augmenter la motivation intrinsèque de l'élève : « l'élève est plus savant ». Les connaissances préalables de l'élève s'en trouvent enrichies et valorisées.

12.3 Sous quelles conditions adopter certaines démarches préconisées ?

Planifier, c'est aussi adopter une manière d'enseigner caractéristique d'un niveau et d'une discipline. Certaines dérivent de méthodes préconisées par les programmes (comme la démarche d'investigation), d'autres sont proposées par des groupes de référence, ou correspondent (Lenoir, 2009) à un habitus au sens de Bourdieu (1980, p. 120-121) : « un système de dispositions acquises par l'apprentissage implicite ou explicite, qui fonctionne comme un système de schèmes générateurs, est générateur de stratégies qui peuvent être objectivement conformes aux intérêts objectifs de leurs auteurs sans en avoir été expressément conçues à cette fin ».

Le fait d'adopter une démarche d'enseignement ne s'oppose pas à la liberté pédagogique mais participe de cette liberté lorsqu'il est la conséquence d'un travail d'analyse détaillée. Ce qui est fondamental, c'est d'être au clair sur les processus sous-jacents, la partie immergée de l'iceberg, qui détermine l'équilibre et la stabilité de ce qu'il y a au dessus, c'est-à-dire les activités observables de l'élève et de l'enseignant.

Aussi, il nous semble important de rechercher ces pratiques, de les identifier, et de les caractériser.

Etude de cas : Une démarche pour enseigner la littérature

Revenons sur la proposition faite par Richard et Lecavalier (2009), pour enseigner la littérature selon une démarche rationnelle, qu'ils nomment « une démarche stratégique pour enseigner la littérature ».

Le cas étudié porte sur le concept d'action qui, au sens littéraire, est caractérisé par les réponses aux questions « qui ?, quoi ?, où ? et quand ? ». La démarche associée « comment caractériser l'action ? », s'articule autour de trois temps :
- identifier, en recherchant dans le texte, des mots, éléments de réponse à chaque question,
- collecter en soulignant ou notant ces mots dans différentes colonnes,
- traiter en élaborant une synthèse pour chacun des attributs.

Analyse globale

Cette démarche propose de partir des représentations et des interprétations initiales des élèves afin de leur apprendre à effectuer une lecture d'une œuvre littéraire ainsi qu'un discours sur celle-ci. A priori deux formats de connaissance semblent concernés par cette démarche d'enseignement.
- une connaissance déclarative spécifique correspondant aux « clés de l'œuvre littéraire ». Il s'agit de décrire la façon dont l'auteur exprime sa pensée, ses sentiments à travers un langage explicite ou un message implicite, associé à des tournures de phrase, une succession de mots,
- une connaissance procédurale générale, à savoir une démarche de lecture et d'analyse d'œuvre littéraire qui se décline en quatre phases :
  - une première phase de préparation à la lecture ;
  - une seconde phase de lecture proprement dite ;
  - une troisième phase d'analyse et d'interprétation ;
  - et une quatrième phase de validation des hypothèses.

Cette activité d'enseignement est porteuse d'un double enjeu, celui de l'élève et celui du professeur. L'enjeu de l'élève est de réussir la tâche : trouver les clés de l'œuvre. L'enjeu du professeur est de faire acquérir une démarche : « il s'agit d'amener les élèves à interpréter eux-mêmes l'œuvre lue, au lieu d'attendre que l'enseignant le fasse à leur place » alors que dans tous les cas, et en dernier recours, le professeur fournira les clés de l'œuvre.

Cette pratique d'enseignement vise donc à conduire un processus de procéduralisation par application pour faire acquérir une démarche à l'élève. L'enseignant ne doit pas se tromper d'objectif. Par exemple, il devra absolument éviter d'analyser l'œuvre à la place des élèves, de livrer la réponse. Mais, il veillera à relier ses propos à la démarche d'analyse. Cette dichotomie est très délicate à établir. Elle consiste à maintenir un équilibre entre « l'assistance dont l'élève a besoin pour traiter le contenu et l'acquisition graduelle de l'indépendance nécessaire au traitement automne de l'information » (Tardif, 1992). La caractérisation générale de cette pratique peut être poursuivie pour chacune des étapes. Cet approfondissement vise à extraire les processus cognitifs et motivationnels sous-jacents.

Analyse partielle : phase 1 « préparation à la lecture »

Etudions le scénario proposé pour la première phase qui concerne « **la préparation à la lecture**, où l'enseignant justifie d'abord le choix de l'œuvre afin de relier la culture de l'élève à celle que l'on veut construire : la culture scolaire ou légitimée. Il active ensuite les connaissances littéraires à partir du livre que les étudiants ont en main et qu'ils feuillettent ensemble. Le professeur incite les élèves à anticiper le contenu de l'œuvre afin de créer des attentes et de susciter des hypothèses de lecture qui seront à vérifier tout au long de la lecture [fin partie 1]. Il recommande des stratégies de lecture consistant à noter ou à surligner le qui, quoi, où et quand de l'action ; il donne un exemple de leur utilisation. Enfin, il propose l'échéancier de lecture, au rythme d'environ 70 pages/semaine, pour de la prose[fin partie 2] ».

Cette phase comporte deux parties (comme pour les aux autres phases) :

- lors de la première partie, l'activité de l'enseignant consiste à faire émerger les préconceptions des élèves, leur interprétation personnelle a priori de l'œuvre ;
- dans la seconde partie, l'enseignant apporte une aide méthodologique. Il s'agit d'une aide stratégique, dans la mesure où elle consiste à guider et à assister l'élève dans l'interprétation rationnelle de l'œuvre.

Du point de vue de la motivation, la première partie correspond à une phase d'engagement. Elle consiste à donner du sens à l'activité, en travaillant sur le but à atteindre : « puisque je sais où aller, alors je peux m'engager sur le chemin ». La deuxième partie, quant à elle, traite de l'aspect persévérance dans la réalisation de la tâche. En proposant un guidage et une assistance adéquats, l'enseignant réduit la charge cognitive, permettant à l'élève de poursuivre ses efforts.

En ce qui concerne les apprentissages, la première partie porte sur des connaissances conceptuelles caractérisant une œuvre littéraire. Une fois ces connaissances réactivées, il est demandé à l'élève de les appliquer à l'œuvre étudiée selon une démarche qui lui est propre. Lors de la deuxième partie, le processus consiste à appliquer une démarche explicite et rationnelle (« comment caractériser l'action », au sens littéraire : « qui, quoi, où et quand de l'action ») visant à valider l'interprétation de l'élève. Globalement, cette première phase centre l'apprentissage sur la connaissance procédurale en confrontant l'acquis au savoir à acquérir.

Le traitement métacognitif (explicite et collectif lors de la phase 4) pourrait être mené de manière individuelle au cours des différentes phases. Par exemple, dans la première phase, l'apport individuel pourrait permettre à l'élève de faire le point sur ce qu'il sait et ce qu'il ne sait pas des concepts caractérisant une œuvre littéraire. On s'attacherait à lui faire prendre conscience qu'il existe des niveaux de maîtrise d'un savoir (j'en ai entendu parlé, je suis capable d'en parler, je sais l'utiliser, je sais quand l'utiliser) et à se situer. On pourrait également faire prendre conscience aux élèves des formats de connaissance traités et de leur caractérisation structurale. Dans le cas d'une connaissance déclarative, l'élève doit être en mesure d'identifier explicitement l'étiquette, les attributs et les interrelations. Dans le cas de connaissances procédurales, il doit en préciser la suite d'actions et leur niveau d'organisation.

SYNTHÈSE

« EXISTE-T-IL DES PLANS D'ACTION DÉJÀ PRÊTS ? »

Bien qu'il existe de multiples façons de faire, la pratique d'un enseignant repose sur des situations d'enseignement typiques, caractérisées par un couple de tâches enseignantes et de tâches élèves au service d'un but qui peut être cognitif ou motivationnel. Comprendre ce qui sous-tend ces situations d'enseignement canonique peut nous aider à les choisir avec pertinence.

- Faire un exposé, une conférence, est une situation d'apprentissage par compréhension, souvent difficile à contrôler, que ce soit par l'enseignant ou par l'élève. Ce type de situation est justifié par les contraintes organisationnelles : on n'a pas le temps de faire mieux. Mais cela implique de soutenir l'activité cognitive des élèves (la compréhension), leur métacognition (prise de notes, questions, contrôle, repérage des points clés) et leur motivation.
- Faire une démonstration ou une expérience devant les élèves, sont des situations qui permettent aux élèves d'observer le fonctionnement d'un raisonnement logique, d'un appareil, d'un geste voire d'un résultat. Cette tâche d'étude favorise l'acquisition de savoir-faire. Le processus est l'apprentissage par imitation. L'enseignant doit permettre à l'élève d'élaborer

une « trace de référence ». Faire une démonstration peut contribuer à appréhender un concept (théorème mathématique).

- Une visite d'un musée est une situation qui vise des connaissances spécifiques. Le gain recherché est surtout au plan motivationnel.
- Préparer un exposé relève d'un apprentissage par exploration et peut viser trois objectifs d'apprentissage : apprendre à rechercher de l'information, apprendre un contenu déclaratif et apprendre à restituer un contenu. C'est une situation d'apprentissage particulièrement intéressante par ses aspects motivationnels et socio-cognitifs mais très exigeante.
- Faire faire des exercices d'application concerne les exercices de reconnaissance et les exercices d'application de procédures. Ils visent le renforcement de la procédure puis son automatisation. Ils nécessitent de notre part de l'aide et feedback de qualité.
- L'enseignement par découverte et la démarche d'investigation sont généralement utilisés pour résoudre des problèmes de motivation et d'engagement des élèves dans les apprentissages. Elles correspondent aux situations telles que le projet, les problèmes mal définis. Leur effet est positif dans le domaine des apprentissages de méthodes, mais probablement pas au-delà.

En résumé :

- L'approche déductive va du général au particulier et peut concerner des connaissances procédurales et déclaratives.
- L'approche inductive va du particulier au général et peut concerner des connaissances procédurales et déclaratives.
- De la théorie à la pratique vise à comprendre d'abord, agir ensuite et peut concerner des connaissances générales ou particulières.
- De la pratique à la théorie part de l'action et, par un processus de prise de conscience, vise la compréhension ou la conceptualisation.

POUR ALLER PLUS LOIN

Brown, J.S., Collins, A., & Duguid P., (1989). Situated cognition and the culture of learning. *Educational Researcher, 18*, 32-42.

Bru, M. (2006). *Les méthodes en pédagogie*. Paris : PUF.

Dean, D., Jr., & Kuhn, D. (2006). Direct instruction vs. discovery : The long view. *Science Education, 91*, 384–397.

Grangeat, M. (Ed.), (2011). *Les démarches d'investigation dans l'enseignement scientifique : Pratiques de classe, travail collectif enseignant, acquisitions des élèves.* Lyon : INRP.

White, B.Y., & Fredrickson, J.R. (1998). Inquiry, modeling, and metacognition : Making science accessible to all students. *Cognition & Science, 16*, 90-91.

Partie 5

Quelles ressources pour conduire mon enseignement ?

Point de repère n° 5

L'essentiel du travail de planification et de conception a été maintenant réalisé. Mais il manque un aspect important du travail de l'enseignant et de l'activité des élèves : les ressources matérielles. Qu'on aille les chercher dans une banque de ressources, qu'on les élabore soi-même, ou que l'on confie cette responsabilité aux élèves, les ressources jouent un rôle crucial pour l'inscription de l'apprentissage dans le temps. Les ressources pour enseigner sont donc l'ensemble des supports matériels au service des apprentissages et des tâches.

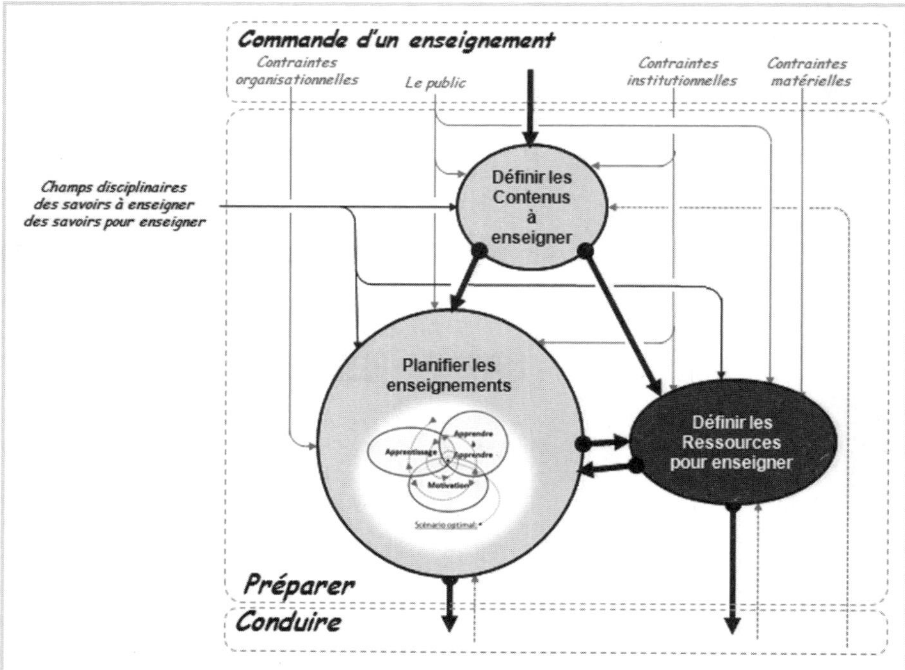

Nous répondons donc maintenant à deux questions :

- Quelles traces écrites pour les élèves ?
- Quels supports d'enseignement ?

Chapitre 13

Quelles traces écrites pour les élèves ?

« Les écrits restent, les paroles s'envolent ». Dans ce chapitre, nous allons traiter des traces écrites, c'est-à-dire de ce qui reste inscrit sur un document même si ce n'est pas encore dans la mémoire des élèves. Les traces écrites ont donc une fonction essentielle : celle d'inscrire l'apprentissage dans le temps, car tout l'apprentissage ne se passe pas qu'au moment de l'enseignement.

Dans ce chapitre, nous allons donc aborder :

- une description des fonctions des différents types de traces écrites ;
- quelques règles ergonomiques au service de l'efficacité de ces traces écrites ;
- les supports à fournir aux élèves pour que leurs traces écrites soient efficaces. Nous développons de façon détaillée le cas de deux types de documents spécifiques : les documents de la leçon et les documents de travaux pratiques.

13.1 À quoi servent les traces écrites ?

Une trace écrite remplit les deux fonctions fondamentales de l'écrit : la mémorisation et la communication.

La fonction de mémorisation de l'écrit consiste à fournir aux individus une « béquille cognitive » à leur mémoire (Tricot, 2007). Ainsi, ce que je ne peux pas apprendre maintenant, tout de suite, est stocké dans un document pour que je puisse y revenir. C'est par exemple le rôle évident des notes lors des révisions pour passer un examen. Pour remplir sa fonction de soutien à la mémorisation, une trace écrite devrait posséder des qualités de pertinence, de structure, de hiérarchisation, de clarté et de fidélité. Elle devrait en outre être facile à utiliser.

La fonction de communication de l'écrit consiste à fournir aux individus qui n'étaient pas là une trace de ce qui s'est passé. C'est ainsi que la trace écrite d'un élève peut être lue par son enseignant ou même par un de ses parents. Pour remplir sa fonction de soutien à la communication, la trace écrite devra non seulement posséder les qualités précédemment évoquées, mais en plus respecter certaines conventions de communication.

Ces deux fonctions sont réalisées par cinq grandes catégories de traces écrites :

- La trace écrite, support d'apprentissage construit par l'enseignant, mise à disposition des élèves.
- La trace écrite résultant des activités des élèves lors de situations de recherche.
- La trace écrite qui correspond aux notes prises par les élèves pendant l'enseignement.
- La trace écrite, évaluation d'une séquence d'apprentissage.
- La trace écrite, permettant d'informer les parents des situations d'enseignement menées en classe (dans les cahiers des élèves).

L'élaboration de ces traces écrites correspond donc à un partage des tâches entre les élèves et l'enseignant :

- L'enseignant expose, les élèves notent librement.

- L'enseignant expose, les traces écrites sont réalisées par les élèves à partir de consignes de rédaction de l'enseignant.
- L'enseignant réalise une trace écrite au tableau ou fournit un document qui sert de plan ou de guide pour les traces écrites des élèves.
- L'enseignant réalise une trace écrite au tableau, ou sur un document (papier, électronique) qui représente la forme institutionnelle du savoir.
- L'élève réalise une trace qui sert de support à une activité d'évaluation de l'enseignant (évaluation qui peut remplir des fonctions très différentes, comme nous l'avons vu au chapitre 10).

Comme nous l'avons déjà indiqué dans le chapitre 9.3, la réalisation de traces écrites par les élèves, la simple prise de notes, ne peut pas être considérée comme une tâche correspondant à une capacité innée mais, au contraire, doit faire l'objet d'un enseignement tout à fait explicite. La prise de notes est une méthode qui mérite d'être enseignée comme telle et apprise comme telle.

13.2 Quelques règles ergonomiques

Toute trace écrite est porteuse d'une forme d'un savoir (ou de connaissance) et contribue à un apprentissage. La prise en compte de règles d'ergonomie contribue à favoriser la mise en œuvre des traitements cognitifs nécessaires à l'atteinte de ces buts.

Comment aider les élèves à réaliser des traces écrites efficaces ?

La qualité de pertinence

Les documents ne sont pas là pour surprendre l'élève : ils ne doivent pas constituer un scoop. Ils stockent soit le résultat, soit une phase d'un processus d'élaboration de connaissances. C'est le premier principe ergonomique : institutionnaliser ce qui doit l'être. La qualité de pertinence ou d'utilité exprime l'adéquation entre l'objectif d'apprentissage défini par l'enseignant et l'atteinte de cet objectif. Une bonne trace écrite est utile, elle remplit une fonction pédagogique précise. Elle n'est pas là parce qu'on a l'habitude d'en faire, parce qu'on aime en faire.

La qualité de structure

Une trace écrite rend compte non seulement d'un contenu mais de la structure de celui-ci, c'est-à-dire de l'ensemble des liens entre les parties de ce contenu. Pour cela, certaines traces écrites utilisent des représentations directes de la structure : c'est le cas des sommaires, des cartes de contenus, des *mind-maps*, et autres, qui sont généralement plus efficaces que les représentations linéaires (Nesbit & Adesope, 2006), sans, loin s'en faut, résoudre tous les problèmes de compréhension (Amadieu *et al.*, 2009, 2010).

Comme on l'a déjà abordé dans cet ouvrage (partie 7.1), on se trouve devant un paradoxe : alors que les meilleures traces écrites sont celles de chaque élève pour lui-même, nous sommes souvent dans l'obligation de prendre la main et d'indiquer à la classe entière que la structure du contenu est celle-ci car, au moment de l'apprentissage, les élèves n'ont encore qu'une idée très floue de la structure. Ceci est caractéristique des situations difficiles, exigeantes, où l'on choisit de consacrer peu de temps à un contenu conséquent (Stull & Mayer, 2007).

La qualité de hiérarchisation

Une trace écrite n'est pas une trace de tout ce qui a été dit, de tout ce qui a été compris, mais une trace de ce qui est important. Pour la même raison que pour la structure, cette qualité de hiérarchisation est parfois difficile à réaliser par les élèves eux-mêmes, qui peuvent avoir besoin de notre aide pour décider de qui est important et de ce qui est secondaire.

La qualité de clarté

Une trace écrite doit être claire, ou, pour reprendre Grice (1975), elle ne doit pas être obscure. Nous voulons dire par là que la lecture ultérieure de la trace écrite ne doit pas conduire à se demander « mais qu'est-ce que j'ai voulu dire par là ? », « qu'est-ce que j'ai bien pu vouloir représenter avec ce schéma ? ». Les traces écrites pouvant être lues par autrui, elles doivent être claires pour autrui. Certains élèves ont énormément de mal à accepter cela et ne comprennent pas pourquoi, quand quelque chose est clair pour eux, il faudrait en plus que ce soit clair pour les autres. Nous voulons signaler par là que le statut des traces écrites, personnelles ou publiques, doit être très explicite (nous ne pouvons pas nous permettre de porter un jugement sur des traces personnelles). Il est sans doute inutile de rappeler ici que la clarté d'un message est souvent la conséquence de la clarté de la connaissance, et non une propriété intrinsèque au message. Ainsi, nous sommes plus souvent conduits à vérifier ce qu'un élève a compris / pas compris grâce à une trace peu claire, plutôt qu'à « corriger » le manque de clarté d'une trace écrite.

La qualité de fidélité (ou d'exactitude)

La trace écrite est un support à l'institutionnalisation de la connaissance. En tant que telle, elle présente obligatoirement des qualités de fidélité ou d'exactitude. Ce qui conduit certains enseignants à dicter certaines traces, d'autres choisissent une tâche de recopie, d'autres enfin préfèrent fournir directement le document aux élèves.

La qualité d'utilisabilité

Elle désigne la possibilité d'utiliser le document pour l'apprentissage, en d'autres termes sa maniabilité. Une bonne trace écrite est facile à utiliser et relire. Elle doit le plus souvent pouvoir être partagée, et notamment être facile à lire par l'élève qui était absent ce jour-là.

Le respect des conventions

Toute communication entre humains est fondée sur l'utilisation de conventions. Pour les traces écrites, il en est conséquemment de même. Par exemple, une trace écrite publique doit être correcte au plan orthographique. Mettre un mot en gras signifie qu'il est important. Aller à la ligne signifie que l'on change d'idée ou de registre. Ces conventions concernant les traces écrites nous viennent du monde de l'imprimerie. Il nous semble important de les connaître afin de ne pas imposer à nos élèves des habitudes personnelles, voire des manies, plutôt que des conventions. En effet, il est souvent pénible pour les élèves que tel enseignant exige telle mise en forme de la trace écrite au nom d'une prétendue convention… qu'aucun autre de ses collègues ne respecte.

Comment réaliser des traces écrites efficaces pour les élèves ?

Nous sommes parfois conduits à réaliser nous-mêmes les traces écrites. Ces traces doivent alors avoir les mêmes qualités que celles des traces réalisées par les élèves. En outre, les traces que nous réalisons doivent tenter de respecter trois autres qualités.

Soutenir l'apprentissage

Les traces écrites étant des supports pour l'apprentissage dans le temps, elles remplissent cette fonction en utilisant les techniques qui favorisent la mise en œuvre des apprentissages, décrites au chapitre 6. Par exemple, si l'objectif de l'apprentissage passe par la mise en œuvre de la compréhension, alors on pourra appliquer l'ensemble des points concernant la compréhension (chapitre 6.2) à la trace écrite correspondante.

La qualité de lisibilité

C'est ce qui caractérise la facilité à lire et à comprendre un document. La qualité de lisibilité est donc mise en œuvre à travers les pistes que nous avons indiquées dans le chapitre 6.2.

Pour un texte, on peut ajouter :

- Ne pas faire des phrases trop longues, limiter le nombre de mots par phrase (si possible, ne pas dépasser 12) ; pas plus d'une relative subordonnée à droite.
- En dehors du lexique spécifique de la discipline, utiliser un vocabulaire simple et déjà connu des élèves. Définir tous les mots nouveaux.

Pour une image, on peut ajouter :

- Être clair sur la fonction que remplit l'image : elle montre ; sert de support à une description ; sert de support à une analyse ; schématise, simplifie ; présente un stéréotype, une représentation typique ; est un substitut à la réalité ; rend visible ce qui ne l'est pas ; informe, fournit des informations qualitatives, spatiales, contextuelles, ou temporelles ; prouve, atteste ; déclenche une émotion ; modélise ; guide un geste ; divertit, séduit ; guide la lecture, le regard (Robin, 2012).
- Utiliser les images les plus simples possibles, sans détail inutile.

- S'ils existent dans le domaine, respecter les codes et conventions.
- Mettre en exergue les points importants.
- Ne pas utiliser d'images décoratives sauf en cas d'extrême nécessité.
- Définir une relation de complémentarité entre l'image et le texte : renforcement ? redondance ? le texte commente l'image ? L'image illustre le texte ?
- Intégrer les commentaires dans l'image plutôt que les mettre dans un texte séparé.

La qualité de visibilité

Elle relève principalement de la mise en page : comme nous venons de l'indiquer, mettre en gras ce qui est important, aller à la ligne (changer de paragraphe) quand on change d'idée, utiliser les tirets en début de ligne quand on veut faire une liste ou une énumération, etc.

Une cohésion graphique favorisera la visibilité d'une trace écrite. Cette cohésion est maintenue par la récurrence des codes visuo-graphiques. Elle permet d'assurer une meilleure perception de la prévisibilité des tâches d'interaction et de la prévisibilité des contenus associés à une attention adéquate (Scapin & Bastien, 1997). On peut faire ensuite des choix esthétiques pour se distinguer visuellement et se centrer davantage sur une stratégie de communication.

Quelques critères pour évaluer la qualité des traces écrites

La prise en compte de critères stratégiques, tactiques et logiques doit faciliter l'utilisation de ces documents par l'élève pendant et après l'activité (à court, moyen et long terme), et lui permettre ainsi de construire ses connaissances.

Critères stratégiques

- L'élève sait-il où il va ? (A-t-on défini et explicité avec suffisamment de clarté les objectifs ?)
- L'élève sait-il pourquoi il lit ?
- L'élève a-t-il envie de lire ce document ? (Comment a-t-on suscité le désir d'information du lecteur ?)

Critères tactiques

- Les raisonnements utilisés sont-ils adaptés aux élèves ?
- Y a-t-il suffisamment d'exemples ?
- Le travail demandé est-il à la portée des élèves ?
- Part-on suffisamment de leurs préoccupations ?
- La présentation du document facilite-t-elle la lisibilité ? (Pour fournir au lecteur une vision globale du contenu, pour faciliter la lecture du document, pour accélérer les révisions).

Critères logiques

- L'ordre de présentation est-il rigoureux ?
- Les termes utilisés sont-ils tous connus des lecteurs ?
- Les termes nouveaux sont-ils tous nécessaires ? Tous définis ? Pas trop nombreux ?
- A-t-on vérifié si les connaissances supposées acquises le sont véritablement ?

13.3 Quel support fournir pour les traces écrites ?

On peut situer à des extrémités opposées les situations où l'enseignant fournit un support complet (un polycopié ou un cours en ligne par exemple) et celles où la totalité de la trace écrite relève de la responsabilité des élèves. Entre ces deux extrémités se trouvent les situations où l'on fournit aux élèves un support pour leurs traces écrites. Ces solutions intermédiaires donnent souvent de bons résultats, probablement car la prise de notes sous l'entière responsabilité de l'élève est très exigeante cognitivement (Kobayashi, 2006 ; Knight & McKalvie, 1986). Fournir le support complet peut au contraire désengager l'élève de son effort de compréhension (Barnett, 2003) voire favoriser l'absentéisme (Fjortoft, 2005). Fournir aux élèves des supports partiels du cours améliore à la fois la qualité de la prise de notes et les performances aux évaluations après relecture (Kiewra *et al.*, 1988, 1991).

On peut ainsi fournir aux élèves :

- un résumé, court ou long, sous forme de texte rédigé ou comme liste de points clés ;
- un plan, une représentation squelettique des principaux éléments et de leur(s) relation(s), une carte de contenus ;
- seulement ce qui est difficile à prendre en notes (images, schémas, par exemple) ;
- un contenu rédigé mais lacunaire, un schéma à compléter, une fiche à remplir.

Les documents de la leçon

Ce sont des documents d'institutionnalisation des savoirs déclaratifs et procéduraux avec une légitimité a posteriori ou a priori. Ils sont là pour :

- Apporter des informations que l'élève ne savait pas avant et qu'il sait maintenant, ou qu'il doit savoir.
- Structurer en distinguant des parties.

On peut distinguer trois niveaux de structure de ce document :

- Structure formelle : le document possède des grands titres et des sous-titres, qui sont représentés dans une table des matières.
- Structure rhétorique : ce sont les grandes parties que l'on va toujours retrouver (des niveaux d'information différents) :

- Dans un article scientifique, il y a nécessairement une partie introduction, méthodologie, résultats, discussion, bibliographie.
- Dans un document de présentation pédagogique, on aura les objectifs, les tâches élèves, l'évaluation.
- Dans un document de cours en technologie, on aura la fonction globale, la raison d'être, des typologies de solutions, des principes technologiques, des solutions technologiques, des applications technologiques, ...

– Structure sémantique :

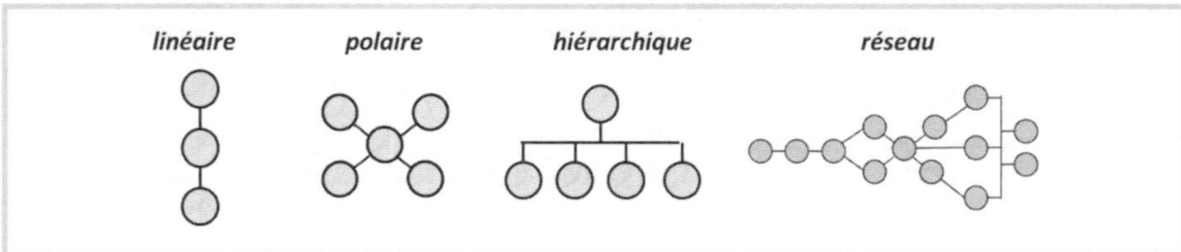

La présentation de la structure précise les liens internes entre ses parties et leurs liens externes avec d'autres parties. Les relations entre les différents niveaux d'information pourront, par exemple, être du type : du réel vers le modèle ; de l'extérieur vers l'intérieur ; du global vers le détail ; de l'observable vers ce qui est abstrait, non observable ; de la connaissance primaire vers les connaissances secondaires ; de la fonction à la solution, etc. Les relations pourront aussi s'établir avec des connaissances spécifiques préalables, avec des connaissances vues par ailleurs.

Les documents de Travaux Pratiques

La volonté de permettre l'autonomie des élèves lors des travaux pratiques, conduit l'enseignant à privilégier la production des documents d'instructions à réaliser et des documents techniques associés. Or, au même titre que le cours (ou les travaux dirigés), l'activité de travaux pratiques participe à l'enseignement des savoirs et génère donc une trace écrite. Nous proposons des repères pour les élaborer.

Le rôle des documents

Nous définissons une activité de travaux pratiques de la façon suivante : résoudre une « situation-problème », en confrontant l'élève à un système, en vue d'acquérir des savoirs (Musial, 2007 ; Musial & Rubaud, 2010).

En se référant à cette définition, les documents de travaux pratiques sont conçus pour permettre à l'élève :

- de s'informer et agir sur le système,
- de résoudre le problème et rendre compte,
- d'identifier clairement les savoirs nouveaux, et les situer dans une logique d'apprentissage.

Les documents nous permettent aussi d'évaluer l'apprentissage de l'élève.

La conception des documents intègre clairement la dimension didactique relative à l'apport des connaissances, à la structuration et à l'organisation de la pensée de l'élève.

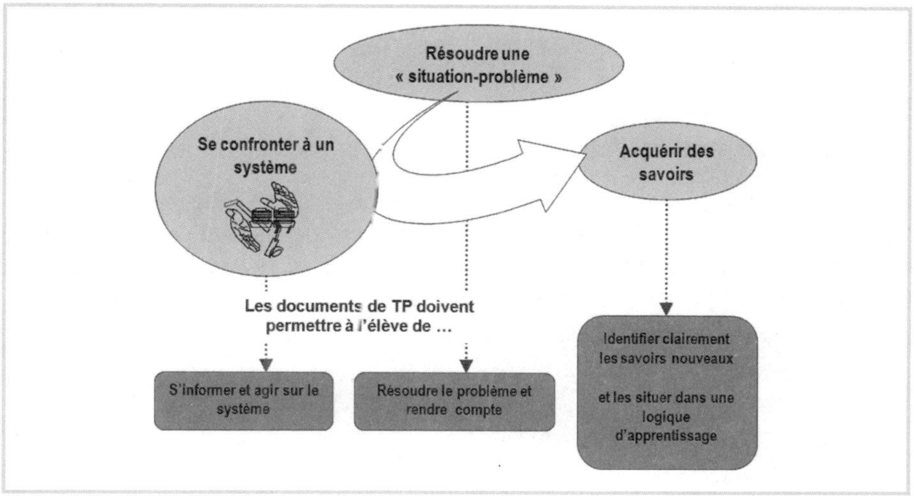

Figure 21
Représentation schématique du TP

S'informer et agir sur le système

Les documents de présentation de l'objet ou de la situation réelle. Ils peuvent être constitués de tout ou partie du dossier technique livré avec le support étudié, ou être élaborés par le professeur. Dans ce cas, la (re)conception didactique de ces documents peut s'appuyer sur une approche systémique globale et structurée, visant à apporter les outils conceptuels liés à l'analyse (graphes fonctionnels, par exemple).

Les documents d'instructions. Leur rôle est de permettre à l'élève d'agir sur le système. Ils peuvent prendre la forme de mode d'emploi ; de protocoles de mesures ; de fiches de réglage, de production ou de contrôle ; …

Résoudre le problème et rendre compte

La situation-problème induit un processus de résolution (mise en relation des données, formulation d'hypothèses, mobilisation de raisonnements, de procédures, de démarches) qui va mener l'élève à la solution (la situation finale). Dans cette perspective, on peut distinguer trois types de documents : la guidance, le compte rendu et les ressources.

La guidance. Elle a pour vocation d'induire les actions liées au processus de résolution, et les résultats attendus. Élaborée à partir du scénario d'apprentissage des travaux pratiques, c'est le document de référence de l'activité. Par son contenu, elle doit conduire l'élève à établir des liens entre la situation-problème, le système et le savoir associé (acquis ou nouveau). On y trouve l'expression de la « situation-problème », les données du problème et les pistes de recherche. Ces dernières peuvent être déclinées en étapes d'activité. Pour chacune d'elles, on précise la consigne (la question qui génèrera l'action), les ressources à utiliser et la performance attendue. Les consignes de travail sont rédigées avec beaucoup de clarté, car elles sont souvent source de difficultés. La rédaction d'une consigne peut s'appuyer sur la syntaxe suivante :

- À partir de, à l'aide de ...
- FAIRE la tâche suivante...
- Répondre sur tel document ...

Le compte-rendu. Quelle que soit sa forme, le compte-rendu ne se limite pas aux résultats trouvés (et à leur interprétation). Il intègre aussi, de manière explicite, la prise en compte des données de départ et les étapes du processus de résolution du problème technique. Il est clairement distinct de la guidance et doit se suffire à lui-même.

Les documents ressources : classeur, manuels scolaires, documentation technique, extraits de normes, etc.

Identifier les savoirs nouveaux et les situer dans une logique d'apprentissage

L'activité de travaux pratiques recouvre simultanément un double but :

- celui de résoudre un problème (connu de l'élève),
- celui d'accroître les connaissances en fonction du ou des objectifs retenus en faisant progresser la pensée, depuis les pré-requis jusqu'aux objectifs visés.

Le document de « préparation à la synthèse » favorise cette prise de conscience des apprentissages. À partir de l'analyse des documents « compte-rendu », l'élève est amené à s'exprimer sur les savoirs découverts. Cette verbalisation écrite est ensuite exploitée par l'enseignant au cours de l'« activité de synthèse ».

Contexte d'utilisation des documents. On peut distinguer deux catégories de documents :

- Les documents utiles pendant l'activité. On trouve les documents « Présentation du système », « Instructions », « ressources » et « guidance ». Ils sont singulièrement liés au support étudié. Leur utilité cognitive n'a de sens que dans ce contexte pédagogique. Ils n'ont donc pas leur place dans le classeur des élèves.
- Les documents utiles pendant et après l'activité. Il s'agit du « compte-rendu » et de la « préparation à la synthèse ». Ces documents seront exploités au cours de la séance collective de synthèse, qui vise à la structuration du savoir et à établir les liens entre la solution explorée et ce savoir.

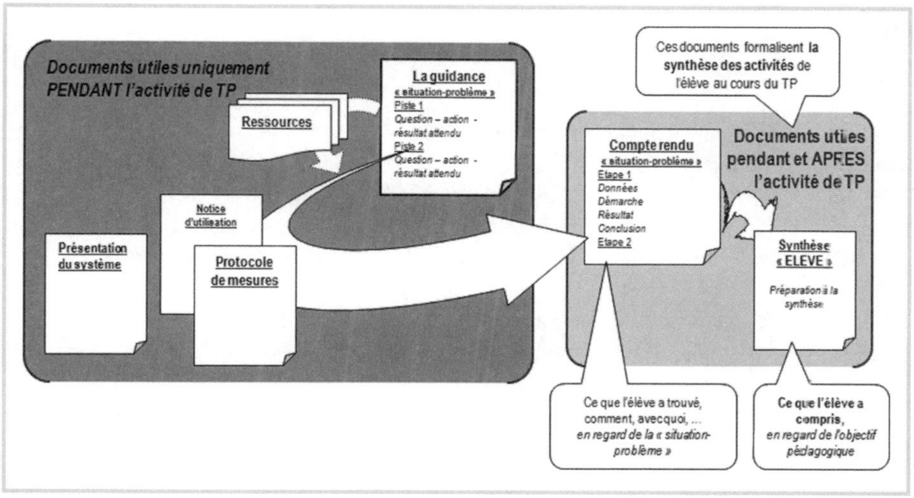

SYNTHÈSE

« QUELLES TRACES ÉCRITES POUR LES ÉLÈVES ? »

Les traces écrites remplissent deux fonctions principales : la mémorisation et la communication.

Ces deux fonctions sont réalisées par des catégories de traces écrites différentes, par une définition précise du partage des tâches entre les élèves et l'enseignant.

Les traces écrites efficaces sont pertinentes, structurées, hiérarchisées, claires, fidèles, faciles à utiliser et elles respectent les conventions de l'écrit.

Quand nous fournissons les traces écrites aux élèves, nous devons concevoir ces documents pour qu'ils soutiennent l'apprentissage, qu'ils soient lisibles et visibles.

Il est sans doute efficace de fournir aux élèves un support pour leurs traces écrites, c'est-à-dire un intermédiaire entre le contenu intégral de notre enseignement sous la forme d'un polycopié ou d'un cours en ligne et rien du tout. On peut donc fournir aux élèves :

- un résumé ;
- un plan, une représentation squelettique des principaux éléments et de leur relation ;
- ce qui est difficile à prendre en notes, comme les images ou les schémas ;
- un contenu rédigé mais lacunaire, un schéma à compléter, une fiche à remplir.

POUR ALLER PLUS LOIN

Grice, H.P. (1979). Logique et conversation. *Communication, 30*, 57-72.

Kiewra, K. A., DuBois, N. F., Christian, D., & McShane, A. (1991). Note-taking functions and techniques. *Journal of Educational Psychology, 83(2)*, 240-245.

Kobayashi, K. (2006). Combined effects of note-taking/-reviewing on learning and the enhancement through interventions : a meta-analytical review. *Educational Psychology, 26*, 459-477.

Piolat, A. (2006). *La prise de notes*. Paris : PUF.

Tricot, A. (2007). *Apprentissages et documents numériques*. Paris : Belin.

Chapitre 14

Quels supports d'enseignement ?

Dans ce chapitre nous allons décrire l'utilité des différents supports que nous pouvons utiliser en classe, au service de la tâche et des apprentissages. Les supports sont donc une composante de la situation d'enseignement. Contrairement à ce que nous avons déjà évoqué et qui concernait en premier lieu les élèves (la prise de notes, les documents pour l'élève) nous parlons maintenant des supports utilisés par l'enseignant pour permettre l'apprentissage des élèves.

Ce chapitre est divisé en deux parties :

- la première partie dresse la liste de fonctions qui peuvent être remplies par les supports d'enseignement ;
- la seconde partie dresse la liste des supports d'enseignement et de leurs utilisations principales.

14.1 Quelles fonctions remplissent les supports d'enseignement ?

Dans cette première partie, nous commençons par définir les grandes fonctions sémiotiques que peuvent remplir les supports : quel sens peut être produit avec quels supports pédagogiques ? D'autres auteurs ont déjà proposé de telles typologies et nous nous inspirons notamment de Peraya (1995) et Robin (2012). Ainsi, quand on a une idée précise de l'effet que l'on recherche, il devient plus aisé de choisir le type de support que l'on va utiliser et de concevoir celui-ci. Les fonctions que nous présentons sont déjà connues du lecteur, elles sont même communes. Notre objectif ici est simplement de les lister, de les expliciter et de mettre en exergue leurs limites. Le risque en effet, avec ces fonctions extrêmement banales, est de se laisser aveugler par l'évidence ou l'habitude. Les travaux empiriques sur les fonctions sémiotiques des supports d'enseignement produisent des résultats souvent surprenants.

Les fonctions de compréhension

Montrer

Un support peut consister à simplement montrer, présenter un objet ou une représentation de celui-ci, si pour une raison ou une autre l'objet ne peut pas être là.

La grande difficulté de cette fonction réside dans le fait que nous montrons un objet que nous comprenons alors que les élèves, *a priori*, ne le comprennent pas encore. Parfois ce que l'on montre présente un certain niveau de complexité ou d'opacité, de sorte que, paradoxalement, les élèves comprendront moins bien l'objet montré que l'objet simplifié. En particulier, le fait de montrer un objet ne produit pas, en soi, de mise en exergue de ce qu'il est important de regarder ou d'écouter. D'innombrables études empiriques ont attesté de l'effet négatif de la présentation d'un objet complexe, opaque, réaliste, dynamique ou compliqué, en début d'apprentissage (voir par exemple la synthèse de Mayer, 2009). Un exemple très paradoxal concerne le fait de montrer un objet animé. Allez dans un club hippique et montrez un cheval au galop : vos élèves ne comprendront rien au galop du cheval (comme d'ailleurs les peintres jusqu'à la moitié du XIXe siècle). Montrez plusieurs photographies des étapes successives du galop du cheval et vos élèves comprendront (voir les synthèses de Bétrancourt, 2009 ; Lowe & Schnotz, 2008 à propos des animations). Nous n'avons pas encore assez de recul pour rendre compte de l'intérêt des animations qui sont contrôlées par les élèves ou des discours audio-écoutés sur lecteurs MP3, dont l'écoute est elle aussi contrôlable. En effet, avec ces nouveaux supports, on voit certes le grand intérêt pour l'élève à pouvoir arrêter quand il ne comprend pas, revenir en arrière, revoir ou réécouter. Cependant, les résultats montrent aussi que cette activité de contrôle est exigeante, coûteuse cognitivement et finalement peut-être pas à la portée de tous les élèves dans toutes les situations (cf. Bétrancourt *et al.*, 2008 ; Boucheix, 2008 ; Gerjets *et al.*, 2009 pour le contrôle des animations visuelles ; Roussel *et al.*, 2008 pour le contrôle des supports audio en langues vivantes).

Nous allons prendre maintenant plusieurs exemples concernant le viaduc de Millau pour illustrer les différentes fonctions sémiotiques des supports d'enseignement. On voit, dans ce premier exemple, que le simple fait de montrer une photographie du viaduc de Millau ne nous apprend pas grand chose (*i.e.* rien de nouveau pour ceux qui le connaissent déjà, mais pas beaucoup plus pour ceux qui ne le connaissent pas).

Le viaduc de Millau

Wikipédia

Les limites que nous venons de souligner entraînent que les supports d'enseignement utilisent peu sous sa forme pure la fonction « montrer ». Le plus souvent, nous utilisons plutôt la fonction d'explicitation.

Expliciter

La fonction d'explicitation peut être mise en œuvre selon deux registres assez différents mais complémentaires. Le premier registre est celui de la description : on commente ce que l'on montre, l'objet, ses propriétés, ses caractéristiques, ses composants les plus importantes, sa structure, etc. Le registre descriptif de l'explicitation consiste donc à répondre aux questions : de quoi c'est composé ? Comment c'est fait ? Quelle est la structure ?

Le viaduc de Millau

Le viaduc de Millau est un pont à haubans. Il franchit une brèche de 2 460 mètres de longueur et de 270 mètres de profondeur au point le plus haut. L'ouvrage est composé de 7 piles minces et dédoublées sur leur partie supérieure et d'un tablier métallique très fin.

Wikipédia

L'autre manière d'expliciter est plus focalisée sur le contexte de l'objet, sa raison d'être, des informations spatiales, temporelles ou covariantes. Ce second registre de l'explicitation consiste donc à répondre aux questions : pour quoi ? Où ? Quand ? Qui ?

Le viaduc de Millau

Le viaduc de Millau est un maillon important de l'autoroute A75 permettant de relier Clermont-Ferrand à Béziers (France). Ce projet a nécessité treize ans d'études techniques et financières. Les études ont commencé en 1987 et l'ouvrage a été inauguré le 17 décembre 2004, trois ans seulement après la pose de la première pierre. Conçu par Michel Virlogeux et ses équipes pour ce qui concerne le tracé et les principes de franchissement, l'ouvrage a été dessiné par l'architecte Norman Foster. D'un coût de 320 millions d'euros, il a été financé et réalisé par le groupe Eiffage dans le cadre d'une concession, la première de ce type par sa durée de 75 ans. L'ouvrage est actuellement le pont routier le plus haut du monde. Le viaduc a permis de développer les activités commerciales et industrielles de la région aveyronnaise.

Wikipédia

Donner à voir quelque chose d'inapprochable

Un support peut être utilisé pour montrer une situation, un objet, qui ne sont pas accessibles en classe ni même lors d'une sortie de classe. Par exemple, en physique et en chimie, certains objets sont dangereux et c'est la raison pour laquelle on ne peut pas les montrer. La situation ou l'objet peuvent aussi être trop loin, trop chers, etc. La représentation de l'objet remplit alors la fonction de montrer, avec une recherche de réalisme. Ce faisant, cette fonction « montrer » présente toujours les mêmes difficultés.

Le viaduc du Millau

Nous allons étudier le viaduc de Millau à l'aide d'une série de photographies et de schémas car nous ne pouvons pas nous rendre à Millau.

Cette fonction de « donner à voir » peut aussi concerner des objets ou des situations qui sont tout simplement non visibles. C'est pour cela que l'on utilise parfois un microscope, un télescope, que l'on fait des coupes, etc. C'est aussi ce que l'on fait quand on représente le temps avec une frise chronologique en histoire, avec un diagramme de Gantt lorsque l'on apprend la conduite de projet, etc.

Le viaduc du Millau

Le tablier est un caisson fermé et caréné présentant un profil aérodynamique pour pouvoir résister à des vents de plus de 205 km/h. Il est constitué d'une dalle orthotrope. Chacun des 173 éléments présente une largeur de 27,60 m et une hauteur de 4,20 m. Ils sont constitués de tôles raidies et de profilés standardisés. Ces caissons sont prolongés à chacune de leur extrémité d'une corniche de 2,20 m de large, supportant elle-même un écran brise-vent.

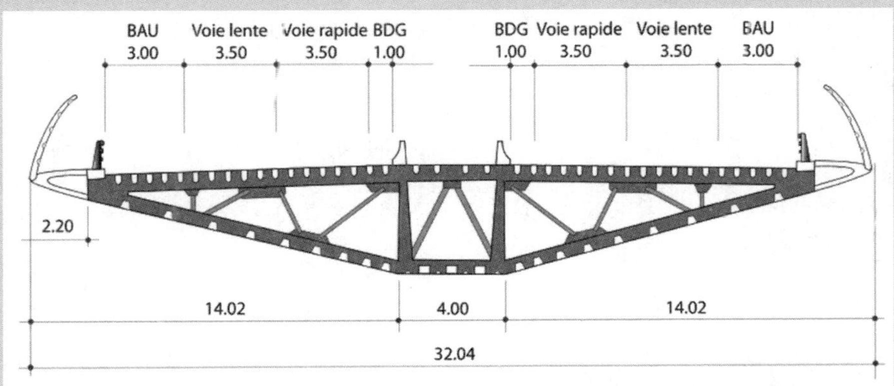

Le tablier, vue de coupe

Wikipédia

Simplifier

Pour répondre aux difficultés qu'il y a à montrer un objet ou une situation, nous sommes conduits à utiliser les supports dont la fonction est de simplifier. Nous décidons sciemment d'enlever certaines informations, de nombreux détails, nous attirons l'attention des élèves sur ce qu'il y a d'important à comprendre.

Le viaduc du Millau

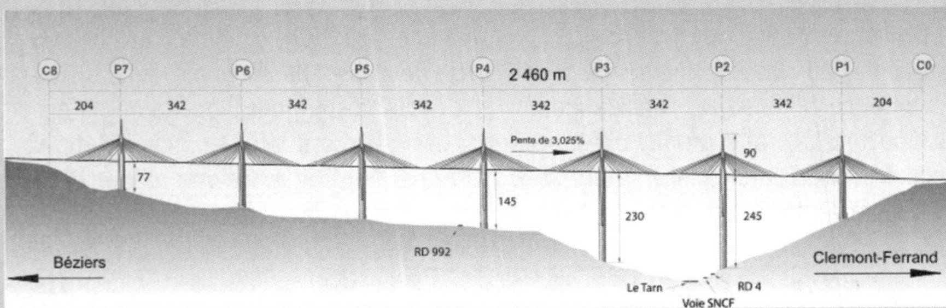

Le viaduc est un pont à haubans de 2 460 mètres de longueur. Il traverse la vallée du Tarn à près de 270 m de hauteur au-dessus de la rivière. Son tablier de 32 mètres de large accueille une autoroute de 2 fois 2 voies et deux voies de secours. Il est maintenu par sept piles prolongées chacune par un pylône de 87 m de hauteur auquel sont arrimées 11 paires de haubans.

Wikipédia

Rendre concret un concept

La dernière fonction liée à la compréhension concerne la particularisation d'un concept. Nous utilisons un support car il rend visible un concept. Nous utilisons pour cela deux grandes stratégies :

- Montrer un exemple, c'est-à-dire un objet, une image, une situation comme représentant d'un concept. Comme nous l'avons souligné plus haut, prendre un objet pour le représentant de sa catégorie peut être extrêmement aidant pour la compréhension les élèves, en même temps que très dangereux car on court le risque qu'une caractéristique de l'objet soit attribuée au concept.
- Montrer le meilleur stéréotype (ou exemple stéréotypique ou exemple parfait) c'est-à-dire un objet, une image, une situation qui possède toutes les caractéristiques du concept et uniquement les caractéristiques du concept.

Pour favoriser la conceptualisation correcte d'un concept (pas forcément nouveau), il faudrait montrer plusieurs images typiques (possédant de manière saillante certains éléments définitoires du concept). L'ensemble des images constituant un tout illustrant le concept.

Les fonctions de conceptualisation

Modéliser

Les supports jouent aussi un rôle important lors de la mise en œuvre de la conceptualisation. En particulier, les supports remplissent la fonction de modélisation. La fonction de modélisation consiste donc à fournir une représentation abstraite d'un concept, *i.e.* une représentation symbolique (linguistique, algébrique, géométrique, vectorielle, etc.) sans lien direct avec les objets ou les situations réelles qui relèvent de ce concept.

> ***Viaduc***
>
> Un viaduc est un ouvrage d'art routier ou ferroviaire qui franchit une vallée, une rivière, un bras de mer ou tout autre obstacle et qui présente une hauteur ou une longueur, parfois les deux, plus grande que celle qu'exigerait la seule traversée de la rivière ou de la voie à franchir.
>
> *Wikipédia*

Entre le support de compréhension qui concerne des cas particuliers et les modèles symboliques qui concernent le concept, on est parfois conduit à élaborer des supports intermédiaires, des schémas par exemple.

Prouver

Un support peut être utilisé pour attester, convaincre, prouver. C'est le cas surtout quand nous voulons apporter la preuve par l'exemple : la preuve qu'il existe des oiseaux qui ne volent pas, c'est ce film où l'on voit une autruche qui court alors qu'un prédateur la poursuit.

Les fonctions de procéduralisation

Nous utilisons des supports pour diriger des gestes et des postures, pour expliquer comment doivent être mises en œuvre les différentes étapes d'une procédure. Parfois nous réalisons cela sans support, directement sur l'objet ou sur la situation : on est alors dans le cas de l'apprentissage par imitation. Parfois, on utilise un support pour cela comme un texte procédural, un schéma de montage ou même un film. Le support doit permettre non seulement de comprendre (la situation, l'objet sur lesquels porte la procédure) mais aussi d'agir, de mettre en œuvre la procédure. Les études dans ce domaine sont extrêmement nombreuses, notamment depuis 15 ans (voir la synthèse de Ganier, 2008). Ces études montrent :

- Que la conception de ces supports n'est pas aisée car ceux-ci doivent simultanément représenter des gestes et leurs conséquences, notamment en termes de changements d'états de la situation ou de l'objet sur lesquels portent les gestes.
- Que, dans ce domaine, les représentations dynamiques peuvent être efficaces, contrairement aux domaines qui concernent seulement la compréhension des phénomènes, des situations ou des objets. Voir une main en train de réaliser un geste est souvent plus efficace qu'une représentation statique de la main ou d'une succession d'états de la main (Van Gog *et al.*, 2009 ; Wong *et al.*, 2009).

Les fonctions métacognitives

Garder une trace

Nous utilisons des supports pour garder une trace de l'activité, du raisonnement, de la progression de tel élève, de tel groupe, de la classe entière et même de notre propre activité. C'est une activité exigeante car, comme pour la prise de notes chez les élèves, garder une trace ce n'est pas « tout noter ». Au cours de l'étude de la page Wikipédia consacrée au viaduc de Millau, garder des traces de l'activité revient à dire que l'on va présélectionner certaines informations.

Hiérarchiser, organiser

Une fonction essentielle de nos supports est de rendre visible une hiérarchie entre les informations, et, plus encore, un ensemble de relations entre ces informations importantes. Cette fonction est d'autant plus importante à mettre en œuvre que les connaissances en jeu seront complexes ou difficiles. Cette fonction, réalisée par nous la plupart du temps, est le principal support de l'activité de prise de notes des élèves.

Le viaduc du Millau

1 Histoire

2 Description de l'ouvrage

2.1 Les piles et les culées

2.1.1 Fondations et semelles

2.1.2 Descriptif des piles

2.1.3 Construction des piles

2.1.4 Construction des culées

2.2 Le tablier

2.2.1 Descriptif

2.2.2 Fabrication

2.2.3 Assemblage et lançage

2.2.4 L'écran brise-vent

(...)

Wikipédia

Baliser

Nous sommes parfois conduits à enrichir un support par un commentaire oral, un trait, une flèche, un mot, etc. Ce support en effet ne contient pas les mises en exergue nécessaires, il ne permet pas de distinguer tel ou tel aspect, ou contient encore trop de détails (parfois pour de bonnes raisons : par exemple, nous allons voir ces détails dans 5 minutes).

Nous sommes alors conduits à mettre en œuvre la fonction « baliser » : aider à la lecture, à l'analyse, à la consultation du support, voire attirer l'attention sur tel point important à tel moment du déroulement d'une animation (Amadieu *et al.*, 2011 ; Lowe & Boucheix, 2011 ; Schneider & Boucheix, 2008).

Le viaduc de Millau

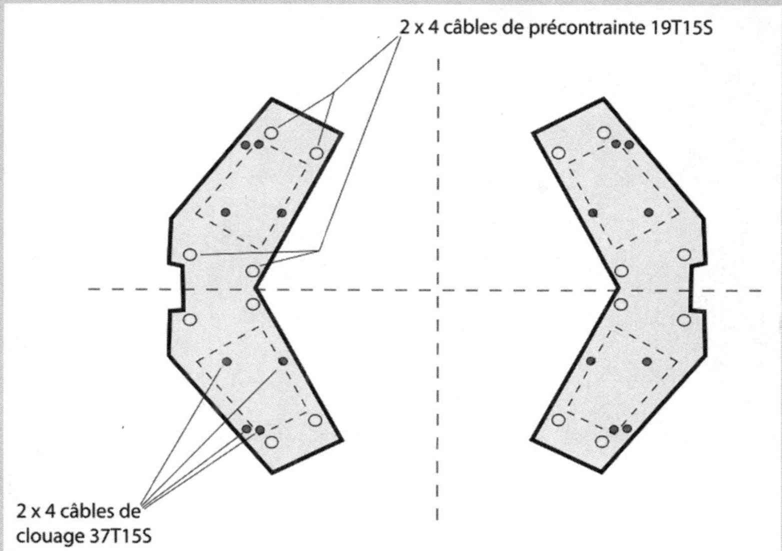

Coupe d'un fût dédoublé de pile avec position des câbles de précontraintes.

Les fûts dédoublés des piles ont été précontraints sur toute leur hauteur afin de réduire les efforts de traction extrêmes et donc de retarder et de limiter leur fissuration dans les conditions des états limites de service. Cette précontrainte est faite à l'aide de huit câbles 19T15S (...)
Wikipédia

Les fonctions de motivation

Embellir

Une fonction remplie par les supports est aussi l'embellissement : on présente un support qui est beau, plaisant à regarder, qui va provoquer l'admiration des élèves ou au moins attirer leur regard. Cependant, de nombreux travaux (cf. la synthèse de Mayer, 2009 à ce propos) montrent que cette fonction peut avoir des effets secondaires négatifs. Les élèves, dont l'attention est attirée par ce qui est beau dans le support, n'auront pas leur attention attirée par ce qui est important. Pire encore, ce qui est beau peut masquer ce qui est important.

Le viaduc de Millau

Source inconnue.

Produire des émotions

Nous utilisons certains supports pour produire des émotions, comme la peur ou la joie. Ceci a pu être utilisé, de façon très marginale, dans le domaine de l'éducation à la santé, à l'environnement, au développement durable, etc. Cependant, utiliser les émotions pour enseigner ne nous semble pas relever de notre métier, car selon nous, celui-ci relève de la raison et non des émotions, et en tout cas, surtout pas des émotions négatives comme la peur.

Divertir

Nous utilisons certains supports parce qu'ils sont divertissants, amusants, intrigants (en anglais : les registres du *fun*) voire parce qu'ils mettent en œuvre une activité de jeux (les registres du *game*). Cette stratégie d'enseignement est très ancienne et elle se renouvelle sans cesse, si bien qu'en ces années 2010 le marché des *Serious Games* est un des plus florissants dans le domaine des supports pour l'enseignement et la formation, après que ce fut le cas du Ludoéducatif dans les années 1990.

Ces deux fonctions, s'amuser et jouer, présentent deux caractéristiques communes :

- elles peuvent soutenir la motivation de façon très puissante, pouvant rendre certaines stratégies d'enseignement fondées sur l'amusement ou le jeu, efficaces (cf. la synthèse de Sitzmann, 2011),
- elles peuvent aussi consommer des ressources attentionnelles importantes, de sorte que l'élève est captivé par votre support mais n'apprend rien.

C'est la raison pour laquelle ces supports peuvent être très intéressants mais en même très difficiles à concevoir : il faut à la fois réussir le support de motivation et le support d'apprentissage, ou bien rendre compatible le support de motivation avec la démarche d'enseignement qui à été conçue.

Les fonctions d'organisation du travail collectif

Enfin les supports d'enseignement peuvent soutenir l'activité collective des élèves et plus généralement le travail de la classe.

Collecter

On peut utiliser un support pour collecter : des points de vue, des idées, des hypothèses, des arguments, des explications, etc. L'utilisation d'un support dans ce cas-là peut avoir un rôle primordial, car il peut contribuer à faire la différence entre une discussion à bâtons rompus et une collecte de diverses contributions d'élèves. Le support est en outre un moyen de représenter l'ensemble de ce qui a été collecté, quand nous ne gardons qu'un souvenir souvent flou ou tronqué d'une discussion.

Confronter

Un support peut être utilisé pour confronter des hypothèses, des points de vue, des opinions, etc. Le support le plus simple est celui où l'on met les arguments « pour » d'un côté et les « contre » de l'autre.

Distribuer

Un support peut être utilisé comme soutien à la répartition du travail, la distribution des sous-tâches à réaliser pour mener à bien tel projet, pour résoudre collectivement tel problème complexe.

Synthétiser

Enfin un support peut être utilisé pour soutenir l'activité de synthèse. Il s'agit cette fois d'organiser la transition entre le travail de collecte ou de confrontation et la phase d'institutionnalisation du savoir. L'activité de synthèse consiste donc à hiérarchiser et structurer les informations collectées lors du travail collectif pour leur donner une forme, qui peut, selon les cas, correspondre exactement ou pas à la forme scolaire du savoir.

14.2 Les principaux supports

Maintenant que les principales fonctions des supports d'enseignement ont été présentées, nous pouvons aborder la description des supports eux-mêmes. Pour chaque support, nous indiquons la liste des fonctions qui peuvent être mises en œuvre et la liste des fonctions qui ne sont pas spécialement aisées à mettre en œuvre.

Le tableau

Est surtout pertinent pour...	N'est pas le plus pertinent pour...
Simplifier Garder une trace ; Hiérarchiser, organiser ; Baliser Modéliser Collecter ; Confronter ; Distribuer ; Synthétiser	Embellir ; Produire des émotions

Le diaporama

Est surtout pertinent pour...	N'est pas le plus pertinent pour...
Montrer ; Expliciter ; Donner à voir quelque chose d'inapprochable ; Simplifier ; Rendre concret un concept Hiérarchiser, organiser ; Baliser Modéliser ; Prouver Embellir ; Produire des émotions ; Divertir Mettre en œuvre des gestes, des postures	Collecter ; Confronter ; Distribuer ; Synthétiser

L'objet « authentique »

Est surtout pertinent pour...	N'est pas le plus pertinent pour...
Montrer ; Rendre concret un concept Prouver Divertir Mettre en œuvre des gestes, des postures	Donner à voir quelque chose d'inapprochable ; Simplifier Modéliser Collecter ; Confronter ; Distribuer ; Synthétiser

Les supports dynamiques : simulation, animations, vidéo

Est surtout pertinent pour...	N'est pas le plus pertinent pour...
Montrer ; Donner à voir quelque chose d'inapprochable ; Rendre concret un concept Prouver Embellir ; Divertir Mettre en œuvre des gestes, des postures	Simplifier Hiérarchiser, organiser Modéliser Collecter ; Confronter ; Distribuer ; Synthétiser

Le tableau blanc interactif

Est surtout pertinent pour…	N'est pas le plus pertinent pour…
Montrer ; Expliciter ; Donner à voir quelque chose d'inapprochable ; Simplifier ; Rendre concret un concept Garder une trace ; Hiérarchiser, organiser ; Baliser Modéliser ; Prouver Embellir ; Produire des émotions ; Divertir Mettre en œuvre des gestes, des postures Collecter ; Confronter ; Distribuer ; Synthétiser	

SYNTHÈSE

« QUELS SUPPORTS D'ENSEIGNEMENT ? »

Les principales fonctions des supports d'enseignement sont :

- les fonctions de compréhension : Montrer ; Expliciter ; Donner à voir quelque chose d'inapprochable ; Simplifier ; Rendre concret un concept ;
- les fonctions métacognitives : Garder une trace ; Hiérarchiser, organiser ; Baliser ;
- les fonctions de conceptualisation : Modéliser ; Prouver ;
- les fonctions de motivation : Embellir ; Produire des émotions ; Divertir ;
- les fonctions de procéduralisation ;
- les fonctions d'organisation du travail collectif : Collecter ; Confronter ; Distribuer ; Synthétiser.

Les principaux supports sont :

- Le tableau,
- Le diaporama,
- L'objet « authentique »,
- Les supports dynamiques : simulation, animation, vidéo,
- Le tableau blanc interactif.

Chaque support peut être utilisé au service de différentes fonctions.

POUR ALLER PLUS LOIN

Bétrancourt, M., Dillenbourg, P., & Clavien, L. (2008). Display of key pictures from animation : Effects on learning. In J.-F. Rouet, R. Lowe, & W. Schnotz, (Eds), *Understanding multimedia documents* (pp. 61–78). New York : Springer.

Ganier, F. (2008). L'utilisation des documents procéduraux numériques. In A. Chevalier & A. Tricot (Éds), *Ergonomie des documents électroniques.* (pp. 129-155). Paris : PUF.

Lowe, R., & Schnotz, W. (Éds), (2008). *Learning with animation : Research implications for design*. New York : Cambridge University Press.

Mayer, R.E. (Ed.), (2009). *Multimedia learning.* New York : Cambridge University Press.

Peraya, D. (1995). Vers une théorie des paratextes. *Recherches en Communication, 4*, 119-156.

Partie 6

Comment optimiser son enseignement ?

Point de repère n° 6

La conception d'un enseignement est une activité complexe (cf. schéma ci-dessous). L'objectif de ce guide pratique est de fournir des outils pour gérer cette complexité en identifiant des dimensions en nombre réduit qui sont représentées dans ce schéma. Cependant, une fois que l'enseignement est conçu, il est mis en œuvre et rares sont les fois où tout se passe comme prévu. Le plus souvent, nous devons réguler pour faire face à cette différence entre ce qui était prévu et ce qui se passe effectivement. Nous voudrions clore ce guide en insistant sur deux aspects :

- la régulation étant centrée sur les apprentissages des élèves, elle s'inscrit complètement dans le cadre que nous avons proposé dans les chapitres précédents,
- la régulation concerne aussi la conception à court terme (réguler, c'est parfois re-concevoir en direct) et à long terme (réguler pour que le prochain enseignement soit mieux conçu et plus efficace).

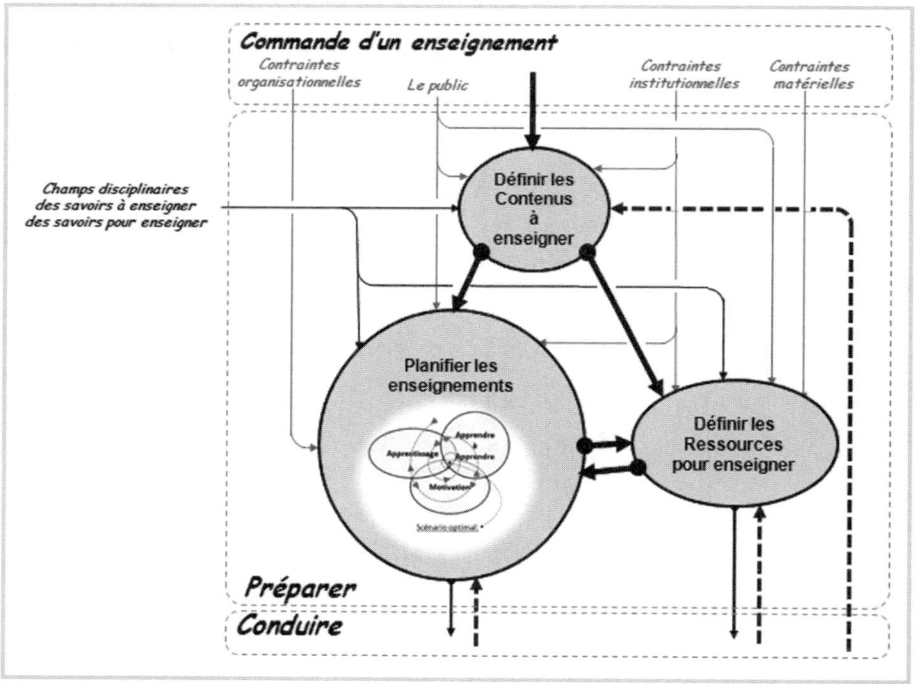

Dans ce chapitre, nous répondons aux questions :

- Qu'est-ce la régulation d'une situation d'enseignement-apprentissage ?
- Comment réguler une situation d'enseignement-apprentissage ?

Chapitre 15

Comment réguler la conduite d'un enseignement ?

Au cours d'un enseignement, un élève pose une question : manifestement il n'a pas compris ce qui vient d'être expliqué. Dès lors un dilemme se pose à nous :

- nous prenons le temps de lui fournir d'autres explications, au risque de prendre du retard et à terme de ne pouvoir finir ce qui a été planifié ;
- nous éludons la question et passons à la suite, tout en nous disant qu'il faudra revenir sur la difficulté la prochaine fois.

Cet exemple illustre une situation de régulation de la conduite d'un enseignement-apprentissage. Bien que le contexte soit celui de la conduite, nous considérons la régulation comme une phase à part entière de la conception d'une action d'enseignement-apprentissage. Elle trouve toute sa place dans le processus spiralaire de conception (conception *a posteriori*) et contribue ainsi à l'élaboration du plan d'action optimal. Comme ce dernier, elle est au service des apprentissages des élèves.

Pour ce faire, nous pensons que la régulation doit s'appuyer sur un processus rationnel dont nous proposons des principes et une esquisse.

15.1 Qu'est-ce que la régulation d'une situation d'enseignement-apprentissage ?

La phase de conduite fait suite à la phase de préparation (planification et définition des ressources). La régulation d'une situation d'enseignement-apprentissage est inhérente à la conduite de cette situation, qui est fondée sur la mise en œuvre du plan d'action.

La conduite = mise en œuvre du plan d'action ET régulation de la situation.

Qu'est-ce la régulation ?

Dans un sens général, la régulation est l'ensemble des techniques permettant le maintien de la constance d'une fonction. Le but de la régulation est de maintenir l'état stable, conforme à ce qui est prévu, dans le fonctionnement d'une machine ou l'état d'un système. *(Wikipédia)*

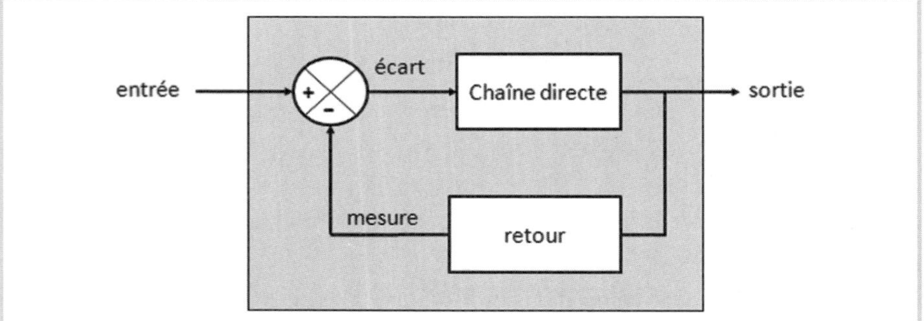

Figure 22
Schéma de principe de la régulation d'un système

Selon Perrenoud (1993), « le concept de régulation, dans ses variantes les plus simples, rend compte du maintien d'un état stable. Mais il s'applique aussi bien à l'optimisation d'une trajectoire, et plus globalement d'un processus dynamique finalisé. Ainsi, en astronautique, la régulation passe-t-elle par une action (ou une suspension de l'action) qui a pour effet de maintenir ou de replacer un mobile dans la trajectoire censée le conduire au but ».

La régulation d'une situation d'enseignement-apprentissage

La complexité d'une situation d'enseignement-apprentissage pose le problème de la caractérisation du concept de régulation de la conduite d'un enseignement-apprentissage.

Toujours selon Perrenoud, « parler de régulation à propos d'un processus d'apprentissage conserve donc un sens métaphorique, dans la mesure où il est difficile d'identifier à coup sûr les opérations et interactions favorables, de comprendre exactement pourquoi elles optimisent l'apprentissage ou encore de le piloter avec précision ». Il étaye son propos par le fait que :

- « nous n'avons ni cartes complètes, ni théories assez fondées pour décrire véritablement une « trajectoire », encore moins pour la calculer avec précision ;
- on ne sait pas très bien qui est le pilote : l'apprenant ? L'enseignant ? Y a-t-il toujours un pilote ?
- le but est loin d'être toujours clair et stable, faute souvent de faire l'objet d'un consensus ;
- il est rare qu'on poursuive un seul objectif à la fois ;
- la logique de l'optimisation entre fréquemment en conflit avec d'autres logiques des acteurs en présence (confort, pouvoir, séduction, sécurité, etc.) ;
- il n'est pas aussi simple qu'en astronautique de savoir si l'on se rapproche véritablement de l'objectif, ni même de démontrer qu'il est atteint... ».

À la question « est-il possible de réguler ? », nous affirmons que la démarche d'ingénierie proposée dans cet ouvrage apporte des réponses et permet de rendre cette régulation rationnelle.

Lorsque Perrenoud affirme :	Nous répondons :
Pas de cartes	Le cadre de référence
Pas de trajectoires ...	Le plan d'action issu de la planification (démarche de conception)
Pas de pilote ...	L'enseignant
Pas de but ...	L'apprentissage de l'élève (mais aussi la motivation et la métacognition pour le favoriser)
Plusieurs objectifs ...	Certes, mais identifiés
Conflit des logiques ...	Oui, mais recherche d'un optimal et non d'un idéal
Atteinte de l'objectif difficile à véritablement établir	Oui, mais récolte d'hypothèses de travail pour essayer d'avancer quand les objectifs n'ont probablement pas été atteints

Certes, il est difficile de réguler une situation d'enseignement-apprentissage, mais nous faisons le pari de la rationalité pour relever le défi.

15.2 Comment réguler rationnellement une situation d'enseignement-apprentissage ?

Selon nous, la régulation est mise en œuvre à partir d'une mesure d'écart entre ce qui se passe et ce qui était planifié.

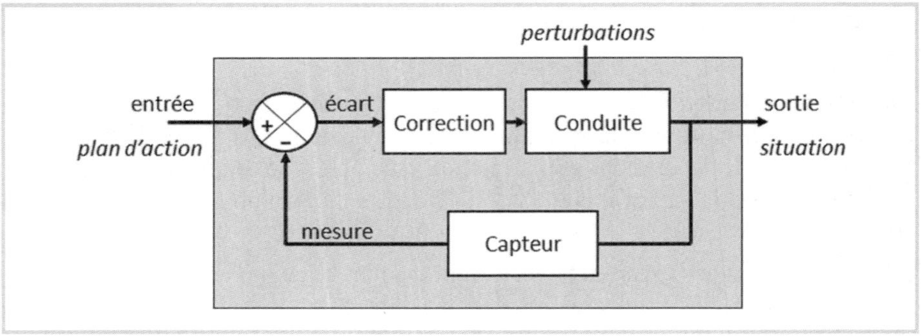

Figure 23
Schéma de principe de la régulation d'une situation d'enseignement-apprentissage

Comme la perspective est d'enseigner pour que les élèves apprennent, alors on prend des décisions de modification de ce qui avait été planifié plutôt que de rester bloqué sur ce qui avait été prévu (« je finis mon programme quoi qu'il arrive »). Cette prise de décision repose sur un principe d'opportunisme. Elle se veut contrôlée et non instinctive ou stéréotypée. Nous avons évoqué ce principe, emprunté à la synthèse de Crahay (2000), dès le début de ce guide : « On planifie rigoureusement et on régule avec opportunisme ».

Les types de régulation

Comme pour les systèmes en fonctionnement, on peut distinguer deux types de régulation en situation de conduite :

- **La régulation de type ajustement** : elle relève soit de micro-adaptations du plan d'action prévu (aller plus vite pour écrire au tableau ; fournir un exemple supplémentaire pour favoriser la compréhension) soit d'ajustements de certains paramètres du plan d'action prévu (donner un exercice supplémentaire pour favoriser l'acquisition d'une technique).
- **La régulation de type reconception** : elle correspond à la modification du plan d'action. Par exemple, remplacer l'approfondissement d'un concept par une activité de remédiation centrée sur l'élaboration du concept précédemment enseigné. Ou encore ajouter une activité de motivation pour engager les élèves dans la résolution d'un problème.

Que régule-t-on ?

La régulation porte sur les composantes du plan d'action que sont les BUTS d'apprentissage et les tâches d'apprentissage. Pour ces dernières, l'action corrective peut concerner leur nature (remplacer une tâche de dialogue par une tâche d'étude) ou leurs constituants (tâche élève, tâche professeur, ressources, durée).

Comment réguler ?

Le processus de régulation relève d'une approche systémique (cf. figure 24). Il s'appuie sur l'observation d'éléments de la situation d'enseignement-apprentissage tels que la posture ou le comportement d'un élève, l'expression d'un visage, une trace écrite, une expression orale, etc. Il vise à valider le passage d'un but à un autre :

- soit sans modification du plan d'action prévu, mais en connaissance de cause,
- soit avec modification du plan d'action prévu :
  - en temps réel (action corrective synchrone),
  - à l'issue de la conduite (action corrective asynchrone).

Comme l'illustre la figure 24, la décision de modification du plan d'action prévu repose sur un processus, à tiroir, de mesure de la vitesse de réalisation de la tâche et du niveau d'atteinte du but :

- Si la vitesse de réalisation de la tâche ne s'avère pas compatible avec la durée prévue, alors l'action corrective consistera à modifier un (ou des) constituant(s) de la tâche ou à annuler cette tâche.
- Si le niveau d'atteinte du but n'est pas satisfaisant, bien que le niveau de performance de la tâche le soit, alors l'action corrective consistera :
  - en temps réel, à s'interroger sur l'opportunité de modifier tout ou partie du but (volet et composantes). Quelle que soit la décision, elle entraînera le choix et la mise en œuvre d'une nouvelle tâche (attention au deuxième bol de soupe : resservir une seconde fois la même tâche qui n'a pas été réussie est rarement une façon d'améliorer l'apprentissage) cohérente avec les contraintes organisationnelles du plan d'action (action corrective synchrone). Les nouvelles tâches auront pu être définies préalablement,
  - après la phase de conduite, éventuellement, en une définition d'une nouvelle tâche cohérente avec les contraintes organisationnelles du plan d'action prévu et/ou une modification du plan d'action prévu (action corrective asynchrone).

La difficulté pour réguler rationnellement

La difficulté pour réguler rationnellement réside notamment dans le diagnostic. Ce dernier consiste à observer un effet différent de ce qui était prévu et à en trouver la cause, pour tenter d'y remédier. Or, un simple comportement d'élève ou d'enseignant (au regard d'une tâche) ne peut renseigner sur le domaine de la cause : cognitive, motivationnelle ou métacognitive. Par exemple, un élève qui ne parvient pas à réaliser une tâche de résolution de problème peut renvoyer à des causes mul-

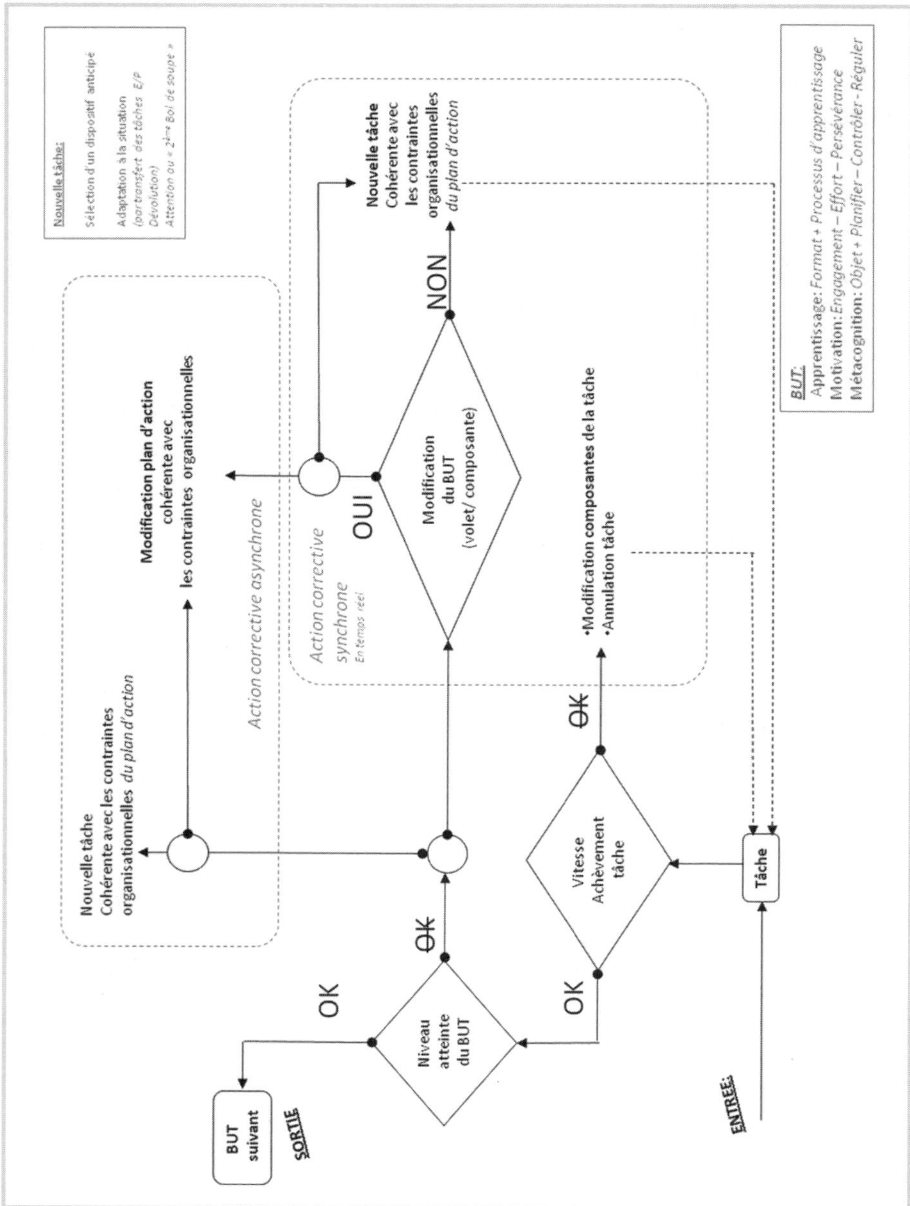

Figure 24
Schématisation du processus de la régulation d'une situation d'enseignement

tiples comme d'ordre motivationnel, cognitif et métacognitif. Les principaux diagnostics sont indiqués dans la partie 10.6 de cet ouvrage.

Bien que ce soit difficile, une régulation qui se veut rationnelle impose d'émettre des hypothèses de travail, de les mettre à l'épreuve en étant toujours prêt à en changer quand elles s'avèrent fausses et de tenter de remédier aux causes en jeu. Le cadre que nous avons proposé dans ce guide pratique, notamment dans les chapitres 6, 7, 8 et 9, permet de concevoir des pistes pour résoudre ces problèmes d'apprentissage sur les volets cognitifs, métacognitifs et motivationnels.

Un outil pour réguler

Nous avons repris les principaux diagnostics, qui ne sont que des hypothèses. Pour chacun de ces diagnostics, nous avons indiqué des pistes pour approfondir l'hypothèse et des pistes pour réguler l'apprentissage.

Diagnostic – hypothèse de travail	Pistes pour la régulation
L'élève ne travaille pas.	Essayer de comprendre pourquoi, notamment en envisageant les diagnostics 2 et 3 ci-dessous. Si la cause est liée à la faible valeur de la tâche, essayer une approche de type détour ou une tâche très différente.
L'élève est persuadé qu'il ne peut pas y arriver.	Indiquer à l'élève qu'on sait qu'il en est capable car on ne donne que des tâches faisables par tous. Essayer une approche de type détour ou une tâche très différente. Proposer des tâches résolues. Valoriser l'apprentissage, le progrès, l'effort, l'erreur comme inhérente à l'apprentissage.
L'élève n'a pas la connaissance nécessaire à la réalisation de la tâche.	Évaluer autant que possible ce qui, relativement à cette connaissance, a été élaboré par l'élève et ce qui ne l'a pas été. Revenir à la phase d'élaboration de la connaissance mais avec des explications, des situations et des exemples différents.
L'élève a la connaissance mais ne parvient pas à la mobiliser.	Mettre en exergue ce qui est important dans la situation pour identifier la connaissance à mobiliser. Indiquer la connaissance à mettre en œuvre. Si la difficulté persiste, évaluer autant que possible ce qui a été élaboré et ce qui ne l'a pas été.
L'élève mobilise une autre connaissance à la place.	Idem ci-dessus + Essayer de comprendre pourquoi cette autre connaissance est mobilisée.
L'élève mobilise la bonne connaissance mais fait une erreur de mise en œuvre.	Si la cause est de type attentionnelle, ce n'est pas important au plan des apprentissages (mais éventuellement au plan de l'ergonomie de la classe). Si la cause est liée au fait que la connaissance n'est pas encore complètement maîtrisée, c'est que des tâches d'apprentissage sont encore nécessaires.
L'élève évalue mal l'atteinte du but.	Si la cause est liée au fait que la connaissance n'est pas encore complètement maîtrisée, c'est que des tâches d'apprentissage sont encore nécessaires. Si la cause est liée au versant métacognitif, alors il est nécessaire d'enseigner la stratégie métacognitive correspondante.

SYNTHÈSE

« COMMENT RÉGULER LA CONDUITE D'UN ENSEIGNEMENT ? »

Lors de la mise en œuvre d'une situation d'enseignement-apprentissage, il est rare que tout se passe comme nous l'avions prévu : le temps pour commenter telle situation est plus long que prévu, la tâche que tous les élèves devaient réussir s'avère trop difficile, un groupe de trois élèves n'a pas compris tel exemple, etc.

Nous devons alors réguler, c'est-à-dire :

- évaluer la différence entre ce que nous avions prévu et ce qui se passe ;
- diagnostiquer, c'est-à-dire émettre une hypothèse sur les causes de cette différence ;
- décider si nous faisons quelque chose pour réduire cette différence ;
- si nous choisissons d'agir, alors décider ce que nous faisons pour réduire cette différence.

La régulation relève de la rationalité :

- elle est centrée sur les apprentissages des élèves et sur le temps nécessaire à ces apprentissages ;
- elle correspond soit à un ajustement (aménagement ou changement d'une tâche) soit à une reconception (aménagement ou changement de la planification) ;
- elle peut concerner trois registres : cognitif, motivationnel ou métacognitif ;
- elle cherche des façons de répondre au diagnostic sur ces trois registres.

POUR ALLER PLUS LOIN

Bélair, L.M., Lebel, C. Sorin, N., Roy, A., & Lafortune, L. (2010). *Régulation et évaluation des compétences en enseignement. Vers la professionnalisation.* Québec : Presses de l'Université du Québec.

Crahay, M. (2000). *L'école peut-elle être juste et efficace ? De l'égalité des chances à l'égalité des acquis.* Bruxelles : De Boeck.

Grandaty, M. (2004). L'oral, objet d'enseignement ? Gestion et régulation des tâches langagières en classe de maternelle. *Actes du colloque de l'AIRDF,* Québec, 26-28 août.

Perrenoud, P. (1998). *L'évaluation des élèves. De la fabrication de l'excellence à la régulation des apprentissages.* Bruxelles : De Boeck. [voir notamment chapitre 6]

Talbot, L. (2009). *L'évaluation formative. Comment évaluer pour remédier aux difficultés d'apprentissage ?* Paris : Armand Colin.

Bibliographie

Ainsworth, S.E (2006) DeFT : A conceptual framework for learning with multiple representations. *Learning & Instruction, 16,* 183-198.

Ainsworth, S.E., Prain, V., & Tytler, R. (2011). Drawing to learn in science. *Science, 333,* 1096-1097.

Aleven, V., & Koedinger, K.R. (2002). An effective meta-cognitive strategy : learning by doing and explaining with a computer-based Cognitive Tutor. *Cognitive Science, 26,* 147-179.

Altet, M. (2011). Les compétences de l'enseignant-professionnel : entre savoirs, schèmes d'action et adaptation, le savoir analyser. In L. Paquay, M. Altet, E. Charlier & P. Perrenoud (Éds), *Former des enseignants professionnels. Quelles stratégies ? Quelles compétences ?* Bruxelles : De Boeck.

Amadieu, F., Mariné, C., & Laimay, C. (2011). The attention-guiding effect and cognitive load in the comprehension of animations. *Computers in Human Behavior, 27,* 36-40.

Amadieu, F., Tricot, A., & Mariné, C. (2010). Interaction between prior knowledge and concept-map structure on hypertext comprehension, coherence of reading orders and disorientation. *Interacting with Computers, 22,* 88–97.

Amadieu, F., van Gog, T., Paas, F., Tricot, A., & Mariné, C. (2009). Effects of prior knowledge and conceptual map structure on disorientation, cognitive load, and learning. *Learning & Instruction, 19,* 376-386.

Ames, C., & Archer, J. (1988). Achievement goals in the classroom : Student's learning strategies and motivation processes. *Journal of Educational Psychology, 80,* 260-267.

Anderson, J.R. (2000). *Learning and memory.* New York : Wiley.

Anderson, L.W., Krathwohl, D.R., Airasian, P.W., Cruikshank, K.A., Mayer, R.E., Pintrich, P.R., Raths, J., & Wittrock, M.C. (2001). *A taxonomy for learning, teaching, and assessing : A revision of Bloom's taxonomy of educational objectives.* New York : Longman.

Annevirta, T., & Vauras, M. (2006). Developmental changes of metacognitive skill in elementary school children. *Journal of Experimental Education, 74,* 197-225.

Artigue M. (1989). Ingénierie didactique. *Recherches en Didactique des Mathématiques, 9,* 281-308.

Astolfi, J.-P., Darot, E., Ginsburger-Vogel, Y. & Toussaint, J. (2008) *Mots-clés de la didactique des sciences.* Bruxelles : De Boeck.

Aymes, J. (1979). Une expérience de multicorrection. *Bulletin de l'Assocaition des professeurs de mathématiques de l'enseignement public, 321,* 789-797.

Ayres, P. (2006). Impact of reducing intrinsic cognitive load on learning in a mathematical domain. *Applied Cognitive Psychology, 20,* 287-298.

Babin, L.M., Tricot, A., & Mariné, C. (2009). Seeking and providing assistance while learning to use information systems. *Computers & Education, 53,* 1029–1039.

Baddeley, A.D., & Longman, D.J.A. (1978). The influence of length and frequency of training session on the rate of learning to type. *Ergonomics, 21,* 627-635.

Baker, M.J. (1999). Argumentation and constructive interaction. In P. Coirier & J. Andriessen (Éds), *Studies in writing : foundations of argumentative text processing* (pp. 179-202). Amsterdam : University of Amsterdam Press.

Baker, M.J. (2008). Formes et processus de la résolution coopérative de problèmes : des savoirs aux pratiques éducatives. In Y. Rouiller & K. Lehraus (Éds), *Vers des apprentissages en coopération : rencontres et perspectives* (pp. 107-130). Berne : Peter Lang.

Bandura, A. (2007). *L'auto-efficacité*. Bruxelles : De Boeck.

Bannert, M., & Mengelkamp, C. (2008). Assessment of metacognitive skills by means of instruction to think aloud and reflect when prompted. Does the verbalization method affect learning ? *Metacognition & Learning, 3*, 39-58.

Barnett, J.E. (2003). Do instructor-provided online note facilitate student learning ? The Journal of Interactive *Online Learning, 2*. [www.ncolr.org]

Baron-Cohen, S. (1995). *Mindblindness : An essay on autism and theory of mind*. Cambridge : MIT Press.

Barsalou, L.W. (1987). The instability of graded structure : Implications for the nature of concepts. In U. Neisser (Ed.), *Concepts and conceptual development : Ecological and intellectual factors in categorization* (pp. 101-140). Cambridge : Cambridge University Press.

Barth, B.-M. (1987). *L'apprentissage de l'abstraction*. Paris : Retz.

Bastien, C. (1987). *Schèmes et stratégies dans l'activité cognitive de l'enfant*. Paris : PUF.

Bastien, C. (1997). *Les connaissances, de l'enfant à l'adulte*. Paris : Armand Colin.

Bastien, C., & Bastien-Toniazzo, M. (2004). *Apprendre à l'école*. Paris : Armand Colin.

Bautier, E., & Rayou, P. (2009). *Les inégalités d'apprentissage*. Paris : PUF.

Beilock, S. (2010). *Choke*. New York : Simon & Chuster (Free Press).

Berry, D. (Ed.), (1997). *How implicit is implicit learning ?* Oxford : Oxford University Press.

Bertrand Baschwitz, M.A. (2010). *Comment me documenter ? Guide pratique à l'usage des formateurs, des enseignants et des étudiants*. Bruxelles : De Boeck.

Besnard, D., & Bastien-Toniazzo, M. (1999). Expert error in trouble-shooting : an exploratory study in electronics. *International Journal of Human-Computer Studies, 50*, 391-405.

Bétrancourt, M. (2009). The animation and interactivity principles in multimedia learning. In R.E. Mayer, (Ed.), *Cambridge handbook of multimedia learning*. New York : Cambridge University Press.

Bétrancourt, M., Dillenbourg, P., & Clavien, L. (2008). Display of key pictures from animation : Effects on learning. In J.-F. Rouet, R. Lowe, & W. Schnotz, (Éds), *Understanding multimedia documents* (pp. 61–78). New York : Springer.

Bianco, M. (2003). Apprendre à comprendre : l'entraînement à l'utilisation des marques linguistiques. In D. Gaonac'h & M. Fayol, (Éds), *Aider les élèves à comprendre*. (pp. 156-181). Paris : Hachette.

Boisvert, J. (1999). *La formation de la pensée critique*. Bruxelles : De Boeck.

Bonniol, J.-J., Caverni, J.-P. & Noizet, G. (1972). Le statut scolaire des élèves comme déterminant de l'évaluation des devoirs qu'ils produisent. *Cahiers de Psychologie, 15*, 83-92.

Borko, H., & Livingston, C. (1989). Cognition and improvisation : differences in mathematics instruction by expert and novice teachers. *American Educational Research Journal, 26*, 473-498.

Boubée, N., & Tricot, A. (2010). *Qu'est-ce que rechercher de l'information ?* Lyon : Presses de l'ENSSIB.

Boubée, N., & Tricot, A. (2011). *L'activité informationnelle juvénile*. Paris : Hermès.

Boucheix, J. M., & Schneider, E. (2009). Static and animated presentations in learning dynamic mechanical systems. *Learning & Instruction, 19,* 112–127.

Boucheix, J.-M. (2008). Contrôle d'animations multimédias par des enfants de 10 à 11 ans : quel effet des dispositifs de contrôle ? *Psychologie Française, 53,* 239-257.

Boucheix, J.-M., & Lowe, R. K. (2010). An eye tracking comparison of external pointing cues and internal continuous cues in learning with complex animations. *Learning & Instruction, 20,* 123-135.

Bourdieu, P. (1980). *Le sens pratique.* Paris : Minuit.

Bourdoncle, R. (1993). La professionnalisation des enseignants : les limites du mythe. *Revue Française de Pédagogie, 105,* 83-119.

Bourgeois, E. & Galland, B. (Éds), (2006). *(Se) motiver à apprendre.* Paris : PUF.

Bransford, J., Brown, A., & Cocking, R. (Éds), (1999). *How people learn : Brain, mind, experience, and school.* Washington : National Academy Press.

Brousseau, G. (2008). *Premières notes sur l'observation des pratiques de classe.* http://visa.inrp.fr/visa /reseau/seminaires/journees-inaugurales-14-et-15-mai-2009-1/premieres-notes-sur-lobservation-des-pratiques-de-classe.

Brown, J.S., Collins, A., & Duguid P., (1989). Situated cognition and the culture of learning. *Educational Researcher, 18,* 32-42.

Bru, M. (2006). *Les méthodes en pédagogie.* Paris : PUF.

Bruner, J. (1966). *Toward a theory of instruction.* Havard : Harvard University Press,.

Butera, F., Buchs, C., & Darnon, C. (Éds), (2011). *L'évaluation, une menace ?* Paris : PUF.

Campbell, J., & Mayer, R.E. (2009). Questioning as an instructional method : Does it affect learning from lectures ? *Applied Cognitive Psychology, 23,* 747-759.

Carney, R.N., & Levin, J.R. (2000). Mnemonic instruction, with a focus on transfer. *Journal of Educational Psychology, 92,* 783-790.

Carré, P., & Fenouillet, F. (Éds), (2008). *Traité de psychologie de la motivation.* Paris : Dunod.

Carroll, W.M. (1994). Using worked examples as an instructional support in the algebra classroom. *Journal of Educational Psychology, 86,* 360-367.

Case, D.O. (2002). *Looking for Information : A survey of research on information seeking, needs and behaviour.* San Diego : Academic Press.

Caviale O., & Bruillard É. (2009). Les jeux d'acteurs dans les listes de discussion institutionnelles d'enseignants. *Réseaux, 27,* 139-176.

Cepeda, N.J., Pashler, H., Vul, E., Wixted, J.T., & Rohrer, D. (2006). Distributed practice in verbal recall tasks : A review and quantitative synthesis. *Psychological Bulletin, 132,* 354-380.

Cerpa, N., Chandler, P., & Sweller, J. (1996). Some conditions under which integrated computer-based training software can facilitate learning. *Journal of Educational Computing Research, 15,* 345-367.

Chandler, P., & Sweller, J. (1991). Cognitive load theory and the format of instruction. *Cognition & Instruction, 8,* 293–332.

Chandler, P., & Sweller, J. (1992). The split-attention effect as a factor in the design of instruction. *British Journal of Educational Psychology, 62,* 233–246.

Chanquoy, L., Tricot, A., & Sweller, J. (2007). *La charge cognitive.* Paris : Armand Colin.

Chase, W.G., & Simon, H.A. (1973). Perception in chess. *Cognitive Psychology, 4,* 55-81.

Chevallard Y. (1991). *La transposition didactique.* Grenoble : La Pensée Sauvage.

Chevallard, Y. (2009). *La notion d'ingénierie didactique, un concept à refonder. Questionnement et éléments de réponse à partir de la TAD*. Cours donné à la 15e école d'été de didactique des mathématiques, Clermont-Ferrand, 16-23 août.

Chi, M.T.H., Bassok, M., Lewis, M., Reimann, P., & Glaser, R. (1989). Self-explanations : How students study and use examples in learning to solve problems. *Cognitive Science, 5*, 145-182.

Chi, M.T.H., de Leeuw, N., Chiu, M.H., & Lavancher, C. (1994). Eliciting self-explanations improves understanding. *Cognitive Science, 18*, 439-477.

Chung, W.-L., & Hu, C.-F. (2007). Morphological awareness and learning to read Chinese. *Reading & Writing, 20*, 441-461.

Clark, R.C., & Mayer, R.E. (2008). Learning by viewing versus learning by doing : Evidence-based guidelines for principled learning environments. *Performance Improvement, 47*, 5-13.

Clément, E. (2009). *La résolution de problème : à la découverte de la flexibilité cognitive*. Paris : Armand Colin.

Clouet, N., Roué, D., & Bruillard, É. (2009). *Forums for preservice teachers' development : Lessons learned from five years of research*. In A. Dimitracopoulou, C. O'Malley, D. Suthers & P. Reimann (Éds) Computer Supported Collaborative Learning Practices : CSCL 09 Conference Proceedings (pp. 214-218). Atlanta : ISLS.

Conway, M.A., Gardiner, J.M., Perfect, T.J., Anderson, S.J., & Cohen, G.M. (1997). Changes in memory awareness during learning : The acquisition of knowledge by psychology undergraduates. *Journal of Experimental Psychology : General, 126*, 393-413.

Crahay, M. (2000). *L'école peut-elle être juste et efficace ? De l'égalité des chances à l'égalité des acquis*. Bruxelles : De Boeck.

Craig, S.D., Gholson, B., & Driscoll, D.M. (2002). Animated pedagogical agents in multimedia educational environments : Effects of agent properties, picture features and redundancy. *Journal of Educational Psychology, 94*, 428-434.

Craik, F.I.M., & Lockhart, R.S. (1972). Depth of processing : a framework for memory research. *Journal of Verbal Learning and Verbal Behavior, 11*, 671-684.

Croizet, J.C., & Leyens, J.P. (Eds) (2003). *Mauvaises réputations*. Paris : Armand Colin.

Curtin, S., Mintz, T.H., & Christiansen, M.H. (2005). Stress changes the representational landscape : evidence from word segmentation. *Cognition, 96*, 233-262.

Davidson, J.W., Howe, M.J.A., Moore, D.G., & Sloboda, J.A. (1996). The role of parental influences in the development of musical performance. *British Journal of Developmental Psychology, 14*, 399–412.

De Vecchi, G., & Giordan, A. (2002). *L'enseignement scientifique, comment faire pour que « ça marche » ?* Paris : Delagrave.

Deci, E.L., & Ryan, R.M. (2000). The « what » and « why » of goal pursuits : Human needs and the self-determination of behavior. *Psychological Inquiry, 11*, 227-268.

Delpech, J. (2010). *Stéréotypes sociaux et régulation de la différence de sexe en matière de rotations mentales 3D : Une approche expérimentale*. Thèse de l'université d'Aix-Marseille.

Desoete, A. (2008). Multi-method assessment of metacognitive skills in elementary school children : How you test is what you get. *Metacognition & Learning, 3*, 189-206.

Desoete, A., Roeyers, H., & Buysse, A. (2001). Metacognition and mathematical problem solving in grade 3. *Journal of Learning Disabilities, 34*, 435–449.

Desoete, A., Roeyers, H., & De Clercq, A. (2003). Can off-line metacognition enhance mathematical problem solving ? *Journal of Educational Psychology, 95*, 188–200.

Dessus, P. (1995). La planification de séquences d'enseignement : du novice à l'expert. *Les Sciences de l'Éducation pour l'ère nouvelle, 4*, 7-23.

Dessus, P. (2008). Qu'est-ce que l'enseignement ? Quelques conditions nécessaires et suffisantes de cette activité. *Revue Française de Pédagogie, 164,* 139–158.

Dessus, P., & Gentaz, É. (Éds). (2006). *Apprentissages et enseignement : sciences cognitives et éducation.* Paris : Dunod.

Dillenbourg, P., & Jermann, P. (2007). Designing integrative scripts. In F.Fischer, I. Kollar, H. Mandl & J.M. Haake (Éds), *Scripting computer-supported collaborative learning.* New York : Springer.

DISCAS (2006). *L'apprentissage de l'abstraction.* http://www.csrdn.qc.ca/discas/IntegrationConcepts/Intro ApprentissageAbstract.html.

Dochy F., Segers M., Van den Bossche P., & Gijbels D. (2003). Effects of Problem-based learning : a meta-analysis. *Learning & Instruction, 13,* 533-568.

Dreyfus, A., Jungwirth, E., & Eliovitch, R. (1990). Applying the « cognitive conflict » strategy for conceptual change-some implications, difficulties and problems, *Science Education, 74,* 105-225.

Duit, R. (1991). On the role of analogies and metaphors in learning sciences. *Science Education, 75,* 649-672.

Elliot, A., & Harackiewicz, J. (1996). Approach and avoidance achievement goals and intrinsic motivation : a mediational analysis. *Journal of Personality & Social Psychology, 70,* 461-475.

Elliot, A.J., & McGregor, H.A. (2001). A 2 X 2 achievement goal framework. *Journal of Personality and Social Psychology, 80,* 501–519.

Ensergueix, P.J., & Lafont, L. (2010). Reciprocal peer tutoring in a physical education setting : influence of peer tutor training and gender on motor performance and self-efficacy outcomes. *European Journal of Psychology of Education, 25,* 222-242.

Ericsson, K.A. (2010). *The structure and acquisition of skilled and expert performance : from information-processing models to characteristics induced by deliberate practice.* 4th International Cognitive Load Theory Conference, Hong Kong — Macao, November 22-25.

Fayol, M., & Monteil, J.-M. (1994). Stratégies d'apprentissage/apprentissage de stratégies. *Revue Française de Pédagogie, 106,* 91-110.

Fisher, C., Berliner, D., Filby, N., Marliave, R., Cohen, K., & Dishaw, M. (1980). Teaching behaviors, academic learning time, and student achievement : an overview. In C. Denham & A. Lieberman (Éds), *Time to learn* (pp. 7–32). Washington : National Institute of Education.

Fjortoft, N. (2005). Students' motivations for class attendance. *American Journal of Pharmaceutical Education, 69,* 107-112.

Fredericks, J., Blumenfeld, P., & Paris, A. (2004). School engagement : potential of the concept, and state of the evidence. *Review of Educational Research, 74,* 59-109.

Ganier, F. (2008). L'utilisation des documents procéduraux numériques. In A. Chevalier et A. Tricot (Éds), *Ergonomie des documents électroniques* (pp. 129-155). Paris : PUF.

Gaonac'h, D., & Fayol M. (Éds), (2003). *Aider les élèves à comprendre.* Paris : Hachette.

Garrett, J., Alman, M., Gardner, S.F., & Born, C. (2007). Assessing students' metacognitive skills. *American Journal of Pharmaceutical Education, 71,* 14 [http://www.ajpe.org/doi/pdf/10.5688/aj710114].

Geary, D.C. (2008). An evolutionarily informed education science. *Educational Psychologist, 43,* 279-295.

Gentaz, É., & Dessus, P. (Éds), (2004). *Comprendre les apprentissages : sciences cognitives et éducation.* Paris : Dunod.

Gerjets, P., Scheiter, K., Opfermann, M., Hesse, F.W., & Eysink, T.H.S. (2009). Learning with hypermedia : The influence of representational formats and different levels of learner control on performance and learning behavior. *Computers in Human Behavior, 25,* 360-370.

Giordan, A. (1996). Les conceptions de l'apprenant comme tremplin pour l'apprentissage, *Sciences Humaines*, hors série numéro 12.

Gombert, J.E. (2002). *La problématique de la formation autour du principe alphabétique.* Les journées de l'Observatoire National de la Lecture, Paris, janvier.

Goumi, A. (2008), *L'entraînement à la compréhension en lecture des élèves de sixième à l'aide de l'outil informatique.* Thèse de l'université de Poitiers.

Graesser, A.C., & McNamara, D.S. (2010). Self-regulated learning in learning environments with pedagogical agents that interact in natural language. *Educational Psychologist, 45,* 234-244.

Grice, H.P. (1979). Logique et conversation. *Communication, 30,* 57-72.

Guthrie, J.T., McRae, A.C., & Klauda, S.L. (2007). Contributions of Concept-Oriented Reading Instruction to knowledge about interventions for motivations in reading. *Educational Psychologist, 42,* 237-250.

Hmelo-Silver, C.E. (2004). Problem-based learning : What and how do students learn ? *Educational Psychology Review, 16,* 235–266.

Huet, N., Escribe, C., Dupeyrat, C., & Sakdavong, J.-C. (2011). Achievement goals and perceptions of on line help on the actual use of help in Interactive learning environment. *Computers in Human Behavior, 27,* 413-420.

Hulleman, C.S., & Harackiewicz, J.M. (2009). Promoting interest and performance in high school science classes. *Science, 326,* 1410-1412.

Hulleman, C.S., Godes, O., Hendricks, B., & Harackiewicz, J.M. (2010). Enhancing interest and performance with a utility value intervention. *Journal of Educational Psychology, 102,* 880-895.

Jamet, E., Bétrancourt, M., & Rouet, J.-F. (2008). La compréhension des documents complexes. In A. Chevalier & A. Tricot (Éds), *Ergonomie cognitive des documents électroniques* (pp. 71-102). Paris : PUF.

Janssen-Noordman, A.M.B., Van Merrienboer, J.J.G., Van der Vleuten, C., & Scherpbier, A. (2006). Design of integrated practice for learning professional competences. *Medical Teacher, 28,* 447-452.

Järvelä, S. (2011). How does help seeking help ? — New prospects in a variety of contexts. *Learning & Instruction, 21,* 297-299.

Jones, E.E. & Harris, V.A. (1967). The attribution of attitudes. *Journal of Experimental Social Psychology, 3,* 1–24.

Karpicke J.D., & Blunt J.R. (2011). Retrieval practice produces more learning than elaborative studying with concept mapping. *Science, 331,* 772-775.

Katz, I., & Assor, A. (2007). When choice motivates and when it does not. *Educational Psychology Review, 19,* 429-442.

Kiewra, K.A., DuBois, N.F., Christian, D., & McShane, A. (1988). Providing study notes : Comparison of three types of notes for review. *Journal of Educational Psychology, 80,* 595-597.

Kiewra, K.A., DuBois, N.F., Christian, D., & McShane, A. (1991). Note-taking functions and techniques. *Journal of Educational Psychology, 83,* 240-245.

Kintsch, W. (1998). *Comprehension : A paradigm for cognition.* New York : Cambridge University Press.

Kirschner, F., Paas, F., & Kirschner, P.A. (2008). Individual versus group learning as a function of task complexity : An exploration into the measurement of group cognitive load. In J. Zumbach, N. Schwartz, T. Seufert, & L. Kester (Éds), *Beyond knowledge : The legacy of competence* (pp. 21-28). New York : Springer.

Kirschner, F., Paas, F., & Kirschner, P.A. (2009). A cognitive-load approach to collaborative learning : United brains for complex tasks. *Educational Psychology Review, 21*, 31-42.

Kirschner, P.A., Sweller, J., & Clark, R.E. (2006). Why minimal guidance during instruction does not work : an analysis of the failure of constructivist, discovery, problem-based, experiential, and inquiry-based teaching. *Educational Psychologist, 41*, 75-86.

Knight, L.J., & McKalvie, S.J. (1986). Effects of attendance, note-taking, and review on memory for a lecture : encoding vs. external storage functions of notes. *Canadian Journal of Behavioral Science, 18*, 52-61.

Kobayashi, K. (2006). Combined effects of note-taking/-reviewing on learning and the enhancement through interventions : a meta-analytical review. *Educational Psychology, 26*, 459-477.

Koedinger, K.R., & Aleven V. (2007). Exploring the assistance dilemma in experiments with Cognitive Tutors. *Educational Psychology Review, 19*, 239-264.

Kramarski, B. (2004). Making sense of graphs : does metacognitive instruction make a difference on students' mathematical conceptions and alternative conceptions ? *Learning & Instruction, 14*, 593-619.

Langevin, L. (1990). Le questionnement comme stratégie d'enseignement et d'apprentissage. *Pédagogie Collégiale, 4*, 12-13.

Largy, P., Fayol, M. & Lemaire, P. (1996). The homophone effect in written French : The case of verb-noun inflection errors. *Language and Cognitive Processes, 11*, 217-255.

Leahy, W., & Sweller, J. (2004). Cognitive load and the imagination effect. *Applied Cognitive Psychology, 18*, 857-875.

Leahy, W., & Sweller, J. (2005). Interactions among the imagination, expertise reversal and element interactivity effects, *Journal of Experimental Psychology : Applied, 11*, 266-276.

Leahy, W., & Sweller, J. (2007). The imagination effect increases with an increased cognitive load. *Applied Cognitive Psychology, 22*, 273-283.

Leinhardt, G., & Greeno, J. (1986). The cognitive skill of teaching. *Journal of Educational Psychology, 78*, 75-95.

Leinhardt, G., & Greeno, J. (1994). History : A time to be mindfull. In I.L. Beck, G. Leinhardt, & C. Stainton (Éds), *Teaching and learning in history* (pp. 209-225). Hillsdale : Erlbaum.

Lenoir, Y. *et al.* (2009). *À la recherche d'un cadre conceptuel pour analyser les pratiques d'enseignement*, Documents du CRIE et de la CRCIE, 2.

Lerch, C. (2004). Control decisions and personal beliefs : their effect on solving mathematical problems, *Journal of Mathematical Behavior, 23*, 21-36.

Lorch, R.F., & Lorch, E.P. (1996). Effects of organizational signals on free recall of expository text. *Journal of Educational Psychology, 88*, 38-48.

Lowe, R., & Schnotz, W. (Éds), (2008). *Learning with animation : Research implications for design*. New York : Cambridge University Press.

Lowe, R.K., & Boucheix, J.-M. (2011). Cueing complex animations : Does direction of attention foster learning processes ? *Learning & Instruction, 21*, 650-663.

Marsh, H.W., Hau, K-T., Artelt, C., Baumert, J., Peschar, J.L. (2006). OECD's brief self-report measure of educational psychology's most useful affective constructs : Cross-cultural, psychometric comparisons across 25 countries. *International Journal of Testing, 6*, 311–360.

Mautone, P.D., & Mayer, R.E. (2007). Cognitive aids for guiding graph comprehension. *Journal of Educational Psychology, 99*, 640-652.

Mayer, R. E. (Ed.), (2009). *Multimedia learning*. New York : Cambridge University Press.

Mayer, R.E. (2004). Should there be a three-strikes rule against pure discovery learning ? The case for guided methods of instruction. *American Psychologist, 59,* 14-19.

Mayer, R.E. (2008). *Learning and instruction.* Upper Saddle River : Pearson.

Mayer, R.E. (2010). *Applying the science of learning.* Upper Saddle River : Pearson.

Mayer, R.E., Heiser, J., & Lonn, S. (2001). Cognitive constraints on multimedia learning : When presenting more material results in less understanding. *Journal of Educational Psychology, 93,* 187-198.

McPherson, G.E. (2009). The role of parents in children's musical development. *Psychology of Music, 37,* 91-110.

Merle, P. (1996). *L'évaluation des élèves. Enquête sur le jugement professoral.* Paris : PUF.

Merle, P. (1998). *Sociologie de l'évaluation scolaire.* Paris : PUF.

Merle, P. (2007). *Les notes. Secrets de fabrication.* Paris : PUF.

Miller, C.S., Lehman, J.F., & Koedinger, K.R. (1999). Goals and learning in microworlds. *Cognitive Science, 23,* 305-336.

Moguel, P., Tchounikine, P., & Tricot, A. (2012). Supporting learners in making explicit their problem solving organization. *IEEE Transactions on Learning Technologie.* Sous presse.

Monteil, J.M., & Huguet, P. (1991). Insertion sociale, catégorisation sociale et activités cognitives. *Psychologie Française, 36,* 35-46.

Murillo, A. (2009). *Quels choix des enseignants quant au niveau de difficulté des tâches prescrites à leur classe ? En lecture, au Cours Préparatoire.* Thèse de l'Université de Toulouse.

Musial, M. (2007). Du TP à la synthèse : un processus à part entière. *Revue Technologie — Sciences et Techniques Industrielles, 151,* 14-19.

Musial, M., & Rubaud M. (2010). *Enseigner en STI... pour que les élèves apprennent.* Toulouse : Cépadues.

Nesbit, J.C., & Adesope, O.O. (2006). Learning with concept and knowledge maps : A meta-analysis. *Review of Educational Research, 76,* 413-448.

Noizet, G., & Caverni J.-P. (1978). *Psychologie de l'évaluation scolaire.* Paris : PUF.

Openshaw, K., & Strasser, B. (1967). A conceptual model of instruction. *Journal of Teacher Education, 18,* 63-74.

Paas, F., & Van Gog, T. (2006). Optimising worked example instruction : Different ways to increase germane cognitive load. *Learning & Instruction, 16,* 87-91.

Paas, F., & Van Merriënboer, J.J.G. (1994). Variability of worked examples and transfer of geometrical problem-solving skills : A cognitive-load approach. *Journal of Educational Psychology, 86,* 122-133.

Paquay, L., Altet, M., Charlier E., & Perrenoud P. (Éds), (2011). *Former des enseignants professionnels. Quelles stratégies ? Quelles compétences ?* Bruxelles : De Boeck.

Paul, R. (1993). *Critical thinking : how to prepare students for a rapidly changing world.* Santa Rosa : Foundation for Critical Thinking.

Pennequin, V., Sorel, O., Nanty, I., Fontaine, R. (2010). Metacognition and low achievement in mathematics : The effect of training in the use of metacognitive skills to solve mathematical word problems. *Thinking & Reasoning, 16,* 198-220.

Peraya, D. (1995). Vers une théorie des paratextes. *Recherches en Communication, 4,* 119-156.

Perruchet, P., Vinter, A., & Pacton, S. (2007). La conscience auto-organisatrice : Une alternative au modèle dominant de la psychologie cognitive. *Education & Didactique, 1,* 7-34.

Peterson, P. L., & Comeaux, M. A. (1987). Teachers' shemata for classroom events : the mental scaffolding of teachers' thinking during classroom instruction. *Teaching and Teacher Education, 3-4,* 319-331.

Peyrat, M.F. (2011). *Comment faire travailler efficacement des élèves en groupe ? Tutorat et apprentissage coopératif.* Bruxelles : De Boeck.

Piaget, J. (1937). *La construction du réel chez l'enfant.* Neuchâtel : Delachaux et Niestlé.

Piaget, J. *et al.* (1974). *La prise de conscience.* Paris : PUF.

Pierce, K.A., Duncan, M.K., Gholsn, B., Ray, G.E., & Kambi, A.G. (1993). Cognitive load, schema acquisition, and procedural adaptation in nonisomorphic analogical transfer. *Journal of Educational Psychology, 85,* 66-74.

Pinchas, Y., & Katz, L. (2008). *Using a multimedia learning resource to enhance understanding of daily exercise : practical considerations.* 1st Joint International Pre-Olympic Conference of Sports Science and Sports Engineering, Nanjing, China, 04-07 aug.

Pintrich, P. (2000). An achievement goal theory perspective on issues in motivation terminology, theory, and research. *Contemporary Educational Psychology, 25,* 92-104.

Piolat, A. (2002). *La recherche documentaire. Manuel à l'usage des étudiants, doctorants et jeunes chercheurs.* Marseille : Solal.

Piolat, A. (2006). *La prise de notes.* Paris : PUF.

Pollock, E., Chandler, P., & Sweller, J. (2002). Assimilating complex information. *Learning & Instruction, 12,* 61-86.

Quilici, J.L., & Mayer, R.E. (1996). Role of examples in how students learn to categorize statistics word problems. *Journal of Educational Psychology, 88,* 144-161.

Raufaste, E., Eyrolle, H., & Mariné, C. (1998). Pertinence generation in radiological diagnosis : Spreading activation and the nature of expertise. *Cognitive Science, 22,* 517-546.

Rawson, K. A., & Kintsch, W. (2005). Rereading effects depend upon time of test. *Journal of Educational Psychology, 97,* 70-80.

Reeve, J. (2011). *Psychologie de la motivation et des émotions.* Bruxelles : De Boeck.

Reisslein, J., Atkinson, R., Seeling, P., & Reisslein, M. (2006). Encountering the expertise reversal effect with a computer-based environment on electrical circuit anaysis. *Learning & Instruction, 16,* 92-103.

Renkl, A. (1997). Learning from worked-out examples : A study on individual differences. *Cognitive Science, 21,* 1-29.

Renkl, A., & Atkinson, R.K. (2010). Problem solving and worked-out examples. In J. Plass, R. Moreno, & R. Brunken (Éds), *Cognitive load : theory and application* (pp. 91-108). New-York : Cambridge University Press.

Reuter, Y., Cohen-Azria, C., Daunay, B., Delcambre-Derville, I., Lahanier-Reuter, D. (Éds), (2007). *Dictionnaire des concepts fondamentaux des didactiques.* Bruxelles : De Boeck.

Richard, J.-F. (1990). *Les activités mentales.* Paris : A. Colin.

Richard, S., & Lecavalier, J. (2009). Une démarche stratégique pour enseigner la littérature. *Correspondance, 14.* [www.ccdmd.qc.ca/correspo/Corr14-3/Demarche.html].

Rieunier, A. (2001). *Préparer un cours.* Deux tomes. Paris : ESF.

Robin, D. (2012). *Apport des images 3D à la maintenance aéronautique.* Thèse de l'université de Toulouse.

Roediger, H.L., Putnam, A.L., & Smith, M.A. (2011). Ten benefits of testing and their applications to educational practice. In J.P. Mestre & B.H. Ross (Éds), *Psychology of learning and motivation* (pp. 1-36). Oxford : Elsevier.

Rohrer, D., & Taylor, K. (2006). The effects of overlearning and distributed practice on the retention of mathematics knowledge. *Applied Cognitive Psychology, 20,* 1209-1224.

Rohrer, D., & Taylor, K. (2007). The shuffling of mathematics practice problems improves learning. *Instructional Science, 35,* 481-498.

Rosenthal, J., & Ehri, L.C. (2008). The mnemonic value of orthography for vocabulary learning. *Journal of Educational Psychology, 100,* 175-191.

Rouet, J-F. (2006). *The skills of document use.* Mahwah : Erlbaum.

Rouet, J.F., & Vidal-Abarca, E. (2002). « Mining for meaning » : A cognitive examination of inserted questions in learning from scientific text. In J. Otero, J.A. Leon, & A.C. Graesser (Éds), *The psychology of science text comprehension* (pp. 417-436). Mahwah : Erlbaum.

Roussel, S., Rieussec, A., Nespoulous, J.-L., & Tricot, A. (2008). Des baladeurs MP3 en classe d'allemand : l'effet de l'autorégulation matérielle de l'écoute sur la compréhension auditive en langue seconde. *ALSIC, 11.* [http://alsic.revues.org].

Rummel, N., Levin, J.R., & Woodward, M.M. (2003). Do pictorial mnemonic text-learning aids give students something worth writing about ? *Journal of Educational Psychology, 95,* 327-334.

Scapin, D.L., & Bastien, J.M.C. (1997). Ergonomic criteria for evaluating the ergonomic quality of interactive systems. *Behaviour & Information Technology, 6,* 220-231.

Schacter, D.L. (1999). *À la recherche de la mémoire. Le passé, l'esprit et le cerveau.* Bruxelles : DeBoeck.

Schechter, O., Durik, A.M., Miyamoto, Y., & Harackiewicz, J.M. (2011). The role of utility value in achievement behavior : The importance of culture. *Personality and Social Psychology Bulletin, 37,* 303-317.

Schmader, T., Johns, M., & Forbes, C. (2008). An integrated process model of stereotype threat effects on performance. *Psychological Review, 115,* 336-356.

Schmidt, H.G., Loyens, S.M.M., van Gog, T., & Paas, F. (2007). Problem-based learning is compatible with human cognitive architecture : Commentary on Kirschner, Sweller, and Clark (2006). *Educational Psychologist, 42,* 91–97.

Schneider, E., & Boucheix, J.M. (2008). Compréhension d'animations et mouvements oculaires : rôle du contrôle et de l'orientation de l'attention. *L'Année Psychologique, 108,* 423-464.

Shefield, F.D. (1961). Theoretical consideration in the learning of complex sequential task from demonstration and practice. In A.A. Lumsdaine (Ed.), *Student response in programmed instruction.* (pp. 13-32). Washington : National Academy of Sciences National Research Council.

Sitzmann, T. (2011). A meta-analytic examination of the instructional effectiveness of computer-based simulation games. *Personnel Psychology, 64,* 489-528.

Smith, B.O. (1963). Toward a theory of teaching. In A.A. Bellack (Ed.), *Theory and research in teaching.* (pp. 1-10). New York : Teachers College.

Stadtler, M., & Brand-Gruwel, S. (Éds), (2011). Solving information based problems : searching, selecting and evaluating information. *Learning & Instruction, 21,* 175-242.

Steele, C.M., & Aronson, J. (1995). Stereotype threat and the intellectual test performance of African-Americans. *Journal of Personality and Social Psychology, 69,* 797-811.

Stull, A., & Mayer, R.E. (2007). Learning by doing versus learning by viewing : Three experimental comparisons of learner-generated versus author-provided graphic organizers. *Journal of Educational Psychology, 99,* 808-820.

Sweller, J. (2008). Instructional implications of David C. Geary's evolutionary educational psychology. *Educational Psychologist, 43,* 214-216.

Sweller, J., Ayres, P., & Kalyuga, S. (2011). *Cognitive load theory.* New York : Springer.

Talbot, L. (2009). *L'évaluation formative. Comment évaluer pour remédier aux difficultés d'apprentissage ?* Paris : Armand Colin.

Tardif, J. (1992). *Pour un enseignement stratégique : l'apport de la psychologie cognitive.* Montréal : Éditions Logiques.

Tricot, A. (2007). *Apprentissages et documents numériques.* Paris : Belin.

Tricot, A. (2012). Utilité, apprentissages et enseignement : une approche évolutionniste. *In Du mot au concept : utilité.* Grenoble : Presses Universitaires de Grenoble.

Tricot, A., & Plégat-Soutjis, F. (2003). Pour une approche ergonomique de la conception d'un dispositif de formation à distance utilisant les TIC. *STICEF, 10* [http://sticef.org].

Van Gog, T., Paas, F., Marcus, N., Ayres, P., & Sweller, J. (2009). The mirror-neuron system and observational learning : Implications for the effectiveness of dynamic visualizations. *Educational Psychology Review, 21*, 21-30.

Van Merrienboer, J.J.G., & Kirschner, P.A. (2007). *Ten steps to complex learning : A systematic approach to four-component instructional design.* London : Erlbaum.

Viau, R. (2009). *La motivation en contexte scolaire.* Bruxelles : De Boeck.

Vosniadou, S. (2007). The cognitive-situative divide and the problem of conceptual change. *Educational Psychologist, 42*, 55-66.

Vosniadou, S., & Verschaffel, L. (2004). Extending the conceptual change approach to mathematics learning and teaching. *Learning & Instruction, 14*, 445-451.

Wason, P.C. (1966). Reasoning. In B.M. Foss (Ed.), *New horizons in psychology.* Harmondsworth : Penguin.

White, B.Y., & Fredrickson, J.R. (1998). Inquiry, modeling, and metacognition : Making science accessible to all students. *Cognition & Science, 16*, 90-91.

Wilson, S.M., & Wineburg, S.S. (1988). Peering at history from different lenses : The role of disciplinary perspectives in the teaching of American history. *Teachers College Record, 89*, 525-539.

Wilson, S.M., & Wineburg, S.S. (1994). Wrinkles in time and place : Using performance-based exercises to assess the knowledge of history teachers. *American Educational Research Journal, 30*, 729-769.

Wong, A., Marcus, N., Smith, L. Cooper, G.A., Ayres, P., Paas, F. & Sweller, J. (2009). Instructional animations can be superior to statics when learning human motor skills. *Computers in Human Behavior, 25*, 339-347.

Yates, F.A. (1975). *L'art de la mémoire.* Paris : Gallimard.

Zwaan, R.A. (2004). The immersed experiencer : Toward an embodied theory of language comprehension. In B.H. Ross (Ed.), *The Psychology of learning and motivation* (pp. 35-62). New York : Academic Press.

Glossaire

Apprentissage

Activité d'élaboration d'une connaissance nouvelle ou de modification d'une connaissance préalable. Il existe deux grandes fonctions de l'apprentissage : s'adapter à son environnement ; s'ouvrir au monde, au futur. Il existe plusieurs processus d'apprentissage : conceptualisation, compréhension, prise de conscience, mémorisation littérale, procéduralisation, automatisation.

Apprentissage implicite

C'est une catégorie de processus d'apprentissage qui pour l'essentiel soutient l'adaptation de l'individu à son environnement culturel (social), physique, vivant, affectif, technologique. Il est fondé sur la détection automatique et inconsciente de régularité dans l'environnement. Il peut permettre l'élaboration de connaissances implicites ou explicites.

Apprentissage par instruction

C'est une catégorie de processus d'apprentissage qui pour l'essentiel soutient l'ouverture au monde, au futur environnement culturel (social), technologique, professionnel de l'individu. Il peut mettre en œuvre les différents processus d'apprentissage décrit à l'entrée « apprentissage ». Cette catégorie comprend les situations dites d'enseignement ou de formation.

Automatisation

Un processus de transformation d'une méthode, d'un savoir-faire contrôlé en un automatisme. Ce processus d'apprentissage est surtout la conséquence de la fréquence : une connaissance devient un automatisme quand elle est fréquemment utilisée et régulièrement rencontrée, à travers des exercices par exemple.

Automatisme

Connaissance procédurale particulière dont le déclenchement est irrépressible et ne peut être interrompu. C'est comme un réflexe, mais le réflexe est inné tandis que l'automatisme est acquis.

But d'apprentissage

Connaissance visée par l'apprentissage par enseignement. La connaissance-but de l'apprentissage peut être décrite par un contenu, un format, une formalisation et un domaine de validité définissant ses conditions d'utilisation.

But de maîtrise

Valeur donnée à un but d'apprentissage où la connaissance est perçue comme utile pour progresser dans la discipline concernée, pour réaliser une tâche qui est importante pour le projet personnel ou professionnel de l'élève, au plaisir de découvrir une nouvelle connaissance dans un domaine jugé intéressant par l'élève.

But de performance

Valeur donnée à un but d'apprentissage où celui-ci permet d'obtenir une bonne note, une meilleure note que les autres. Le but de performance – approche est orienté vers la recherche de la performance que l'on peut montrer, la volonté de faire savoir qu'on est compétent. Réciproquement but de performance – évitement correspond à l'évitement de situations où l'on risque d'avoir une mauvaise note, de paraître incompétent.

Compétence

Capacité d'un individu à réaliser une tâche, dans un certain contexte avec un certain niveau de performance. Parfois, on peut aussi spécifier la manière de réaliser la tâche. Une compétence peut être analysée comme mettant en œuvre différentes connaissances de différents formats.

Compréhension

Processus d'apprentissage concernant l'élaboration d'une connaissance déclarative particulière. Ce processus est aisément mis en œuvre, il est irrépressible : on ne peut pas s'empêcher d'interpréter la situation que l'on a sous les yeux. Ce processus est essentiellement fondé sur la recherche de cohérence, de sorte que l'on va enlever, transformer ou ajouter des éléments à la situation pour la comprendre.

Concept

Connaissance déclarative générale (loi, principe, théorème). Un concept possède une étiquette ou dénomination, une forme, des attributs ou caractéristiques (plus ou moins spécifiques) organisés entre eux, et il est relié à d'autres concepts. Il peut être décrit selon ses niveaux de complexité, d'abstraction et de validité. Un concept peut correspondre à de nombreuses situations, exemples ou instances.

Conception

Tâche cognitive complexe qui relève de la résolution de problème, caractérisée par le fait qu'elle soit créative, sous contraintes, à la recherche d'une solution optimale et au cours de laquelle on peut utiliser des méthodes. Le problème de conception est mal défini, et le processus de résolution est récursif.

Conceptualisation

Processus d'élaboration d'un concept, fondé sur un triple processus : le repérage de traits communs, qui correspond à la construction de la catégorie ; l'élaboration d'une étiquette de la catégorie ; l'établissement de relations avec d'autres concepts.

Connaissance

Trace du passé qu'un individu est capable de remobiliser pour comprendre le monde ou agir sur celui-ci, sans que la source de cette trace ne soit nécessairement disponible. On n'a pas besoin de se souvenir de où, quand, comment et avec qui on a appris une connaissance pour la mobiliser. Une connaissance est caractérisée par le fait qu'elle peut avoir été élaborée, mais non mobilisée dans telle situation où elle serait pertinente.

Connaissance spécifique de situation

Connaissance déclarative particulière d'un fait, d'une situation, d'un état ponctuel du monde, etc. Elle est connue dans la littérature sous le nom de « modèle de situation » (Kintsch, 1998) ou de « représentation mentale » (Richard, 1990). Une telle connaissance peut exister sans véritable lien avec d'autres connaissances spécifiques.

Contenu à enseigner

C'est une définition du but d'apprentissage, fondée sur l'analyse des contraintes institutionnelles (recenser l'ensemble des savoirs concernés, identifier les objectifs, définir les prérequis), la définition et la caractérisation du champ notionnel (analyser le savoir de façon approfondie, définir la connaissance visée et son format). Il se traduit par la définition du savoir scolaire (ou universitaire) et des objectifs d'enseignement.

Découverte (enseignement par)

Démarche d'enseignement fondée sur la résolution de problèmes ouverts, mal définis, complexes et longs (ex. projet), proposés à des élèves travaillant généralement en groupe. L'hypothèse est que l'activité sera particulièrement motivante et qu'elle va permettre de générer des connaissances. La tâche est habituellement d'expliquer les phénomènes sous-jacents au problème.

Déduction (approche déductive)

Démarche d'enseignement fondée sur la mise en œuvre de processus d'apprentissage relevant de la particularisation : on s'appuie sur des connaissances générales pour élaborer des connaissances spécifiques. L'enseignant présente d'abord une méthode ou un concept, puis propose des exercices d'application de cette méthode ou des situations de mise en œuvre de ce concept.

Démarche d'investigation

Démarche d'enseignement fondée sur le concret et l'action, qui va du particulier au général. Elle porte aussi bien sur l'acquisition de connaissances déclaratives que procédurales. Elle est caractérisée par la mise en œuvre d'étapes successives et bien définies.

Diagnostic (d'apprentissage)

À propos d'un apprentissage ou d'une connaissance, c'est l'activité qui consiste à décrire où en est l'élève (qu'est-ce qu'il sait ? / ne sait pas ? Qu'est-ce qu'il a appris ? / pas appris ?) et pourquoi il en est là. Elaborer un diagnostic est un but essentiel de l'évaluation des apprentissages. Il ne constitue jamais qu'une hypothèse de travail pour tenter d'améliorer les apprentissages.

Dialogue

Catégorie de tâches d'apprentissage qui comprend les dialogues de co-élaboration de connaissance par les élèves, les dialogues d'aide entre élèves ou entre enseignant et élèves, et enfin les dialogues de questionnement. Les dialogues soutiennent de très nombreux processus d'apprentissages, notamment la prise de conscience ainsi que de nombreuses tâches d'apprentissage.

Didactique

Comme discipline scientifique, elle a pour objet l'étude des processus de génération, de transformation, de diffusion et d'enseignement des savoirs. Voir aussi ingénierie didactique.

Enseignement

Activité qui consiste à concevoir et à mettre en œuvre des situations et des tâches au cours desquelles des élèves vont mettre en œuvre des apprentissages qui leur permettront d'élaborer des connaissances scolaires. Cette activité sert essentiellement à pallier les insuffisances de la capacité d'adaptation des humains pour vivre de façon libre et responsable dans nos sociétés, pour s'y épanouir et y exercer un métier.

Étude de cas

Tâche d'apprentissage consacrée à la compréhension approfondie d'une situation réelle, généralement complexe. Le plus souvent, les études de cas sont utilisées pour appliquer une méthode d'analyse ou d'étude. L'étude de cas est aussi un point d'entrée de la conceptualisation. L'apprentissage consiste alors à mettre en œuvre un processus de généralisation, en attribuant au concept les caractéristiques du ou des cas.

Évaluation

Activité de jugement de la différence entre un acte (performance à une tâche) et une référence (performance attendue à la tâche). Comme la connaissance-but de l'apprentissage permet de réaliser telle tâche, on infère que la réalisation de la tâche signe la maîtrise de la connaissance, ce qui est une erreur logique. Ce n'est qu'en multipliant les situations d'évaluation que l'on peut avoir une idée approximative des connaissances qu'un élève a ou n'a pas élaborées.

Exercices

Tâche d'apprentissage caractérisée par le fait que l'élève maîtrise la méthode ou le savoir-faire nécessaire à la réalisation de la tâche. Vise le renforcement de la méthode ou du savoir-faire, ou leur transformation en un automatisme.

Format de connaissance

Caractéristique d'une connaissance selon qu'elle est générale ou particulière, déclarative ou procédurale, littérale ou non, automatique ou contrôlée. Il existe six formats de connaissance : concept, connaissance particulière d'une situation, trace littérale, méthode, savoir-faire, automatisme.

Induction (approche inductive)

Elle fait appel à un raisonnement qui va du particulier au général. L'enseignant propose d'étudier des cas ou des problèmes particuliers, à partir desquels les élèves vont reconstituer le concept ou la méthode.

Ingénierie didactique

Ensemble des connaissances, particulièrement des concepts et des méthodes, qui permettent de concevoir de façon rationnelle une situation d'enseignement-apprentissage, étant donnés un but, des moyens et des contraintes. Le dispositif proposé est communicable et reproductible.

Mémoire

Fonction cognitive qui correspond à la possibilité de mobiliser des traces du passé pour comprendre et agir dans une situation présente. La mémoire comprend les souvenirs, qui sont mobilisés avec leur propre source, et les connaissances qui sont mobilisées indépendamment de leur propre source.

Mémorisation littérale

Fonction de mémorisation qui concerne la possibilité de mobiliser une trace exacte du passé. Synonyme de « apprendre par cœur ».

Métacognition

Ensemble des connaissances et des activités que nous avons à propos de nos propres connaissances, de nos propres activités. Dans le domaine de l'enseignement, c'est l'ensemble des connaissances, particulièrement des méthodes, mobilisées par un élève pour réaliser des tâches scolaires, les planifier, les réguler et les évaluer.

Méthode

Connaissance procédurale générale, suite d'actions physiques et/ou d'opérations mentales valable dans des contextes différents d'un domaine de connaissances. Ces méthodes peuvent avoir comme objectif la compréhension (d'un système, d'une situation) et pas seulement l'action sur eux. Certaines méthodes sont des stratégies métacognitives.

Motivation

Processus qui règle l'engagement, l'effort et la persévérance dans une tâche (d'apprentissage pour nous). La motivation peut trouver sa source à l'extérieur de l'individu (elle est alors extrinsèque) ou à l'intérieur de lui (intrinsèque). Elle dépend notamment des connaissances et des croyances que l'individu a à propos de la tâche, de la connaissance-but de l'apprentissage et de lui-même, notamment de sa capacité à réussir la tâche.

Plan d'action

Support de planification qui précise dans le temps l'agencement des activités des élèves et de l'enseignant, des ressources, des manières de faire susceptibles d'influer favorablement sur l'apprentissage des élèves.

Précurseur

C'est une connaissance nécessaire à l'élaboration d'une autre connaissance. Ils peuvent être des connaissances scolaires ou des connaissances primaires, implicites. Ils peuvent être activés avant un apprentissage, ce qui améliore généralement celui-ci.

Prise de conscience

Processus d'élaboration d'une connaissance déclarative à propos d'une connaissance procédurale préalable. Soutenue par l'analyse de l'action et l'explicitation. En retour, la connaissance déclarative permet de mieux planifier, contrôler ou évaluer l'action. La prise de conscience désigne aussi l'activité de compréhension ou de conceptualisation d'un objet ou d'une situation familiers.

Profondeur d'encodage

L'encodage est le traitement mental d'une information, effectué par un individu au moment de son apprentissage (et donc de sa mise en mémoire). La profondeur de traitement se caractérise par le nombre et la nature des opérations mentales (questions, caractérisation, représentations, mises en relation, essai/erreurs, hypothèses, ...) lui permettant d'analyser l'information de plus en plus profondément.

Problème résolu

Problème présenté avec son énoncé, sa solution et la démarche de résolution. Les problèmes résolus sont particulièrement efficaces en début d'apprentissage procédural, quand celui-ci est difficile.

Procéduralisation

Processus d'élaboration ou de transformation des connaissances procédurales, c'est-à-dire de méthodes et de savoir-faire. Consiste essentiellement à associer un but, une situation et une procédure. Passerait par trois étapes : reconnaître dans une situation problème les connaissances qui vont être utiles à sa résolution ; associer la situation et la solution ; élaborer les règles d'appariement entre conditions et actions.

Questionnement

C'est une tâche de dialogue qui consiste à poser des questions et qui est instaurée par celui qui sait. Il vise à favoriser la mise en œuvre des processus d'apprentissage tels que : la prise de conscience, la compréhension et la conceptualisation.

Rationalité

C'est un modèle des relations entre moyens et buts. Penser qu'une activité est rationnelle consiste donc à penser que pour cette activité on est capable de définir des buts, des moyens optimaux au service de ces buts, qu'on est capable de justifier ces moyens, et que cette justification relève de la raison (i.e. qu'elle est, notamment, cohérente).

Recherche d'information

Tâche d'apprentissage qui correspond à des buts que les élèves ne savent pas atteindre spontanément. Mais, au lieu de trouver la solution par le raisonnement, on recherche la solution dans un document, une base de données, sur le Web, etc.

Régulation

La régulation d'une situation d'enseignement-apprentissage est inhérente à la conduite de cette situation, qui est fondée sur la mise en œuvre du plan d'action. La régulation est mise en œuvre à partir d'une mesure d'écart entre ce qui se passe et ce qui était planifié. Elle correspond soit à un ajustement (aménagement ou changement d'une tâche) soit à une reconception (aménagement ou changement de la planification).

Résolution de problème

Tâche d'apprentissage qui correspond à des buts que les élèves ne savent pas atteindre spontanément. La solution est obtenue par le raisonnement. Ce type de tâches permet de comprendre la situation et/ou d'élaborer une connaissance procédurale. En revanche, ces tâches ne permettent pas de conceptualiser très aisément.

Savoir

Produit de groupes humains qui ont une histoire, qui transforment des connaissances créées par des humains en connaissances instituées. On trouve les savoirs dans les dictionnaires, les encyclopédies, l'histoire des sciences, etc. Parmi les savoirs, certains sont scolaires.

Savoir scolaire

Produit de la transposition didactique des savoirs de référence (scientifiques, technologiques et professionnels) qui correspond à une des composantes du contenu à enseigner. Ces savoirs sont visibles dans les manuels scolaires, classeurs des élèves, etc.

Savoir-faire

Connaissance procédurale particulière : séquence d'actions physiques et/ou d'opérations mentales que l'on est capable de mettre en œuvre de manière contrôlée, dans un contexte particulier. Un savoir-faire n'est pas transférable.

Séance

Phase d'enseignement-apprentissage permettant d'atteindre un but d'apprentissage. La durée d'une séance est variable, généralement 55 minutes ou 115 minutes.

Séquence

Ensemble continu ou discontinu de séances d'enseignement-apprentissage, articulées entre elles dans le temps et organisées autour d'une ou plusieurs activités pédagogiques (cours, TD, TP) en vue d'atteindre des objectifs fixés par les programmes d'enseignement.

Situation d'enseignement-apprentissage

C'est le contexte de mise en œuvre de la tâche d'apprentissage. Elle se caractérise par un temps, un lieu, une organisation sociale ainsi que les supports et des matériels, au service des tâches et des apprentissages.

Support d'enseignement

Composante de la situation d'enseignement-apprentissage, utilisé par l'enseignant pour permettre l'apprentissage des élèves. Les principaux supports d'enseignement sont : le tableau, le diaporama, l'objet « authentique », les supports dynamiques (simulation, animation, vidéo) et le tableau blanc interactif. Chaque support peut être utilisé au service de différentes fonctions cognitives.

Tâche (d'apprentissage)

C'est un moyen d'atteindre le but d'apprentissage avec des actions physiques et des opérations mentales, au sein d'une situation qui fournit des ressources et impose des contraintes. C'est ce que l'on va faire faire aux élèves. Les principales tâches d'apprentissage scolaire sont les tâches d'études, de résolution de problème, de recherche d'information et enfin de dialogue.

Tâche d'étude

Tâche d'apprentissage qui consiste pour les élèves à écouter un cours, lire un texte, regarder une image, et pour le professeur à décrire et à expliquer. Elles servent le plus souvent à acquérir des connaissances déclaratives particulières et fonctionnent essentiellement par la mise en œuvre du processus de compréhension, ainsi que d'une activité de prise de notes. Les principales tâches d'étude sont : Écouter un cours, Lire un texte, Traiter un document multimédia et Étudier un cas.

Trace littérale

Connaissance déclarative que l'on peut recouvrer par rappel ou par reconnaissance et qui correspond exactement, littéralement, à la connaissance apprise. Elle ne permet pas de comprendre, ni d'agir dans une situation.

Trace écrite

Ce qui reste sur un document pour permettre d'inscrire l'apprentissage dans le temps. Elle remplit les deux fonctions fondamentales de l'écrit : la mémorisation et la communication. Elle peut être élaborée par le professeur ou l'élève et être à destination de l'élève ou des parents.

Transfert

Adaptation d'une connaissance à une situation nouvelle, c'est-à-dire à l'apprentissage du domaine de validité d'un contenu. Cette transformation ne concerne donc pas un changement de format (ni de contenu) mais de domaine d'application de la connaissance. On qualifie le transfert de proche quand la situation d'application est analogue à celle de la phase de découverte. Par opposition, on parlera de transfert lointain.

Index général

P

Q

R

S

T

Table des matières

Comment concevoir un enseignement ?

Guides pratiques
FORMER & SE FORMER

Sous la direction de Jean-Marie De Ketele, professeur émérite de l'Université catholique de Louvain

Privilégiant le point de vue de l'utilisateur, cette collection propose des réponses pratiques et scientifiquement validées aux questions que se posent les professionnels de l'éducation : enseignants et futurs enseignants du secondaire, responsables pédagogiques, responsables d'établissements scolaires, formateurs, formateurs d'adultes, formateurs de formateurs, étudiants adultes en formation continue...

BERNARD H., *Comment évaluer, améliorer, valoriser l'enseignement supérieur ?*

BERTRAND BASCHWITZ M. A., *Comment me documenter ?*

DUPONT C., LETESSON M., *Comment développer une action intergénérationnelle ?*

HUME K., *Comment pratiquer la pédagogie différenciée avec de jeunes adolescents ?*

LEBRUN M., SMIDTS D., BRICOULT G., *Comment construire un dispositif de formation ?*

LETOR C., *Comment travailler en équipe au sein des établissements scolaires ?*

MALDEREZ A., BODOCZKY C., *Comment pratiquer un tutorat de qualité ?*

MUSIAL M., PRADÈRE F., TRICOT A., *Comment concevoir un enseignement ?*

PEYRAT-MALATERRE M.-F., *Comment faire travailler efficacement des élèves en groupe ?*

TASSIN-GHYMERS M., *Comment donner sens et saveur aux savoirs ?*